陕西省一流学科建设专项经费资助项目

THE JOURNAL OF MARXISM AND LAW

2018年卷总第二卷

马克思主义与法律学刊

西北政法大学马克思主义法学研究所 ◎ 主办

李其瑞 主编

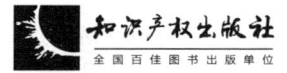

图书在版编目(CIP)数据

马克思主义与法律学刊. 2018年卷. 总第二卷/李其瑞主编. --北京:知识产权出版社,2019.1
ISBN 978-7-5130-5986-2

Ⅰ.①马… Ⅱ.①李… Ⅲ.①马克思主义—法学—文集 Ⅳ.①D90-53

中国版本图书馆CIP数据核字(2018)第282360号

责任编辑:庞从容 唐仲江 责任校对:谷 洋
装帧设计:宗沅书装 责任印制:刘译文

马克思主义与法律学刊(2018年卷总第二卷)

李其瑞 主编

出版发行:知识产权出版社有限责任公司	网 址:http://www.ipph.cn
社 址:北京市海淀区气象路50号院	邮 编:100081
责编电话:010-82000860 转 8726	责编邮箱:pangcongrong@163.com
发行电话:010-82000860 转 8101/8102	发行传真:010-82000893/82005070/82000270
印 刷:三河市国英印务有限公司	经 销:各大网上书店、新华书店及相关专业书店
开 本:710mm×1000mm 1/16	印 张:14.25
版 次:2019年1月第1版	印 次:2019年1月第1次印刷
字 数:232千字	定 价:55.00元
ISBN 978-7-5130-5986-2	

出版权专有 侵权必究
如有印装质量问题,本社负责调换。

马克思主义与法律学刊

The Journal of Marxism and Law

2018年卷总第二卷

主 管 单 位：西北政法大学
主 办 机 构：西北政法大学马克思主义法学研究所
编委会委员（按姓氏拼音排序）：

    付子堂 葛洪义 龚廷泰 胡玉鸿 林进平 刘作翔
    刘进田 李德顺 李其瑞 漆 思 谢 晖 薛晓源
    严存生 杨宗科 於兴中 周 凡 朱景文

主   编：李其瑞
执 行 主 编：邱昭继
责 任 编 辑：李其瑞 邱昭继 高 杨 杨静哲 李 朝 王 进
        王金霞 刘熊擎天
编辑部地址：陕西省西安市长安南路300号西北政法大学《马克思主义与法律学刊》编辑部，邮编710063，联系电话029-85385168、029-85385194
投 稿 邮 箱：marxistjuris@126.com
刊 物 网 站：http://www.marxistjuris.com/

目　录

【特稿】

003　马克思法治思想的哲学基础问题（李德顺）

【社会主义女权主义法学专题】

021　在21世纪复兴社会主义女权主义法律理论
　　　　　　　　　　　　　　　　　（辛西娅·格兰特·鲍曼）

075　女权主义批判理论（黛博拉·L.罗德）

099　通过法律实现妇女解放
　　　——基于社会主义女权主义法学的分析（邱昭继）

【论文】

111　精神的不同向度：韦伯的宗教法与马克思的批判法（张薇薇）

125　葛兰西法律意识形态领导权理论探析（任岳鹏）

135　改造构境论：监狱学语境中的哲学话语
　　　——与张一兵"构境"的他性对话（朱启惠）

160　卡尔·伦纳与(知识性)财产
　　　——认知理论如何丰富当代版权的法律社会学分析（斯特凡·拉尔森）

【评论】

195　国外马克思主义法学的多元方法路径及启示
　　　　　　　（於兴中　李其瑞　宋海彬　王金霞）

212　英文标题、摘要及关键词

特　稿

马克思法治思想的哲学基础问题

李德顺[*]

这个题目我没有系统研究,也没有系统准备,但是马克思主义法学理论从哲学角度看应该怎么讲?这个我有一些考虑。这里准备的是一些资料性的内容。我把手头的马克思关于法治思想的资料进行了整理,已经写过一些文章,像我和王金霞合写的关于法律主体的文章。我一贯主张人民主体论,就这个问题写过两篇文章。最早论人民主体是在1993年,那时是针对苏共垮台写的。按照马克思的立场和理论逻辑来看,"人民主体"是社会主义国家和人类文明进步的一个理所当然的主张。还有关于民主和法治的关系问题等,我都有专门的文章。这些在这个讲座中就先不谈了。

马克思主义的法学思想、法治思想,它的背景和哲学基础是什么?需要回答一些问题,如有关法的本质,法的功能,法的主体,法的规范,人类法的历史演进过程,经典中马克思怎么评述涉及法的重大事件,等等。马克思本来在柏林大学学法律专业,后来他愤而转向,就是因为林木盗窃法案打官司。他发现单纯就法说法是不行的,要研究更深的东西。于是他转向哲学、经济学。其中有好多关于法的深层思想,是应该认真系统地整理的,但我们以前没有认真整理过。

一、构建中国特色社会主义法治理论体系是当务之急

最近习近平同志到中国政法大学来了。他来法大是有三件事凑到了一

---

[*] 本文系中国政法大学终身教授李德顺先生2017年5月9日下午在西北政法大学所作讲座《马克思法治思想的哲学基础问题》的录音整理稿,经过作者校对,特此推出。

块儿,来得最合适不过:一是依法治国;二是五四青年节,他每年五四都要讲讲对青年的希望;三是赶上法大校庆。当然,他也是有备而来的。

我理解,十八大以后"四个全面"(全面实现小康社会,全面深化改革,全面依法治国,全面从严治党)战略步骤实际实施的过程,是从"后"往"前"走的顺序:先从"全面从严治党"包括治军开始,下了重力去抓。治党抓到一定程度,势必就要走向第二步——"全面依法治国"。十八届四中全会决议虽然作出了全面依法治国的规划,但怎样全面落实,实际上问题很多。中央什么时候把这个提为主要工作日程,当然是要考虑时机和条件的。习近平同志到法大来,这个举动就传递了一个政治信号:要把法治纳入工作的首要日程。

习近平来法大之际,学校就商量,习总来关心我们,我们跟他要点什么呢? 有人希望批几百亩地,有人希望要几亿元人民币。但大家后来觉得,跟总书记当面要钱要地,显得我们档次不够高。与其"哭穷",不如"亮宝"。索性我们要个"大活儿"来干。要什么"大活儿"呢? 就是十八届四中全会决议中已经提到的建设"中国特色社会主义法治理论体系"。决议说了,要以这个理论体系为指导,那么这个理论体系是什么? 在哪? 谁在研究论述? 好像还需要明确落实。所以,中国政法大学就想把这个活儿要下来。然后至少联合五大政法院校、综合大学里面的法学院系、全国包括公检法领域的专家,合力来做。法治的话语权要让懂法、尊法的人来掌握,这个举动的意义显然很重大。后来我校书记在陪同时,找机会跟总书记说了这件事,总书记当场询问了其他领导同志之后,很爽快地答应了。这样,这个活儿就算是要下来了,后面就等着拿出方案来具体落实。

对于政法院校和学科来说,要下这个"大活儿",是件大事、大好事。我们有句话:"法治兴则法大兴。"咱们这些政法院系的命运是和法治的命运连在一起的。要是不关心法治,不重视法治,拿那套办综合大学的指标要求你,评价人才和成果,咱们可能会永远处于后进、边缘的地带。法大拿什么去跟综合大学如清华、北大比? 法大的贡献和不可替代之处,只能是在推动法治、实现法治方面起到率先垂范、中流砥柱的作用。而法治又是中国历史上第一次,从人治文化到法治文化是中华文化历史上一次脱胎换骨的改造。这不是小事,不是皮毛。中国要实现法治,必须形成一套自己的理论体系。照搬别人的现成方案不行,光有政策和策略也不行。我现在深感"人无远虑,必有近忧",为了眼前的事务弄一个策略、政策,可能挺好。但是,如果没有相应的理论解释和理论阐述去提升和引导它,那么问题解决得肯定不彻底,一旦遇到别的情况,就可能会变样、走形,甚至倒退。要搞法治的时候,如果脑子里是一大堆互相冲突的皮毛之见,会把法治搞成什么样?思想理念上埋藏着各种各样的暗礁和定时炸弹。如果早点从理论上建设到位,建设合理,哪怕是走得慢点,一步一步走踏实了,就能排除这些暗礁和定时炸弹。所以,如果真心想推动民主法治的话,就不要把"中国特色的社会主义法治理论"当作一个肤浅的口号看待,要当作一个长期的事情认真对待,得有这个眼光和决心。

二、中国特色社会主义法治理论的三个来源

要构建法治理论体系,必须承认,中国特色社会主义法治理论有三个思想来源:

第一个是中国传统文化里面的法制思想,如法家的法制思想、儒家礼教中的法制思想等。我的感觉是,法家主要是主"刑",即"刑治",还不是完整的法治;儒家的"礼教"是以"礼"代"法",是把它那套价值理念变成了礼的规则和程序。"礼"有些类似于现在的宪法和民法的内容。当然,那时候的法都不很完善,用我们现在的眼光看,都还不是法治的法,而是人治的法。但是,我们有个中华法系,这是必须承认的。我看习近平总书记最感兴趣的也是中华法系,所以请了张晋藩教授在座谈会上发言。张教授就讲了"民为邦本,本固邦宁"思想,实际上是对我们现在讲的"人民主体论"历史渊源的一个解释。从传统文化中吸收积极的东西,让它成为法治建设的助力而不是阻力,这是应该做的。

第二个是西方的法治理论和实践经验。西方在法治方面走在我们前头,他们有很多成果、很多经验,有些是我们已经吸收了的,还有些是该吸收的。但西方并非只有一种模式,也并非没有问题,如"(欧洲)大陆法系"和"英美法系",也都有自己历史性和地方性的特色。所以不管怎么吸收,都离不开以我为主。"别人的肉贴不到自己身上",你想把人家的法条简单搬过来,就会行不通。在这个问题上,所谓"法治化就是西方化"的说法,显然也是一种浅薄的偏见。

第三个是在马克思主义中国化的进程中,当代中国人自己在实践中用血和泪积累起来的正反两方面的经验。"我们自己"当下的现实是更应该重视和依靠的思想资源。比如,"文化大革命"的主要错误之一,就是"无法无天"。以政治正确和道德高尚为名,可以任意地剥夺人的权利甚至生命。"无法无

天"的后果,就是看谁胳膊粗,谁拳头硬,把这个社会引向暴力冲突和动乱。所以,"文革"结束以后,国家提出来要搞法治。这里面的理论和实践经验就要深刻总结,这也是一条主线。

以三个来源的线索着手整理,需要多学科的学者来参与。所以说到马克思主义法治思想的研究,我马上就想到西北政法大学的马克思主义法学研究团队。我一定要"忽悠"你们重视这个事情,把你们已经开始做的事情做下去。我后面要讲的内容,估计不会有你们研究得那么深,但我是抛"砖头"来了,就为了让你们早点抛"玉"。把这个大活儿拿下来,可能是要"分包"的,按各家的长项分包。

我们要着眼全国,着眼多学科,不仅法理学、法史学、部门法学科,甚至文史哲都有很多参与的空间。比如我们搞的这个"法治文化",现在是一个二级学科博士点了,它就是给文史哲预备的。尽管不是法学专业的人,如果关心法治,就可以搞法治文化。例如中国政法大学的外语学院,他们教法律英语、法律语言,也从语言学的角度搞中外比较研究。从语言就可以扩展到文化,他们也有了主攻方向。所以我说,你要认真地思考构建中国特色社会主义法治理论体系的话,就需要有全历史、全学科、全方位这样的一个视角和高度,才能干好这个活儿。在这件事情上,最怕的是小家子气,学科分割,门户森森,自我封闭,弄几个人还很不情愿,鼓捣鼓捣就结束了,那样的话就等于断送了我们学科建设的命运。要把握我们学科的发展方向,这是一个机会,一个历史性的机会,别小看这个机会。

现在我们搞好马克思主义法学研究正逢其时,"机遇只偏爱有准备的头脑",能够在关键时刻站出来,是要靠有所准备和积累的。我个人实在是没有认真学过或是研究过马克思的法律思想或法治思想,所以今天就是个"啦啦队"角色,使劲喊是为了让队员好好踢球。

三、传统"马克思主义法学"的思想误区——"阶级主义"

那么,马克思有没有说过法治?其实表面的字句及其数量并不重要。我当初研究价值问题时,也有人说"马克思有什么价值理论?"但是在我看来,马克思在很多地方直接或间接涉及了价值问题,他是有自己独特的思考的,虽然他顾不上专门写出来。因为他连《资本论》都没写完,别的东西当然没工夫写。他的哲学只写了个十一条提纲,根本就没有展开。所以,如果有人要写马克思的哲学,可以把十一条提纲发展为一个体系,那才是马克思的哲学。同样看法治思想,一定要把马克思在很多地方直接或间接提到的法治思想搜集起来,综合来看就能看出他的立场、逻辑和取向。我觉得,马克思哲学的整体精神,是主张人的解放,最后必定走向法治,而不是人治。人治是专制的基础,民主是法治的基础,这是历史经验已经证明了的。

然而,人们对马克思主义有诸多的偏见和误解,这与苏联时代宣扬的"维辛斯基法学"的负面影响有关。维辛斯基法学可以叫作"阶级主义法学"。它从根本上歪曲、背离了马克思的思想。过去讲的"马克思主义法学",大多是按维辛斯基定的调子。那套法学体系,把马克思的整个思想仅仅解释为一种阶级斗争的学说,这是对马克思思想的最大的误解、扭曲。所以我们需要从走出"维辛斯基法学"入手,首先恢复马克思思想的本来面目。

误解事实上是从列宁开始的。列宁在讲马克思主义的三个组成部分时,把阶级斗争作为马克思主义的一个单独的、最重要的部分,是与哲学其他领域并列的一个永恒的领域,而不仅仅是历史唯物主义下面的一个子项目。列宁这样讲,和他们当时遇到的形势及环境状态有关。可以理解他为什么会那么强调阶级斗争。但是,经过"维辛斯基法学"的强化和固化,把整个思想文化问题全都归结为阶级问题,则是导致一系列理论偏差的开始。所以要讲好马克思主义法学,就要拨乱反正,明白在马克思的理论体系中,阶级和阶级斗争到底占一个什么样的地位,它是不是贯彻始终、覆盖一切的最高原则?

且看维辛斯基法学的基本观点和逻辑,曾被概括为"五条大纲":

第一条是"法起源于阶级斗争的不可调和"。这条就错了。错误在于,它把"(政治)国家"与"法"混淆和等同起来了。按照恩格斯和列宁的原本讲法,作为阶级斗争不可调和的产物的是"国家"。近些年来,"国家"这个词被理解得很乱。有一种空间含义的"国家",是指一定民族和人民生活的一片疆土,一片土地,一个地理空间。还有一个历史文化概念的"国家",是指以血缘和文化为纽带凝聚成的民族共同体,我们译成"祖国"。"爱国主义"主要爱的是这个祖国。而列宁在《国家与革命》中讲的"政治国家",主要是指政权、政府。这种国家的标志就是文官系统、军队、警察、监狱等。它才是阶级斗争不可调和的产物,是阶级统治的暴力工具,并将随着阶级一起消亡。把法也看作阶级斗争不可调和的产物,就是把它和国家混为一谈了。其实,马克思主义并不否认,在没有阶级和国家的情况下,如原始氏族社会和消灭了阶级之后的共产主义社会,人们的公共生活也要有相应的规则规范,即广义的法。

比如原始部落中,男人怎样打猎,女人怎样种地带孩子,打猎之前要举行什么仪式,打来的猎物怎么分配等,都有规则。这些基本规则和章法,就是人类在生活实践中最初形成的法。并且其中有些是要用强力维持的,犯了规要被处罚,甚至可能会被杀头,跟法的作用相比一点都不差。而这些状态下的规则,并不以阶级和阶级斗争的存在为前提。维辛斯基这一条就错了,后面的几条也都一样。

第二条是"法是统治阶级的国家意志"。这在特定的阶级国家是适用的。因为国家立法,法是统治阶级意志的产物。但是在没有统治与被统治阶级对抗的时代,法体现的又是谁的意志?其实就是这个社会的主导群体的意志,或全体国民的共同意志。法是有主体性的。这个社会是谁当家,由他们所立的法,就是他们意志的体现。过去都是男人立法,就含有歧视女性的规定;成年人按照自己的意志立法,有时候就可能忽视了未成年人的权益。法总是广义立法者意志的体现,这是普遍的、必然的。那么谁是立法者?他凭什么成为立法者?这个问题,就必须结合当时的社会条件、社会关系状况去解释和回答。

法和法律的阶级性,是法的属人性、主体性在有阶级和阶级斗争历史阶段的表现。认为一切法都是统治阶级意志的体现,显然不妥;说什么法是"上帝意志""普遍真理""永恒价值"的体现,也是瞎忽悠。实实在在的法,到底体现的是谁的意志?在阶级社会,阶级国家的法体现的是统治阶级的意志;如果在一个人民的国家,法就是人民意志的体现。所以说,维辛斯基法学把一切都拴死在阶级斗争上,这种"本质论"必然缩小了法的视野,窄化了法的内容,使之脱离了法的客观社会基础。

第三条是"法是阶级斗争或阶级统治的工具",第四条是"法是阶级社会特有现象",第五条是"法与阶级共存亡"。这些说法跟上面是一个意思,实际是同义重复、循环论证。"有阶级才有法,没阶级就没法,因此法就是统治阶级意志……"它的一个根本点,是不懂法与阶级、国家之间的关系,不懂法的本质,却总是把它们一样看待、混为一谈。其理论目标,是将法完全工具主义化,变成可以随意运用的"刀把子"。对于社会主义来说,这种工具主义的危害,实际上是剥离了法律与法的真正主体——人民或全体公民之间的根本联系。

要破除对阶级和阶级斗争的片面理解、过度迷信和迷恋。其实,在马克思那里,从未主张永远都要"以阶级斗争为纲"。马克思本人并不是一个阶级斗争的崇拜者和痴迷者。"时时处处都要讲阶级斗争"是一种片面的、极端化的思维方式。即便如毛泽东所说,"在有阶级的社会里,各种思想无不打上阶级的烙印",那么打上了"烙印",也不见得整个思想文化就全都是阶级的,没有人类的、民族的、区域的、性别的、行业的等其他特征。就像我拿火钳子在马屁股上烫一个烙印,那马并不会因此就和火钳子具有了同样的性质、形象和地位,不会就此完全等同起来。不能把烙印当作标签,给整体定性。我们无须盲目地、过度地夸大和崇拜阶级斗争,只需实事求是地对待它。

怎样是实事求是?马克思给魏德迈所写的信里的三句话说得非常明确,是"正宗"的马克思主义阶级观的经典:

> 无论是发现现代社会中有阶级存在或发现各阶级间的斗争,都不是我的功劳。在我以前很久,资产阶级的历史学家就已叙述过阶级斗争的历史发展,资产阶级的经济学家也已对各个阶级作过经济上的分析。我的新贡献就是证明了下列几点:(1)阶级的存在仅仅同生产发展的一定历史阶段相联系;(2)阶级斗争必然要导致无产阶级专政;(3)这个专政不过是达到消灭一切阶级和进入无阶级社会的过渡。[1]

第一点是说,只是当生产发展起来又不很发达的时候,人类才分化为对立和对抗的阶级。顺着这句话再继续想,要消灭阶级,也得靠生产的发展,靠生产力的进步。

第二点是说,有史以来一对一对的对抗阶级,彼此斗争下来,最后将终结于无产阶级与资产阶级的斗争,无产阶级取得胜利,建立起无产阶级的新型"专政"。

第三条是说,无产阶级专政不是为了巩固阶级,而是为了消灭阶级,进入没有阶级也没有国家的时代。到那时,人类将结束自己的"史前期",进入真正的人类历史时期。

完整理解马克思的三句话,就看不出该把阶级斗争那么绝对化、普遍化、永恒化的理由。而维辛斯基法学恰好根本不是依据马克思的思想和逻辑。

我们要回到马克思,其实就是"文化大革命"结束、改革开放初期中央文

---

[1]《马克思恩格斯选集》第4卷,人民出版社2012年版,第425页。

件中所讲的:对于确属阶级和阶级斗争的问题,要用阶级的观点去看;对于不属于阶级和阶级斗争的问题,不要硬套阶级和阶级斗争。也就是说,我们既不是崇拜阶级,也不会无视客观存在的现象。那就得弄清楚什么是阶级和阶级斗争、什么不是阶级和阶级斗争。不属于阶级和阶级斗争就不要用阶级的方式去解决。好多问题就是从基本概念开始。我讲价值的时候说,价值具有主体性,但主体并不是只有阶级,个人、群体、民族、不同的行业等都可以是主体。"馒头的营养价值没有阶级性",是对于吃馒头的人而言的。而阶级并不吃馒头,所以馒头的营养价值没有阶级性。这并不是什么怪事难事。但若不走出阶级主义的思维方式,你就没办法回到马克思的理论上来。

苏联时期在意识形态领域留下的很多不良遗产,有的影响很深。哲学上,以前马克思主义哲学界也有个"日丹诺夫定义",说哲学史就是两个"对子"(唯物论和唯心论,辩证法和形而上学)的斗争史。这是用类似阶级斗争的思维,把所有的哲学观点分类排队,区分"敌我"。这就导致对哲学史的一种简单粗暴态度。我国哲学界率先超越了"日丹诺夫定义",重新界定了哲学。

法学界对维辛斯基法学的问题似乎还需要充分讨论,特别是讨论怎么纠正它。然而,有的干脆把它作为"马克思主义法学"抛弃了,转而去寻找西方的法学;有的虽然在内心深处无法摆脱它,但也无法旗帜鲜明地讲下去。这样一来,什么是马克思主义法学,就显得声音微弱,甚至无声无息了。从根基上讲,就是受了这个维辛斯基法学之害。我想,马克思要是活着,他肯定不会承认那是马克思主义。其只能算是维辛斯基主义,或打着"列宁主义"旗号的斯大林主义。

四、马克思的出发点和根据:人的存在与社会关系

那么,马克思到底怎么看待法、法律和法治?我觉得从马克思哲学的角度看,理解法的问题的出发点和着眼点,是怎么看"人"。马克思的出发点和着眼点,是社会的、历史的、现实的人和人的关系。从这一点入手,马克思开辟了一条独特的道路。

马克思在其著名的《〈政治经济学批判〉序言》中指出:"我这番研究工作使我得出如下的结论:法的关系,也像国家形式一样,不能用它们本身来解释清楚,也不能用所谓人类精神的一般发展来解释清楚;恰恰相反,它们根源于

物质生活关系。黑格尔曾按照18世纪英国人和法国人的先例把这些关系的总和称为'市民社会'。对于市民社会的解剖,应该在政治经济学中去寻找。"[2]他认为:"法律是社会共同的,由一定物质生产方式所产生的利益和需要的表现。"[3]

就是说,法律产生于人们相互关系中的某些需要和某些利益。理解法的内容,必须回到现实中,理解现实,理解现实的社会关系,即人和人的关系,特别是经济关系。

马克思曾在《资本论》中说:"这种具有契约形式(不管这种契约是不是用法律固定下来的)的法权关系,是反映经济关系的意志关系。这种法权关系或意志关系的内容是由这种经济关系本身决定的。"[4]

马克思一再如此强调,是与马克思自己思想发展的历程有关的。他从林木盗窃法案的官司开始关注法律的深层基础。对法律的深入批判研究,使他走向了哲学和经济学。在这个过程中,马克思发现了他的哲学的立足点,就是现实的人和人类社会。要回到人,回到对人的理解上来。对阶级的理解从属于对人、对人的社会存在和社会关系的理解,这一点特别重要。在阶级社会里,法当然跟阶级有关,但这并不等于阶级就是永恒的。人才是永恒的主体。

人是什么?传统的理解把人"两分",认为人只有两重存在:人的自然(肉体)存在和属性,人的精神存在和属性。简单地说,人就是一种动物的肉体生命,再加上了某种精神。历来都是用这样的"两分法"看人、说人的。但马克思却提出了理解人的"三分法":人固然是一种自然生命体,还是一种有思想、有精神的生命体,但更重要的是,人作为一种社会生物,是社会关系的载体;人的现实性本质,在于一切社会关系的总和。所以说,人还有肉体、精神之外的"第三重"生命,即现实的、社会的、历史的生命特征。人的"第三重生命"不仅存在,而且在三重生命中,社会存在和社会生命是人所特有的、决定性的生命存在。

人之为人,如果光讲肉体生命,那么其新陈代谢、遗传变异,就跟动物是一样的了。但是我们看到,现实的人的肉体生命,并不是完全按照自然的方

---

[2]《马克思恩格斯选集》第2卷,人民出版社2012年版,第2页。
[3]《马克思恩格斯全集》第6卷,人民出版社1961年版,第292页。
[4]《马克思恩格斯全集》第23卷,人民出版社1995年版,第102页。

式发展。比如,按照细胞分裂和衰老的过程,据说人正常的生命应该是活到250岁左右。但现实的人还没有活那么长的。什么原因?是因为社会因素,如营养、健康、战争、瘟疫、灾害、精神心理压力等,很多现实的因素决定了人类现实的寿命。而随着社会的发展,人的平均寿命也在延长着。中华人民共和国成立初期中国人的平均寿命是42岁,现在是70多岁。说明寿命的长短跟社会状况相关,社会状况影响了自然寿命。至于人的精神生命,比如人的思想内容,是从哪来的?肉体带来的吗?不是。它反映肉体状况吗?也不是。不是说一个人个子高大思想就伟大,一个人肚子大吃得多思想就丰富。那么,人的精神思想是从哪来的呢?它来自人的社会存在和社会生活。是你的社会地位、生活条件、生活方式,你和他人的关系,还有文化传承等,决定了你的思想、精神、境界等。如果说精神是"第二性"的话,那么它的"第一性"基础是什么?是我们的社会存在。即马克思所说的,人们的社会存在决定人们的社会意识。

人是一种社会历史的动物,人有社会生命。马克思看透了这一点,但是过去却被忽略甚至歪曲了。主要表现为,把"社会存在"理解成只是"社会"的存在,却不是"人"的存在。过去教科书讲社会存在的时候,实际上是说在个人之外的、一部分公共的社会存在。但是,马克思在讲社会存在的时候,从来都是讲"人们的存在和社会存在""他们的社会存在和社会意识"。总之,所谓"社会关系、社会结构、社会属性、社会特征"等,都是指人自己的特征。有了这个特征,人才能成为人。荀子早就说过,人力不如牛,奔不如马,但人能驾驭牛马,就在于"人而能群"。人只有形成了共同体,才有那么大的本事。那个"群"就是我们现在所说的社会关系体。总之,要重视理解人的社会性,社会就是人的存在。从这个角度讲到人的存在和社会关系的时候,就必须以每个人的存在为根基,以每个人的权利和责任,他的社会角色,他的社会贡献和社会负担等,作为他是一个现实的、社会的人的标志。

如果这样来看法律,可以说,法律就是在一定的社会范围内,给人们的行为提供的一些规范,设置的一些上下限。那么,这些规范是怎么设计出来的呢?当然是来自人的生活实践和历史经验。尽管一直有人根据想象,说法律是来自上帝或神的旨意,或者是圣人坐在屋里编造出来的,但那些都是不真实的。就说足球比赛的规则是从哪来的?肯定不是有人坐在屋子里,先想好了"一个好球员应该怎么踢球"然后编制出来的。足球比赛的规则,是在足球运动中形成的。没有人事先设计一个完备的足球规则体系,然后才开始进行足球运动。

人类社会中的法,是人自己活动的产物,为自己的活动而设置的一些规则规范,这些规范中,既有经济的、政治的、技术的,也有道德的、法制的。其中的道德,多数是一些软性的规范,靠舆论、靠自律、靠感情来解决。而法是什么呢?法是一种强制规范,为了这个社会结构的稳定,为了人和人关系的可持续,对于某些关系和行为的规范,必须予以强力把握。这个强力,在有国家的时候,是靠军队、警察、监狱、法庭、政府来维护的。而法的内容,无非是社会上必须明确、必须统一起来的一些规则、规范,既有道德上的,也有经济上的、政治上的、文化上的,还可以有生物、环境等方面的规范等。法的特征,就是它必须统一,必须强制执行,必须用社会的强力进行维护。

总之,马克思的出发点和着眼点是人和人的社会存在、社会关系。理解法要从理解人开始,把法的起源、法的根据放在人的社会关系的形成和发展中来理解,这是马克思的思路。我觉得,这个思路比各种各样的神秘化的说法更真实,更能经受检验。从现实社会的人出发,去理解法的必要性、法的实质,可以产生很多新的积极的思想和成果。

五、马克思法治思想的方法论特征:注重主体分析

马克思法律思想的哲学方法论根基,在于他的价值理论和价值思维。这是因为,法的问题就是社会价值体系的问题,是社会关系的"应然"规则和规范体系问题。社会的"实然"即事实存在的问题,是法所依据和面对的前提,并不是法所要倡导的目标,即法律所"管"和干预的对象。也就是说,法只管对于人来说好和坏的事。保护好的,禁止坏的,法只管这事。至于属于真实存在的本身,如人能长多高个,体重多少,或者你要苗条些他要粗壮些,这些事情法是不管的;各个民族的饮食、服饰,你下班是喝二两还是喝三两,这些东西法也是不管的。法管的是什么呢?法管的就是人和人之间在公共的社会关系中的行为。所以马克思说:"人们是什么,人们的关系是什么,这种情况反映在意识中就是关于人自身、关于人的生存方式或关于人的最切近的逻辑规定的观念。"[5]

这是马克思特有的一贯的思考方式。把人作为价值主体,从现实的主体

---

[5] 《马克思恩格斯全集》第3卷,人民出版社1960年版,第200页。

及其社会关系出发,才能够理解法是什么。这是一个起点。在当时历史条件下,马克思对现实中各种法律的具体分析,集中于批判资产阶级、资本主义法律体系。他说,现代这些法都是资本家制定的法,有钱人制定的法,他们制定的法肯定是符合他们的利益和意志的。尽管他们宣称自己代表了人类、良知、真理、上帝的意志等,但是骨子里是代表他们阶级利益的。马克思批判资本主义的法,指出它的缺陷,但并不是反对法,而是作为无产阶级反对资产阶级。

在马克思、恩格斯看来,法所追求的阶级利益价值,不是阶级中某一分子的价值,而是一个阶级的整体价值。"他们的个人的统治必须同时是一个一般的统治。他们个人的权力的基础就是他们的生活条件,这些条件是作为对许多个人共同的条件而发展起来的,为了维护这些条件,他们作为统治者,与其他的个人相对立,而同时却主张这些条件对所有的人都有效。"[6]"各种最自由的立法在处理私法方面只限于把已有的权利固定起来并把它们提升为某种具有普遍意义的东西,而在没有这些权利的地方,它们也不去制定这些权利。"[7]

所以恩格斯说,资本主义社会的唯一特权是"金钱的特权","金钱的势力消灭了一切封建的和贵族的特权",资产阶级"用金钱的特权代替以往的一切个人特权和世袭特权"[8]。资产阶级因为有钱,所以愿意让"钱"代表"权",它已经和家庭出身、血统等没有关系了。

在马克思的《资本论》里他讲过这样的话,钱其实是一种权力,一种随时可用的平等权力,一种私人的权力。你有多少钱,就有多少权。通过购买等手段,就有那个权。所以说,权钱勾结是一种私人权力和公共权力的颠倒。我拿钱买你的权;你当官,你手里的权力是公共的权力,而不是私人的权力;我给你钱,你就拿公共权力为我服务,这就叫"化公为私"。所以权钱交易的本质,就是"化公为私"。

马克思还说:"很清楚,在这里,并且到处都一样,社会上占统治地位的那部分人的利益,总是把现状作为法律加以神圣化。"[9]就是要维护这种对他有利的,使他享有特权的这种社会结构和秩序,这是讲资产阶级法律的特征。

---

[6] 同上,第377页。
[7]《马克思恩格斯全集》第1卷,人民出版社1960年版,第144页。
[8]《马克思恩格斯全集》第2卷,人民出版社1957年版,第647、648页。
[9]《马克思恩格斯全集》第25卷,人民出版社1972年版,第893—894页。

因此对于资产阶级,"法律当然是神圣的,因为法律本身就是资产者创造的,是经过他的同意并且是为了保护他和他们的利益而颁布的。……法律的神圣性,由社会上一部分人积极地按自己的意志规定下来并由另一部分人消极地接受下来的秩序的不可侵犯性,是他的社会地位的最可靠的支柱。"[10]

而对无产者来说,他们只是在无力改变它的时候才屈服于它。"为了抵御折磨他们的毒蛇,工人阶级必须把自己的头聚在一起,作为一个阶级来强行争取一项国家法律,一个强有力的社会屏障,使自己不再通过自愿缔结的契约而把自己和后代卖出去送死和受奴役。"[11]

在马克思批判当时的资产阶级法律体系时,用的是主体分析的方法:是谁的法?谁制定的,针对谁,为谁服务的法?从这个角度来理解法的实质和功能。这个思想在西方语境下经常被掩盖或回避。因为他们主张法应该是一种普遍的、人类的、永恒的真理和正义,因此总想找到"至善",说法是追求至善和终极正义的。

说到法所追求的最高价值——正义,就需要理解马克思主义对它的看法。我们知道,"真、善、美、自由、平等、正义",这是人类迄今所公认的六大普世价值。"正义"是最后的一个也是最高的范畴。但"正义"究竟什么意思?如果往下深入考察的话,就会发现分歧很多。我理解,资本主义的正义其实是"自由型的正义",自由就正义,侵犯自由就是不正义。这是几百年来资本主义进步最明显也最成功的地方。而社会主义要追求的正义,则是"公平型的正义",自由也应该是公平的自由,不能有两极分化,不能有一拨人压迫另一拨人。可见,"正义"本身并不是一个独立的价值实指,而是最高的、统摄性的价值范畴。在人类历史的进程中,正义在不同的阶段有不同的面孔。在奴隶社会,维持一种奴隶主对奴隶的善意和奴隶对奴隶主的忠诚,就是那时候的正义;在封建社会,"长幼有序,尊卑有别",保持这种秩序就是正义;而在资本主义社会,实现个人自由就是正义;从空想社会主义开始,批判资本主义时,反对的不是自由,而是不公平。所以对社会主义来说,公平就是正义。除了这些之外,以各种面貌出现的"爱""幸福""和平"等,都是正义在不同场合下的现身。每个时期人们都有被当作最高目标的正义,而正义正是在历史进程中显示出来的一个总体目标。如果把这些都排除掉,而说一种"终极的正

---

[10]《马克思恩格斯全集》第2卷,人民出版社1957年版,第515页。
[11]《马克思恩格斯全集》第23卷,人民出版社1995年版,第335页。

义",其是否存在,是大可怀疑的。

人们有时觉得马克思没有直接讲很多正义理论,其实是因为马克思没有停留于抽象概念,不喊空口号、讲空话。他是具体讲的,主张要从历史的动态角度来看,从人的发展角度来看。比如按劳分配正义不正义?按劳分配比起剥削压迫、无偿剥夺剩余价值来说,显然是正义的;但是按劳分配又只是一种资产阶级的权利,相对于将来的按需分配来说,它又有不够正义之处。因为一个人能干多少和他需要多少,这两者之间并不是等同的。完全按劳付酬,那仅仅是一个尺度的平等,还不是全面的平等。

六、马克思法治原则的价值取向:人的解放

说到底,马克思的思想和他的价值取向,如他的科学社会主义、共产主义,这些思想的价值取向就是人的解放。法的建设是什么样子,形成于人类发展的阶段性,人的社会发展到什么程度,就有什么程度的法。法的精神实质,应该是促进人的解放,让人越来越自由,成为自己生活和命运的主人。越是有利于这个方向的法,越是马克思所期望的法。

理解马克思法的理想、法的目标取向,我觉得在现阶段应该掌握这两条:

第一,法"应是人的社会行为必备规律"。即人的社会必须、必然有一定的规则和规范来引导和制约,这一点具有客观的规律性。

第二,法"应是人民意志的表现"。在随着阶级斗争不断发展、不断前进的过程中,法越来越超越阶级的局限,而成为人民意志和利益的体现。"人民"这个词,我们已论证过,它就是社会生活的全体实际承担者。这个社会是由我们这些人所组成、所担当的,我们就都是人民。讲"人民",就是不主张再分成你是有钱的,我是没钱的,你是这个阶级,他是那个阶级,你是中国人,他是外国人,不强调"分",而强调总体的、整体的人民。马克思是立足于人类解放的。马克思很厌恶别人把他的理论变成仅仅服务于党派斗争的工具,因为他思考的是人类的命运。你说他一个穷书生,还老受迫害,说话不受待见,他为什么苦苦地追求研究?他想的是什么?恩格斯说,马克思没有一个私敌。他的敌人实际上就是人类的敌人,那些总想压迫人,迫害人的人。比如马克思为什么支持工人阶级?他不是说工人阶级中每个人品质多高尚,智商多高,而是因为工人阶级一无所有,在社会最底层。所以工人阶级对旧社会没有什么可贪恋的,他要解放自己,就要打破旧制度;他要解放自己,就要把他

上面的每一层都解放了。所以说无产阶级是最大公无私的。"失去的只是锁链,而得到的是整个世界。"马克思用这样一种思维来讲,在人类解放过程中的人民意志、人民主体,法要过渡到以人民为主体,而不再以阶级为主体。这个我就不再多说了。

马克思说:"任何一种解放都是把人的世界和人的关系还给人自己。"[12] 恩格斯说:"真正的自由和真正的平等只有在共产主义制度下才可能实现;而这样的制度正是正义所要求的……"[13]

这是马克思、恩格斯价值取向的体现。按照这种价值取向,法治化是实现和维护这种取向的一种必要的现实形式。这种现实形式不是一成不变的,而是随着人类发展而不断发展前进的。

我国宪法规定了"人民民主专政"。有人说,人民民主专政也是专政,"专政就是独裁、专制、暴力……"我说,不可以忘记了马克思所说的历史进程,只在"专政"这两个字上纠缠。"专政"实际上就是动用国家机器、强力维护一种主张。"你必须这样,你不这样我就让你坐牢。"专政其实就是这个意思,谁都这样对待别人。奴隶主专政,封建主专政,资产阶级专政,无产阶级专政,它们都是"专政",历来的专政都是专制和暴力,这不假。但是在马克思说的"过渡阶段",即人类历史上最后一种"专政",就是说,轮到了人民当家作主了,那么人民怎样对待每个人,什么时候把谁关或不关到牢里去,这样的规则和制度就是"人民民主"要建立的。这就像踢足球一样,有"欧式足球""拉美足球""亚洲足球"等各种踢法。我们要踢好"中国式足球",就不能光抠"足球"二字。足球都是一样的,问题在于前面的字——"中国式"是什么?我们为什么不好好研究一下按照"人民民主"的方式,应该怎么"专政"?应该说,我们要追求的"法治",实际正是这个意思。

恩格斯说:"一切自由的首要条件:一切公务人员在自己的一切职务活动方面都应当在普通法庭上按照一般法律向每一个公民负责。"[14]其认为,到了高度发达的共产主义社会,人们的争端将容易通过仲裁法庭来调节。[15]

可见,在马克思、恩格斯那里,法律和法庭到共产主义阶段也是要有的。只是解决的问题和解决问题的方式不同。那时可能用不着军队了,也可能用

---

[12] 《马克思恩格斯全集》第1卷,人民出版社1956年版,第443页。
[13] 同上,第582页。
[14] 《马克思恩格斯全集》第19卷,人民出版社1963年版,第7页。
[15] 参见《马克思恩格斯全集》第2卷,人民出版社1957年版,第608页。

不着监狱了,但是你把这弄脏了,罚你扫两天马路,还是应该的吧,要不然也太好坏不分、无人负责了。假如谁都敢随便喝酒,喝完了酒还去飙车,不管怎么行呢?所以共产主义不是要废除法律。国家要废除,阶级要消失,军队警察可以都没有了,但是规则规范还是要有,按照马克思、恩格斯的设想,执行规则规范的机关如法庭、仲裁这些还是要有的,并不是要消灭的。后来毛泽东甚至说:"看来,法庭一万年都要,因为在阶级消灭以后,还有先进与落后的矛盾,人们之间还会有斗争。"[16]先进和落后也要上法庭,这是毛主席的大胆想法,还可以再商榷。但怎样处理人民内部矛盾,民主法治是一个必要的条件。这至少证明,法律、法庭是不会随着阶级的消灭而消失的。因为它是解决人与人关系的秩序、规则、程序问题时所必需的一种社会形式。而我们现在要考虑的,是怎样适合我们这个国家的发展状况,适合我们的国情,有利于维护每个人的权益,有利于推动人类解放的法和法律体系,该怎么搞起来。所以说,咱们好好研究是有必要的,也是有很大空间的。

好,我先说这么多。

(责任编辑:王金霞)

---

[16] 《毛泽东选集》第5卷,人民出版社1977年版,第319页。

社会主义女权主义法学专题

在 21 世纪复兴社会主义女权主义法律理论

辛西娅·格兰特·鲍曼[*]

摘　要：作为 20 世纪七八十年代女权主义理论的一个重要分支——社会主义女权主义——在很大程度上被美国女权主义法学所忽视。本文揭示了复兴社会主义女权主义的洞见对法律理论的潜在贡献。社会主义女权主义产生于 20 世纪 60 年代的民权运动、反战运动和反帝国主义斗争，也是海迪·哈特曼、齐拉·爱森斯坦、艾里斯·杨等人的著作和美国社会主义女权主义组织实践的产物。尽管许多美国女权主义法律理论家曾经参加或受到了 20 世纪六七十年代进步运动的影响，但他们的著作中几乎没有社会主义女权主义。凯瑟琳·麦金农是个例外，她对社会主义女权主义的方法表示同情，但她并不认同此观点，进而继续发展其女权主义平等理论。作者认为，复兴社会主义女权主义的时机已经成熟，并探讨其对研究和追求女性平等可能发挥的作用。

关键词：社会主义女权主义　女权主义法律理论　凯瑟琳·麦金农

---

[*] 本文首发于 *Connecticut Law Review*, Volume 49, November 2016 Number 1。本文的翻译得到了 *Connecticut Law Review* 编辑部和作者的授权，在此谨致谢意！
辛西娅·格兰特·鲍曼，美国康奈尔大学法学院多罗西娅·S. 克拉克（Dorothea S. Clarke）女权主义法学讲席教授。感谢本·奥尔特曼（Ben Altman）、伯南丁·多恩（BernardineDohrn）、戴维·吉尔伯特（David Gilbert）、阿齐兹·拉纳（Aziz Rana）、安娜·玛丽·史密斯（Anna Marie Smith）、悉尼·塔罗（Sidney Tarrow）和邱昭继等人的宝贵建议。感谢康奈尔大学法学院同事在 2016 年 1 月举行的午餐演讲会上针对本文提出的意见。特别感谢康奈尔大学法学院图书馆丰富的馆藏和图书馆馆员埃米·埃莫森长期以来的帮助。
本文由邱昭继、李勇翻译。邱昭继，西北政法大学教授；李勇，西北政法大学法学理论专业 2016 级研究生。

导言

尽管伯尼·桑德斯(Bernie Sanders)很受欢迎,但长期以来人们普遍认为美国没有社会主义传统。许多作者指出,同英国和欧陆国家一样,美国没有社会民主党或工党所表现出来的左翼政治倾向。[1] 然而,20世纪七八十年代存在一个充满活力的社会主义女权主义理论传统。但是,该传统并没有随着女权主义法律理论领域的发展而进入法学界。本文试图重温这一丢失的女权主义理论之维,并就复兴社会主义女权主义以推进女权主义法学研究和法律改革提出建议。

第一代女权主义法律理论家是在激烈政治活动时期成长起来的,她们在民权、反战和女权主义团体中非常活跃。[2] 20世纪六七十年代,这些团体深受马克思主义和社会主义理论的影响,因而女权主义行动者肯定深谙这些理论。当这些女权主义者进入法学院后,她们开设关于女性与法律的课程,代表女性提起诉讼并提出女权主义法学。然而,除了少数例外,社会主义女权主义似乎在这种发展中被遗忘了。虽然社会主义女权主义理论在20世纪80年代发展迅速,并在法学以外的学科中不断完善,但女权主义思想的这个维度并未出现在女权主义法学中。

在第一部分,我探讨的是历史背景,简要地介绍了马克思主义与法律,然后描述了20世纪六七十年代美国女性运动与新左翼之间的关系。由于各种原因,一些女性团体从新左翼团体中分离出来,这样的独立组织明确倾向于社会主义,它们醉心于如下理念:社会主义必然与真正的女性平等联系在一起。我描述了这些女性提出的理论,包括双重系统理论与统一系统理论的比较,以及她们参与的政治行动。我也简要介绍了社会主义女权主义理论如何影响女性研究以及该理论在政治学和哲学学科中的发展情况。

---

[1] 见,WERNER SOMBART, WARUM GIBT ES IN DEN VEREINIGTEN STAATEN KEINEN SOZIALISMUS? (1906); Seymour Martin Lipset, *Why No Socialism in the United States?*, in 1 SOURCES OF CONTEMPORARY RADICALISM 31 (SewerynBialer & Sophia Sluzer eds., 1977); Eric Foner, *Why Is There No Socialism in the United States?*, 17 HIST. WORKSHOP 57 (1984)。

[2] 见,例如,Cynthia Grant Bowman, *The Entry of Women into Wall Street Law Firms: The Story of* Blank v. Sullivan & Cromwell, *in* WOMEN AND THE LAW STORIES 415, 419-21 (Elizabeth M. Schneider & Stephanie M. Wildman eds., 2011)(描述了纽约大学法学院女性权利委员会创建者的背景)。

在第二部分,我讨论了社会主义女权主义理论在女权主义法学中的实质性缺失。女权主义法学分为自由主义的、激进的、文化或关系的、批判种族的以及后现代的方法这几种不同进路。虽然有迹象表明,早期的女权主义法学家熟悉社会主义女权主义思想,批判法律研究运动的支持者们将左翼法律理论带到法学院,左翼女权主义学者从这个阵营中脱离出来,继续探讨"女性批判"、"种族批判"和"拉丁批判"问题。然而,20世纪80年代社会主义理论家的洞见似乎被遗忘了。

基于本文的目标,我对社会主义下了一个定义。我提出的社会主义包括如下内容:(1)经济力量虽然不是唯一,但是历史发展的首要驱动力;(2)资本主义与人(特别是女性)的全面发展不相容;(3)通过国家使经济和社会民主化,人类的基本需求优先于利润。基于此定义,结合下文讨论的社会主义女权主义,我在第三部分描述了社会主义女权主义对女权主义法律理论的潜在贡献。基于各种理由,我也认为社会主义女权主义理论复苏的时机或许已经成熟。

一、历史背景

要了解20世纪六七十年代孕育早期女权主义的背景,既要求基本熟悉马克思主义及其与女权主义和法律的关系,也需要对这几十年来美国女性运动的历史有一定的领略。列出社会主义女权主义理论的基础后,我描述了该理论在当时的发展,包括它如何从正统马克思主义理论和新左翼团体中分离出来。为了重视这一新思想流派的洞见,我研究了美国社会主义女权主义发展史上几位举足轻重的理论家的著作,比如海迪·哈特曼(Heidi Hartman)、齐拉·艾森斯坦(Zillah Eisenstein)、艾里斯·杨(Iris Young)、南茜·哈索克(Nancy Hartsock)和艾莉森·贾格尔(Alison Jaggar)等人的著作及其对女性身份是资本主义和父权制双重体系,还是同一体系的产物存在的争议。我还讨论了社会主义女权主义产生的政治组织和策略。我的目标是表明这一理论的复杂性,它与法律理论相关并且从未丢失对性别、种族和阶级这三者间相互关系的必要阐释。虽然社会主义女权主义没有出现在20世纪80年代法学界发展出来的女权主义法律理论中,但在哲学、社会学和政治科学中追溯社会主义女权主义的发展具有可能性。

(一)马克思主义与法律和女权主义

马克思主义社会主义认为,历史变迁一方面是由经济力量决定的,另一方面又是由特定历史时期的经济方式和社会组织决定的。每一个历史阶段都可由一定的生产"方式"和相应的生产"关系"塑造。[3] 例如,在资本主义条件下,生产资料(工厂、工具、技术和资本)由私人所有,并由一个阶级(资产阶级)控制;劳动由另一个阶级(工人阶级或无产阶级)完成,他们不拥有生产资料,只是为工资回报而把他们的劳动出售给资本家。[4] 每一历史时期都有其占统治地位的阶级,而历史变迁是阶级斗争的结果。[5] 例如,工业革命时期,工作从家庭转至工厂,家庭是由工人所有和控制的地方,工厂则由其所有者拥有和控制。每一次经济革命都伴随着政治革命,以建立一种服务于统治阶级经济目标的国家形式,并维持该阶级对其他阶级的控制。[6] 就资本主义而言,这些职能由自由民主国家履行,它保证秩序、保护私有财产并确保私人领域的自由。根据社会主义理论,历史是辩证的,即对立事物的出现推动历史前行,后又被新事物取代,阶级斗争推动历史变迁。[7]

当法律学者从严格的马克思主义分析框架出发进行研究时,他们面临的第一道障碍是正统马克思主义对待法律的态度。马克思认为,法律连同意识形态、宗教和文化都仅仅是所谓"上层建筑"的一个方面,法律直接反映经济体制并随着经济的变化而变化。[8] 后马克思主义理论家反对严格的经济决

---

[3] Karl Marx, preface to A CONTRIBUTION TO THE CRITIQUE OF POLITICAL ECONOMY, reprinted in THE MARX-ENGELS READER 3-6(Robert C. Tucker ed. ,2d de. 1978).

[4] Karl Marx. WageLabour and Capital, reprinted in Tucker, Karl Marx, Preface to A CONTRIBUTION TO THE CRITIQUE OF POLITICAL ECONOMY, reprinted in THE MARX-ENGELS READER 3-6(Robert C. Tucker ed. ,2d ed. 1978), at 203,207-10.

[5] 见, Karl Marx& Friedrich Engels, Manifesto of the Communist Party(1948), in Tucker, Karl Marx, Preface to A CONTRIBUTION TO THE CRITIQUE OF POLITICAL ECONOMY, reprinted in THE MARX-ENGELS READER 3-6(Robert C. Tucker ed. ,2d ed. 1978) , at 469,473-475(讨论不同历史时期的阶级斗争)。

[6] 同上,第475页(描述统治阶级和相应的国家形式之间的关系)。

[7] 同上,第477—483页。

[8] Karl Marx, The German Ideology, in Tucker, Karl Marx, Preface to A CONTRIBUTION TO THE CRITIQUE OF POLITICAL ECONOMY, reprinted in THE MARX-ENGELS READER 3-6 (Robert C. Tucker ed. ,2d ed. 1978), at 154.

定论,他们赋予法律相对自主性,认为法律与经济结构相关但不完全由其决定。[9] 相反,法律既影响经济关系,又反映经济关系,二者相互依存。更重要的是,国家和法律仍然是有争议的地方,并非完全由资本所主导,资本必须不断为维持其霸权而斗争。批判法律研究运动将这种解释带到美国法学界,下文将对此作更详细的说明。[10]

社会主义是一个比马克思的理论更宽泛的范畴,社会主义发端于马克思和他称之为"乌托邦"社会主义者的著作,比如傅立叶、蒲鲁东和圣西门,社会主义在马克思去世后被修正和采纳。[11] 此外,现代社会主义不仅指马克思的理论,还指苏联、中国和其他国家所体现的共产主义体系,以及欧洲社会民主党、共产党、费边社和英国劳工党的政治实践。[12] 女性地位一开始就是这些理论家关注的问题。

恩格斯认为,女性在家庭中的从属地位是私有财产制和国家的结果,女性的解放取决于私有财产制的废除和共产主义的建立,这也是马克思的主张。[13] 与此同时,有人劝告女性支持无产阶级革命斗争,她们自身的问题被视作那场战斗的干扰。[14] 在未来社会中,女性与男性将平等进入劳动力市场,家务劳动将社会化。然而,在那些发生共产主义革命的国家,平等的目标似乎从未实现。

---

[9] 见,例如,Costas Douzinas&Ronnie Warrington, *Domination, Exploitation, and Suffering: Marxism and the Opening of Closed Systems*, 11 Am. B. FOUND, RES. J. 801, 810-12(1986)(讨论了阿尔都塞、普兰查斯、米利班德等人的思想)。

[10] 见, Mark Tushnet, *Critical Legal Studies: A Political History*, 100 YALE L. J. 1515, 1534-37 (1991); Mark Tushnet, *Marxism and Law*, in 2 THE LEFT ACADEMY: MARXIST SCHOLARSHIP ON AMERICAN CAMPUSES 157 (BertellOllman& Edward Vernoff, eds. 1984)。

[11] 有关马克思之前社会主义的信息,特别是乌托邦社会主义者,见 ALEXANDER GRAY, THE SOCIALIST TRADITION: MOSES TO LENIN 136-96(1946)(描述了圣西门和傅立叶的思想)。

[12] 见,例如, Douzinas & Warrington, *Domination, Exploitation, and Suffering: Marxism and the Opening of Closed Systems*, at 805(描述了从马克思到欧洲马克思主义的转变)。

[13] 见, FRIEDRICH ENGELS, THE ORIGIN OF THE FAMILY, PRIVATE PROPERTY AND THE STATE 64-91(Pathfinder Press 1972)(1884)(路易斯·H. 摩根对美洲原住民的人类学研究认为,原始国家的特点是共产主义和母权制,当农耕文明取代狩猎文明时,一夫一妻制和对女性的虚拟奴役导致了男性合法后代稳固的继承权,进而产生了不可分割的财产)。

[14] 见,例如,Marilyn J. Boxer, *Rethinking the Socialist Construction and International Career of the Concept "Bourgeois Feminism"*, 112 AM. HIST. REV. 131, 136-40(2007)(记录了早期社会主义和共产主义女性拒绝与资产阶级女权组织合作)。

(二)20世纪六七十年代的美国女性运动

一段沉寂期后,女权主义在20世纪60年代获得重生,贝蒂·弗里丹(Betty Friedan)于1963年出版的《女性的奥秘》可能是导火索。[15] 那时大多数活跃女权主义者的政治导向是自由民主主义,主要关注女性问题;女性运动的制度机构是1966年成立的国家妇女组织(National Organization for Women)。[16] 当然,自由民主理论与暗含于美国宪法和主流意识形态背后的政治思想相一致,它强调个人主义和公共领域的平等,所以大多数活跃的女权主义者采用这种方法也不足为奇。自由民主理论的忠实信徒为短期内女性身份的大量改变付出诸多努力,特别是20世纪70年代捍卫女性权利的诉讼运动取得的成功,与本文相关的还有女性最初作为学生后来作为老师进入法学院。[17]

这不是20世纪六七十年代唯一的女性运动,还有一些非常活跃的社会主义女权主义流派,它们产生于民权运动和反战运动,即20世纪60年代的"新左翼"(与"老左翼"或共产主义左翼比较而言)。要理解社会主义女权主义理论的内涵和发展,确定其产生的背景很重要。幸运的是,早期新左翼女权主义的几个参与者、研究女性历史和60年代史的学生和新闻记者记录了社会主义女权主义的发展演变。[18] 他们讲述的是相似的故事。许多女性,尤其是学生,响应反奴隶制运动对19世纪女权主义者的影响,于20世纪60年代初期

---

[15] ELEANOR FLEXNER,CENTURY OF STRUGGLE:THE WOMAN'S RIGHTS MOVEMENT IN THE UNITED STATES 344(rev. ed. 1975). 新女权主义和后女权主义之间实际上存在诸多连续性,表现在20世纪20年代至60年代对进步立法和平等权利修正案的斗争以及埃莉诺·罗斯福这样的年长女性参加由肯尼迪总统于1962年建立的总统妇女地位委员会。见,CYNTHIA GRANT BOWMAN ET AL. ,FEMINIST JURISPRUDENCE 16-20(4th ed. 2011)。

[16] NAT'L ORG. FOR WOMEN, FOUNDING (2011), http://www. now. org/wpcontent/uploads/2014/01/Founding. pdf[https://perma. cc/RE7P-Q4HG](last visited Sept. 1,2016)(记录了全国妇女组织的历史、创设和原始成员)。

[17] 有关女性权利诉讼活动的描述,见,BOWMAN ET AL. ,FEMINIST JURISPRUDENCE,at 25-89。关于女性进入法律教育的描述,见,同上,第962—979页。

[18] ALICE ECHOLS,DARING TO BE BAD:RADICAL FEMINISM IN AMERICA 1967-1975(1989)(历史学家);SARA EVANS,PERSONAL POLITICS:THE ROOTS OF WOMEN'S LIBERATION IN THE CIVIL RIGHTS MOVEMENT AND THE NEW LEFT(1979)(参与者);JO FREEMAN,THE POLITICS OF WOMEN'S LIBERATION(1975)(参与者);JUDITH HOLE & ELLEN LEVINE,THE REBIRTH OF FEMINISM (1971)(记者);RUTH ROSEN, THE WORLD SPLIT OPEN:HOW THE MODERN WOMEN'S MOVEMENT CHANGED AMERICA(2000)(历史学家和参与者)。

和中期参与了民权运动及其在南方的运动。[19] 在那场运动中,她们和1848年聚集在塞尼卡福尔斯的女性一样,获得组织经验与技能上的自信,这对女性运动来说非常重要。[20] 她们得到一些教训,即平等在适用上男女有别,不仅在社会上如此,在男性统治的女性运动中也如此。[21] 有些人开始对这些激进组织内部的劳动分工提出质疑,她们认为这些组织存在性别歧视。[22]

20 世纪 60 年代,北方的学生运动爆发,抗议军费开支、种族主义、贫困、大学校园设施的陈旧和激进组织与军队的勾结,许多女性被吸引进来。最大的示威组织是 1962 年成立的学生民主同盟,这是一个有着社会主义智识来源的团体,它不同于旧的共产主义左翼团体,它强调参与民主是组织和政治目标。[23] 学生民主同盟的成员开始在北方工业地区的贫困区域展开组织活动,这是一种女性成员擅长的角色,许多来自中产阶级的成员参与这场运动后变成激进主义者。[24] 她们组织讨论的问题主要是福利权。[25] 这些女性也开始提出女性在新左翼团体中的地位问题,比如,团体领导多是男性、威胁女性的

---

[19] 见, EVANS, PERSONAL POLITICS: THE ROOTS OF WOMEN'S LIBERATION IN THE CIVIL RIGHTS MOVEMENT AND THE NEW LEFT(1979)(参与者), at 60-101(叙述了女性参与民权运动的历史)。
[20] 同上,第 82 页。
[21] ROSEN, THE WORLD SPLIT OPEN: HOW THE MODERN WOMEN'S MOVEMENT CHANGED AMERICA(2000), at 107.
[22] 见, EVANS, PERSONAL POLITICS: THE ROOTS OF WOMEN'S LIBERATION IN THE CIVIL RIGHTS MOVEMENT AND THE NEW LEFT(1979), at 86 (注意到了学生非暴力协调委员会中的性别歧视,女性自动降级从事行政工作且被排除在决策团体之外,这一切都源于男性优越性的假设)。斯托克利·迈克尔评论道,"女性在学生非暴力协调委员会中的地位"一再被认为是该委员会中性别歧视的一个鲜明例子,但是当这种歧视被提出时,那里的女性表示这显然是个笑话且在场的每一个人也同样认为。ROSEN, THE WORLD SPLIT OPEN: HOW THE MODERN WOMEN'S MOVEMENT CHANGED AMERICA(2000), at 108-09.
[23] 见,例如,TODD GITLIN, THE SIXTIES: YEARS OF HOPE, DAYS OF RAGE 114-26(1987)(描述了参与民主的学生民主同盟概念及其与旧共产主义左翼团体的区别);EVANS, PERSONAL POLITICS: THE ROOTS OF WOMEN'S LIBERATION IN THE CIVIL RIGHTS MOVEMENT AND THE NEW LEFT(1979), at 105(将学生民主同盟描述为"扎根于旧左翼传统的新左翼")。
[24] 见,例如,GITLIN, THE SIXTIES: YEARS OF HOPE, DAYS OF RAGE 114-26(1987), at 366-67(说明了北方学生民主同盟项目的女性参与者比男性更好);EVANS, PERSONAL POLITICS: THE ROOTS OF WOMEN'S LIBERATION IN THE CIVIL RIGHTS MOVEMENT AND THE NEW LEFT(1979), at 141(描述了女性作为学生民主同盟社区组织者工作的成功)。
[25] EVANS, PERSONAL POLITICS: THE ROOTS OF WOMEN'S LIBERATION IN THE CIVIL RIGHTS MOVEMENT AND THE NEW LEFT(1979), at 151; ROSEN, THE WORLD SPLIT OPEN: HOW THE MODERN WOMEN'S MOVEMENT CHANGED AMERICA (2000), at 111-12.

修辞风格、指派传统的女性角色给女性。[26] 在这方面,这些激进的女性受到了各种解放运动中女性榜样的影响,比如古巴、越南和中国。[27] 女性认可的问题在学生民主同盟和相关会议中被反复提及,但这一主题被革命性的反帝斗争所转移。[28] 新左翼内部的女性问题加剧,反战运动变得越来越暴力,学生民主同盟自身开始分裂,1969年一个名为气象员组织的派别脱离出来,最终演变成从事非法活动的地下组织。[29]

1967年,在芝加哥召开的有关新政策的国家会议上发生了一场危机,有关女性问题的一套解决方案未经听证在特别粗暴的环境下被搁置。[30] 遭此待遇,女性行动主义者非常愤怒,于是她们下定决心组建自己的自治团体。在芝加哥,最终促成芝加哥妇女解放联盟的成立,这是那个时期美国最杰出的社会主义女权主义团体。[31] 虽然在1967—1968年几乎所有大城市都成立了女权主义自治团体,但我仅介绍芝加哥妇女解放联盟的理论和实践,因为它是一个具有自我意识的社会主义团体,该团体出版了概括其理论基础的文

---

[26] EVANS,PERSONAL POLITICS:THE ROOTS OF WOMEN'S LIBERATION IN THE CIVIL RIGHTS MOVEMENT AND THE NEW LEFT(1979),at 160,172.

[27] ECHOLS,DARING TO BE BAD:RADICAL FEMINISM IN AMERICA 1967-1975(1989),at 54. 事实上,越南人要求美国团体在与越南人接触时,将女性纳入其代表团,以确保她们首先发言,等等。EVANS,PERSONAL POLITICS:THE ROOTS OF WOMEN'S LIBERATION IN THE CIVIL RIGHTS MOVEMENT AND THE NEW LEFT(1979),at 188.

[28] EVANS,PERSONAL POLITICS:THE ROOTS OF WOMEN'S LIBERATION IN THE CIVIL RIGHTS MOVEMENT AND THE NEW LEFT(1979),at 183-92;FREEMAN,THE POLITICS OF WOMEN'S LIBERATION(1975),at 57-59;HOLE & LEVINE,THE REBIRTH OF FEMINISM(1971),at 112-13;ROSEN,THE WORLD SPLIT OPEN:HOW THE MODERN WOMEN'S MOVEMENT CHANGED AMERICA(2000),at 116-24,126-27. 出席会议的大卫·吉尔伯指出,虽然在1967年的学生民主同盟会议上提出妇女纲领的女性遭到了抨击,但该决议本身获得了多数票并通过。Interview with David Gilbert,Auburn Correctional Facility,in Auburn,N.Y.(Dec. 23,2014).

[29] 见,例如,GITLIN,THE SIXTIES:YEARS OF HOPE,DAYS OF RAGE 114-26(1987),at 381-404(描述了越来越多的暴力活动、不断增长的宗派主义以及气象员组织在这场运动中扮演的角色)。艾丽丝·埃科尔斯认为,如果气象员组织不是这样一股主导力量,新左派和女性解放之间的裂痕便不会扩至如此之大。ECHOLS,DARING TO BE BAD:RADICAL FEMINISM IN AMERICA 1967-1975(1989),at 129.

[30] 当女性决议的支持者对她们被拒绝上台而感到愤怒时,主席却呼吁他人谈论美洲印第安人问题并拍了拍苏拉米斯·费尔斯通的头说:"冷静一下,小姑娘,我们有比女性问题更值得谈论的事情。"FREEMAN,THE POLITICS OF WOMEN'S LIBERATION(1975),at 60;另见 HOLE & LEVINE,THE REBIRTH OF FEMINISM(1971),at 112-14(描述了全国新政策会议中普遍存在的对女性问题的漠视态度);ROSEN,THE WORLD SPLIT OPEN:HOW THE MODERN WOMEN'S MOVEMENT CHANGED AMERICA(2000),at 128-29(描述了同样的事情)。

[31] FREEMAN,THE POLITICS OF WOMEN'S LIBERATION(1975),at 108 n.9.

件,并在这一理论的指导下从事实践活动。

芝加哥妇女解放联盟存续的期间为 1969—1977 年[32],它被认为是第一个使用"社会主义女权主义"这个术语的团体,该团体 1972 年出版的一本小册子的名字就是《社会主义女权主义:女性运动的策略》。[33] 这本 32 页的小册子阐述了理论原则和行动计划。[34] 它这样描述社会主义女权主义:

> 从女权主义的角度看,我们开始理解一个制度化的压迫体系,这个体系以男性对女性进行统治为基础,这就是男性至上主义……
>
> 但是,我们分享一个特别的女权主义观念,即社会主义女权主义。它关注权力如何因为女性的阶级地位而否定她们。我们认为资本主义是以私人所有者的利益为基础的制度化压迫形式……
>
> 我们分享社会主义的人道世界观,通过财富的再分配,统治阶级和被统治阶级之间的区分走向终结将成为可能。
>
> ……

这种社会观与少数人通过性别、种族和阶级统治多数人的社会观直接相对。虽然后一种社会观也能稍作让步,但它不可能调整成这种以人为导向的社会。[35]

换言之,芝加哥妇女解放联盟认为它结合了社会主义和女权主义的洞见,虽然它继续参与反资本主义、反帝国主义、反种族主义运动,但其已经是一个独立女性组织。因此,它将"社会主义女权主义定义为反对左翼政党的教条主义宗派主义,也反对过于关注个人授权的主流女权主义,主流女权主义对现状沾沾自喜,而缺乏对资本主义父权制的结构性分析"[36]。

---

[32] ECHOLS,DARING TO BE BAD:RADICAL FEMINISM IN AMERICA 1967-1975(1989),at 136-37.

[33] Margaret Strobel & Sue Davenport, *The Chicago Women's Liberation Union*: *An Introduction*, CWLU HERSTORY (1999), http://www.carolsim.com/cwluherstory/CWLUAbout/abdoc1.html [https://perma.cc/5SYD-QY6U].

[34] CHICAGO WOMEN'S LIBERATION UNION,HYDE PARK CHAPTER,SOCIALIST FEMINISM:A STRATEGY FOR THE WOMEN'S MOVEMENT (1972) (available at http://library.duke.edu/rubenstein/scriptorium/wlm/socialist/)[https://perma.cc/CT2W-ZTN9][hereinafter CWLU]. 下面的引文是指作者原版手稿上的页数。

[35] 同上,第 3—4 页。

[36] Judith Kegan Gardiner,*What Happened to Socialist Feminist Women's Studies Programs? A Case History and Some Speculations*,34 FEMINIST STUDIES 558,569(2008).

芝加哥妇女解放联盟的文件还描述了在现行体制下不可能实现的目标，比如免费医疗、养育小孩的社会责任以及第三方免费提供的儿童照管。[37] 它勾勒了一种辩证的历史理论。芝加哥妇女解放联盟不支持乌托邦立场，即完美的解决方案成为可能之前反对任何改变，或是提出最大限度的要求，要求某些在资本主义条件下不可能做到的事情，以此证明资本主义的腐朽性。芝加哥妇女解放联盟宣布它打算为改革而奋斗，改革将在此时此地改善女性的生活，同时也加剧了引起变革的矛盾。[38] 它描述了如何选择能够改进女性生活的项目，赋予女性有意义的权力，改变现有权力关系，并将这些原则用到各种女性问题中，建议开展能带来可欲变化的活动。[39] 文件的作者承认建立相反的制度会有一定风险，它或许会带来虚无缥缈的希望，并把注意力从宽泛的系统变化中转移出去，她们提到的项目包括医疗保健和儿童照看。[40] 她们希望这些项目也是组建一个比反资本主义女权主义组织更大型团体的一种途径，并提升她们的意识。[41]

芝加哥妇女解放联盟是大量已有团体组建的伞形组织，"简"就是其中之一，"简"是一个堕胎咨询服务机构，后变成非法堕胎的来源。[42] 在长达8年的时间跨度里，芝加哥妇女解放联盟开办了一所解放学校，帮助芝加哥地区发展女性研究项目，并在伊利诺伊州德怀特地区的女子监狱开办了一个提供课程的监狱项目。[43] 同性恋分会制定保护同性恋权利的市政条例，芝加哥妇女解放联盟也与其他组织一道支持关于性别歧视的案件，并促进生育权利的实现。[44] 直至今日，脱胎于芝加哥妇女解放联盟的职业女性协会依然存在，该组织致力于维护职场女性的权利。[45]

在其他城市有一些类似的组织团体。舒拉米斯·费尔斯通曾在全国新政治会议上受到赞助，后来出版了一本名为《性的辩证法》的书，她离开芝加

---

[37] CWLU, SOCIALIST FEMINISM: A STRATEGY FOR THE WOMEN'S MOVEMENT(1972), at 4.
[38] 同上，第4—11页。
[39] 同上，第11—13页。
[40] 同上，第14—15页。
[41] 同上，第15页。
[42] ECHOLS, DARING TO BE BAD: RADICAL FEMINISM IN AMERICA 19671975(1989), at 136-37.
[43] Strobel & Davenport, *The Chicago Women's Liberation Union: An Introduction*, CWLU HERSTORY (1999).
[44] 同上。
[45] EVANS, PERSONAL POLITICS: THE ROOTS OF WOMEN'S LIBERATION IN THE CIVIL RIGHTS MOVEMENT AND THE NEW LEFT(1979), at 230.

哥前往纽约,在纽约她帮助组建了纽约激进女性组织。[46] 1969年,这个团体分裂为好几个派别,她们认为自己是新女性运动而非新左翼的组成部分。[47] 许多团体开始接触其他女性组织,关注小团体中意识的提升,但许多左翼女权主义者怀疑从个人体验出发建构理论的可能性,她们担心这样可能会贬低行动的价值。[48] 类似的发展发生在波士顿、华盛顿特区、巴尔的摩、西雅图、旧金山和其他城市。[49] 由此产生的群体一方面被归类为"激进女权主义者",另一方面又被归类为"政客",虽然任何严格分类都会误导人。"政客"指承认社会主义革命首要性的那些人,但大多数激进女权主义者在政治立场上倾向于左翼,尽管她们主要关注男性统治而不是作为敌人的资本主义。[50]

有几次建立激进社会主义女权主义国家组织的尝试。1968年8月,30名来自不同城市团体的女性相聚在马里兰州的珊帝泉,讨论优先性、意识形态和行动。[51] 潜在问题是女性团体是应该保留激进左翼身份,还是应该分裂为独立组织,大家莫衷一是。[52] 1968年感恩节在芝加哥召开的第一届全国妇女解放大会上,政客与女权主义者之间的分歧变得明显,政客认为女性解放仍是国际社会主义革命的组成部分。[53]

---

[46] SHULAMITH FIRESTONE, THE DIALECTIC OF SEX: THE CASE FOR FEMINIST REVOLUTION (1970); HOLE & LEVINE, THE REBIRTH OF FEMINISM (1971), at 115.

[47] HOLE & LEVINE, THE REBIRTH OF FEMINISM (1971), at 136-57(描述了纽约市女权主义团体的分裂以及"红丝袜"和纽约激进女权主义者的出现)。

[48] ECHOLS, DARING TO BE BAD: RADICAL FEMINISM IN AMERICA 1967-1975 (1989), at 86-87. 许多左翼分子也将提升团体意识视作提升阶级意识的一种方法。EVANS, PERSONAL POLITICS: THE ROOTS OF WOMEN'S LIBERATION IN THE CIVIL RIGHTS MOVEMENT AND THE NEW LEFT (1979), at 214; HOLE & LEVINE, THE REBIRTH OF FEMINISM (1971), at 132.

[49] FREEMAN, THE POLITICS OF WOMEN'S LIBERATION (1975), at 106; HOLE & LEVINE, THE REBIRTH OF FEMINISM (1971), at 119-22.

[50] 见,FREEMAN, THE POLITICS OF WOMEN'S LIBERATION (1975), at 107("支持者分别被称为'政治家'或'女权主义者',并就'资本主义是否是敌人'或男性主导的社会制度和价值观交换了观点"); HOLE & LEVINE, THE REBIRTH OF FEMINISM (1971), at 148("政客仍坚持社会主义革命第一位的立场……然而激进女权主义者开始意识到他们往往与女权组织和温和女权主义者有更多共同点,而非政客,后者谴责女权组织对整个运动产生了潜在的破坏性");另见,ECHOLS, DARING TO BE BAD: RADICAL FEMINISM IN AMERICA 1967-1975 (1989), at 51-101(讨论了"大分裂,即政治和女权主义的分裂")。关于术语的说明:选择"女性解放"一词来呼应新左派和反帝国主义的解放运动,因为它被认为不像"女权主义"那样具有争议性。ECHOLS, DARING TO BE BAD: RADICAL FEMINISM IN AMERICA 1967-1975 (1989), at 53-54.

[51] HOLE & LEVINE, THE REBIRTH OF FEMINISM (1971), at 122.

[52] FREEMAN, THE POLITICS OF WOMEN'S LIBERATION (1975), at 106-07.

[53] HOLE & LEVINE, THE REBIRTH OF FEMINISM (1971), at 130-33.

到20世纪70年代初期,社会主义女权主义显然是女权主义运动中一个独特的范畴。1975年,一次关于社会主义女权主义的大会在俄亥俄州的黄色温泉村举行,这次会议由新美国运动——一个民主社会主义组织——俄亥俄分会组织,吸引了1500人参加。[54] 芭芭拉·埃伦赖希(Barbara Ehrenreich)发表了题为《社会主义、女权主义和革命》的主题演讲,演讲词于次年以《社会主义女权主义是什么?》为题出版。[55] 埃伦赖希把社会主义女权主义与"机械马克思主义"[56]和激进女权主义区分开来。[57] 她认为,社会主义女权主义不同于马克思主义,因为社会主义女权主义把资本主义视为一个社会和文化整体,主要关注消费领域,以私人生活与家庭经济的分析补充马克思主义对生产的关注,并认为女性问题不仅仅是上层建筑的组成部分。[58] 社会主义女权主义也不同于激进女权主义,因为它不关注普遍反历史的父权制现象,而是把父权制视为工业资本主义下产生的特殊制度。[59] 社会主义女权主义摆脱了埃伦赖希提到的马克思主义和女权主义缩减形式的限制,可以发展出一种解决"垄断资本主义社会的政治、经济、文化整体性"的理论和政治,包括理解女性的征服和工人阶级原子化之间的相互联系。[60] 总之,将马克思主义和女权主义分析结合起来,对了解资本主义统治和性别压迫实属必要。然而,埃伦赖希提醒我们:

> 不是所有女性斗争都有内在的反资本主义驱动力(特别是那些仅仅寻求特定女性团体之权力和财富提升的女性斗争),但所有女性斗争都将确立女性的集体感和集体自信,这对阶级意识的建立至关重要。相反,并非所有的阶级斗争都有内在的反性别歧视的驱动力(特别是那些坚持前工业社会父权价值的阶级斗争),但所有寻求建立工人阶级社会和文化自主权的斗争都必然与争取女性解放斗争联系在一起。[61]

---

[54] Gardiner, *What Happened to Socialist Feminist Women's Studies Programs? A Case History and Some Speculations*, at 570.
[55] Barbara Ehrenreich, *What is Socialist Feminism?* MONTHLY REV., July-Aug. 2005, at 70. 请注意,这篇文章最早于1976年6月3日在杂志《赢》上发表。同上。
[56] 同上,第74页(描述了社会主义女权主义如何有别于"机械马克思主义")。
[57] 同上,第72—73页(描述了社会主义女权主义如何有别于"激进女权主义")。
[58] 同上,第74页。
[59] 同上,第73页。
[60] 同上,第75—76页。
[61] 同上,第76页。

因此，发展社会主义女权主义理论提供了一条关注女性力量的可供选择道路，从而促进女性平等并推动反资本主义斗争。

如果没有对有色人种和女同性恋者活动和贡献的描述，这一时期的社会主义女权主义历史就不可能完整。1977年的《康比河公社声明》（Combahee River Collective statement）对非裔美国女同性恋者的观点进行了较好的升华。[62] 宣言由波士顿地区一群黑人女性起草，她们在对白人女权主义者、黑人解放运动中的男性以及保守的全国黑人女权主义者组织（NBFO）解决自身问题的幻想破灭后形成了一个独立的组织。[63] 她们在康比河计划行动后为她们的小组命名，1863年由哈丽特·塔布曼（Harriet Tubman）领导的军事行动在那里成功释放了750多名奴隶，这是由一名黑人女性领导的成功军事行动。[64] 在决定全国黑人女权主义者组织是"资产阶级女权主义者"且缺乏"明确政治焦点"后，她们被社会主义女权主义组织接近，并派代表出席了上述黄色温泉村会议。[65] 虽然该小组报告说，由于"在那次特别会议上提倡的狭隘意识形态"，我们更加认识到需要了解自己的经济状况和进行自身的经济分析。[66] 此外，康比河公社拒绝女同性恋分离主义，即将女同性恋者从绝

---

[62] The Combahee River Collective: A Black Feminist Statement [hereinafter Combahee River Statement], in CAPITALIST PATRIARCHY AND THE CASE FOR SOCIALIST FEMINISM 362 (Zillah R. Eisenstein ed., 1979) [hereinafter CAPITALIST PATRIARCHY]; 另见 Duchess Harris, From the Kennedy Commission to the Combahee Collective, in SISTERS IN THE STRUGGLE: AFRICAN AMERICAN WOMEN IN THE CIVIL RIGHTS-BLACK POWER MOVEMENT 280, 292-301 (Bettye Collier-Thomas & V. P. Franklin eds., 2001) （描述了康比河公社的历史）; Barbara Smith, Doing It from Scratch: The Challenge of Black Lesbian Organizing (1995), in THE TRUTH THAT NEVER HURTS: WRITINGS ON RACE, GENDER, AND FREEDOM 170-72 (2000) （描述了康比河公社在组织黑人女同性恋者方面的重要性）。

[63] 见，Combahee River Statement, The Combahee River Collective: A Black Feminist Statement [hereinafter Combahee River Statement], in CAPITALIST PATRIARCHY AND THE CASE FOR SOCIALIST FEMINISM, at 368-71（讨论了康比河公社的形成）。全国黑人女权主义者组织是一个主流黑人女性政治组织，该组织仅存于1973—1977年。见 Harris, From the Kennedy Commission to the Combahee Collective, in SISTERS IN THE STRUGGLE: AFRICAN AMERICAN WOMEN IN THE CIVIL RIGHTS-BLACK POWER MOVEMENT, at 288-90（描述了全国黑人女权主义者组织的工作）。

[64] Harris, From the Kennedy Commission to the Combahee Collective, in SISTERS IN THE STRUGGLE: AFRICAN AMERICAN WOMEN IN THE CIVIL RIGHTS-BLACK POWER MOVEMENT, at 294.

[65] Combahee River Statement, The Combahee River Collective: A Black Feminist Statement [hereinafter Combahee River Statement], in CAPITALIST PATRIARCHY AND THE CASE FOR SOCIALIST FEMINISM, at 370.

[66] 同上。

大多数黑人、女性和儿童中分离出来。[67] 在1977年的声明中,康比河公社描述了其思想的演进:"最初,反种族主义和反性别歧视主义的联合立场将我们团结在一起,随着我们在政治上的发展,我们将致力于资本主义下的异性恋和经济压迫。"[68]

1974—1977年,康比河公社通过研究、分析和提高意识而产生的政治宣言是社会主义女权主义和身份政治史上的重要文件。该组织对社会主义的描述如下:

> 我们认识到,要实现对所有被压迫人民的解放,必须摧毁资本主义、帝国主义及父权制中的政治经济制度。我们是社会主义者,因为我们认为这项工作必须将那些从事生产工作之人的集体利益组织起来,而非为老板的利益。物质资源必须在其创造者间平等分配。然而,我们不相信,一场社会主义革命若非女权主义和反种族主义革命,也将确保我们的解放。我们已经认识到理解阶级关系的必要性,这种关系考虑到位于劳动力边缘的黑人女性的特殊阶级地位……尽管我们在本质上同意马克思的理论,因其分析适用于较为具体的经济关系,但为理解我们作为黑人女性的具体经济状况,此分析需进一步扩展。[69]

简言之,康比河公社的女权主义和反种族主义分析将其带到社会主义,但这也使她们认识到该公社可能是最先提到"身份政治"的群体。[70] 她们如此行为的原因既具有理论性也具有实践性:"我们认为,最深刻、最激进的政治乃是直接出于自身身份,而非努力消除他人压迫。"[71] 因此,康比河公社的重点是作为黑人女性和女同性恋者的成员身份,但她们与其他团体结成联

---

[67] 同上,第367页。
[68] 同上,第364页。
[69] 同上,第366页。
[70] 见,Harris, *From the Kennedy Commission to the Combahee Collective*, in SISTERS IN THE STRUGGLE: AFRICAN AMERICAN WOMEN IN THE CIVIL RIGHTS-BLACK POWER MOVEMENT, at 300(描述了20世纪八九十年代"身份政治"一词的出现)。
[71] Combahee River Statement, *The Combahee River Collective: A Black Feminist Statement*[hereinafter Combahee River Statement], in CAPITALIST PATRIARCHY AND THE CASE FOR SOCIALIST FEMINISM, at 365.

盟,以解决她们所共同关注的问题,如对女性的暴力、日托、福利、绝育、堕胎权和保健。[72]

其他具有社会主义女权主义自我意识的团体也力图识别反映这些理解的政治活动。例如,在1977年3月为期一天的会议上,纽约市的马克思主义女权主义团体聚集在一起,分享它们关于社会主义女权主义及其政治潜力的看法。引起人们对今后工作最感兴趣的问题是生育政治,特别是反对滥用绝育的运动,该运动被认为有可能将性、种族和阶级问题结合起来,并与其他女性群体建立联盟。[73] 虽然社会主义女权主义团体在其短暂生涯中从未变成一个跨种族的联盟,但围绕这些目标组建的团体——堕胎改革和反绝育滥用委员会(the Committee for Abortion Reform and Against Sterilization Abuse)的确这样做了。堕胎改革和反绝育滥用委员会成功地将注意力集中在了波多黎各人和美国土著女性的高绝育率上,她们的绝育事先未征得其同意,委员会此举导致联邦政府制定法规以确保绝育应获得当事人同意。[74]

然而,到20世纪70年代后期,社会主义女权主义团体已消失殆尽。人们对此作出多种解释。乔·弗里曼(Jo Freeman)认为,她们在反等级结构方面的贡献加速其灭亡,女性作为领导人出现被攻击为精英主义者,团体结构的缺乏使她们很容易成为渗透的目标,例如,托洛茨基社会主义工人党的渗透。[75] 芝加哥妇女解放联盟具有很强的左翼背景,她们承认这种威胁并于1970—1971年将托洛茨基社会主义工人党逐出联盟。[76] 更严重的威胁由宗派主义造成,宗派主义在20世纪70年代中期取代并破坏新左翼。据一些观

---

[72] 见,同上,第371页(概括了康比河公社所关注的问题);另见,Harris, *From the Kennedy Commission to the Combahee Collective*, in SISTERS IN THE STRUGGLE: AFRICAN AMERICAN WOMEN IN THE CIVIL RIGHTS-BLACK POWER MOVEMENT, at 297-99(描述了康比河公社和社区行动主义)。

[73] Rosalind Petchesky, *Dissolving the Hyphen: A Report on Marxist-Feminist Groups* 1-5, in CAPITALIST PATRIARCHY, CAPITALIST PATRIARCHY AND THE CASE FOR SOCIALIST FEMINISM 362(Zillah R. Eisenstein ed., 1979) [hereinafter CAPITALIST PATRIARCHY], at 373, 375.

[74] 见, U.S. WOMEN'S INTEREST GROUPS: INSTITUTIONAL PROFILES 131-34(Sarah Slavin ed., 1995)(讨论了堕胎改革和反绝育滥用委员会);另见 LINDA GORDON, THE MORAL PROPERTY OF WOMEN: A HISTORY OF BIRTH CONTROL POLITICS IN AMERICA 345-46(rev. ed. 2002)(讨论了反对滥用绝育的运动)。

[75] 见, FREEMAN, THE POLITICS OF WOMEN'S LIBERATION (1975), at 119-21(描述结构缺乏的问题);另见, HOLE & LEVINE, THE REBIRTH OF FEMINISM(1971), at 163(正是因为这个运动是如此无形并且有些组织经常故意没有结构,所以对于一个紧密组织的团体来说更容易渗透)。

[76] FREEMAN, THE POLITICS OF WOMEN'S LIBERATION (1975), at 131.

察人士称:"1975—1977 年,马克思列宁主义和其他左翼团体实际上摧毁了社会主义女权主义联盟蒸蒸日上的网络。"[77] 朱迪斯·基根·加德纳(Judith Kegan Gardiner),芝加哥妇女解放联盟的参与者,后来成为芝加哥伊利诺伊大学女性研究项目的创始人,最近重新评价了这段历史。她认为:

> 妇女解放联盟的结束是训练有素的左翼小团体蓄意捣毁破坏的结果……在几年里,左翼分子同时摧毁了从洛杉矶到芝加哥和波士顿的社会主义女权主义解放联盟……[78]

基于她的研究,加德纳相信,1975—1977 年女性组织的突然死亡归因于政府干涉:"我现在认为……这些所谓的左翼分子自身受到联邦调查局破坏分子的影响。"[79] 鲁丝·罗森(Ruth Rosen)对联邦调查局的档案作了大量研究,发现了反间谍计划监听女性运动的文件。[80] 虽然她相信,团体内部的偏执狂导致意见不一,但它仅仅是加重了这场运动内部已经产生的自我解散和分裂趋势。[81]

不论什么原因,时至 20 世纪 70 年代末,社会主义女权主义团体已不复存在。可能的原因包括越战和反战行动的结束、同性恋和女权主义团体的分裂以及对女权主义和左翼行动主义更普遍的抗议。[82] 然而,她们留下了重要的

---

[77] 见,ECHOLS,DARING TO BE BAD:RADICAL FEMINISM IN AMERICA 1967-1975(1989),at 137(引用了芭芭拉·埃伦赖希的话)。

[78] Gardiner,*What Happened to Socialist Feminist Women's Studies Programs? A Case History and Some Speculations*,at 572.

[79] 同上,第 560、572 页。

[80] ROSEN,THE WORLD SPLIT OPEN:HOW THE MODERN WOMEN'S MOVEMENT CHANGED A-MERICA(2000),at 241-52. 反间谍计划是美国联邦调查局的一个秘密计划,旨在监督、诋毁、渗透并试图破坏国内持不同政见者团体。见,FINAL REPORT OF THE SELECT COMMITTEE TO STUDY GOVERNMENTAL OPERATIONS WITH RESPECT TO INTELLIGENCE ACTIVITIES,S. REP. NO. 94-755,at 5-18(1976)(在一份后来被称为"教会委员会报告"的文件中总结了国内有问题的情报活动)。

[81] ROSEN,THE WORLD SPLIT OPEN:HOW THE MODERN WOMEN'S MOVEMENT CHANGED A-MERICA(2000),at 259-60.

[82] 见,例如,EVANS,PERSONAL POLITICS:THE ROOTS OF WOMEN'S LIBERATION IN THE CIVIL RIGHTS MOVEMENT AND THE NEW LEFT(1979),at 223-25(描述了女权运动曾经遭遇的破裂、障碍和失败);FREEMAN,THE POLITICS OF WOMEN'S LIBERATION(1975),at 142-44(描述了同样的事情);Gardiner,*What Happened to Socialist Feminist Women's Studies Programs? A Case History and Some Speculations*,at 575,578(描述了保守的反击)。

遗产,美国大学里建立的女性研究项目、不同专业学科中的女性党团和发展社会主义女权主义理论的学者都从中受益匪浅。[83] 1971 年,美国大学里有 15 个女性研究项目,到 1975 年增至 152 个,这些项目多带有浓厚的社会主义女权主义倾向。[84] 1977 年成立的全国女性研究协会年会也吸引了大量的社会主义女权主义者,她们在会上召开核心会议。[85] 其中,来自人类学、政治科学、哲学和经济学等不同学科的学者开始认真研究并提出社会主义女权主义理论。[86] 接下来将讨论她们提出的社会主义女权主义理论。

(三)20 世纪七八十年代社会主义女权主义理论的发展

我认为美国社会主义女权主义理论的经典著作是在 1975—1983 年这段相对短的时期产生,它们深受英国和加拿大女权主义者朱丽叶·米切尔(Juliet Mitchell)、希拉·罗博瑟姆(Sheila Rowbotham)和玛格丽特·本斯顿(Margaret Benston)早期著作的影响。在本节中,我首先讨论这三位女性的著作,然后依次介绍如下美国理论家:海蒂·哈特曼、齐拉·艾森斯坦、艾里斯·杨、南茜·哈索克和艾莉森·贾格尔。在这一时期,各不同学科的其他学者也在探讨这类分析,但我只选择了这五位女性来阐释美国社会主义女权主义的经典教义。然而,正如其他许多理论家和活动家在其著作中创造性地使用了社会主义女权主义一样,上述经典不过只是冰山之一角。下面我用西尔维娅·费德里西(Silvia Federici)的研究和"家务工资"运动来说明这一点。

1. 英国理论的影响

基于英国的社会主义和激进政治传统,社会主义女权主义理论最初植根于英国一点也不足为奇。[87] 朱丽叶·米切尔和希拉·罗博瑟姆的学说产生

---

[83] 见,例如,EVANS, PERSONAL POLITICS: THE ROOTS OF WOMEN'S LIBERATION IN THE CIVIL RIGHTS MOVEMENT AND THE NEW LEFT(1979), at 216-17(描述了女性研究计划、专业核心小组和学术研究的发展)。

[84] Gardiner, *What Happened to Socialist Feminist Women's Studies Programs? A Case History and Some Speculations*, at 567-69.

[85] 同上,第 571 页。

[86] 例如,Rayna Rapp(人类学), Rosalind Petchesky, Zillah Eisenstein, and Iris Young(政治科学), Nancy Hartsock and Alison Jaggar(哲学), and Heidi Hartmann(经济学),只举几个例子。

[87] 见, Rosalyn Baxandall, *Introduction to the U. S. Edition*, in SHEILA ROWBOTHAM ET AL., BEYOND THE FRAGMENTS: FEMINISM AND THE MAKING OF SOCIALISM x-xii (1981) [hereinafter BEYOND THE FRAGMENTS](描述了英美两国政治和女权主义的区别)。

于左翼政治背景。[88] 时至1970年2月才在英国牛津大学举办第一次女性解放会议,这比美国要晚。[89] 聚集在那里的女性熟悉马克思主义理论,但与她们的美国姐妹不同,她们不是来自政治运动,她们只是在远处熟悉民权和反战运动。[90] 然而,1968年的学生抗议活动已经蔓延到英国。[91] 希拉·罗博瑟姆还写到了当年来自美国和德国的传言,这吸引了英国左翼女性的注意,即关于美国女权主义抗议和德国马克思主义理论家提出的女性问题。[92] 总之,社会主义女权主义的源起跨越了国界。

早在1966年,时任英国文学教授的朱丽叶·米切尔(后成为心理分析师)发表了一篇题为《最漫长的革命》的论文并很快传遍跨大西洋地区。[93] 她于1971年出版的一本名为《女性财产》的书中详细论述了其在《最漫长的革命》一文中提出的主题。[94] 米切尔指出马克思主义理论和当代社会主义理论在分析女性附属地位方面的失败之处。她认为,这两种理论被经济决定论所蒙蔽,过于关注经济因素而忽视其他因素的影响。[95] 她还认为,问题的解

---

[88] 见,JULIET MITCHELL, WOMEN:THE LONGEST REVOLUTION:ESSAYS ON FEMINISM, LITERATURE AND PSYCHOANALYSIS ix (Virago 1984) (1966) [hereinafter MITCHELL, WOMEN:THE LONGEST REVOLUTION]("我曾积极参与政治,首先是围绕《新左派评论》的马克思主义,然后是女性解放运动的女权主义");SHEILA ROWBOTHAM, WOMAN'S CONSCIOUSNESS, MAN'S WORLD 17-20(1973)(描述了罗博瑟姆对马克思主义和社会主义的解释);Sheila Rowbotham, The Women's Movement and Organizing for Socialism, in BEYOND THE FRAGMENTS, FEMINISM AND THE MAKING OF SOCIALISM x-xii (1981) [hereinafter BEYOND THE FRAGMENTS], at 21-38(描述了罗博瑟姆思想主要的政治影响)。

[89] Sheila Rowbotham, Appreciating Our Beginnings, in THE SOCIALIST FEMINIST PROJECT:A CONTEMPORARY READER IN THEORY AND POLITICS 260 (Nancy Holmstrom, ed. 2002) (hereafter "SOCIALIST FEMINIST PROJECT")。

[90] 同上,第263页。

[91] 同上,第262页。

[92] 同上。

[93] Juliet Mitchell, Women:The Longest Revolution, 40 NEW LEFT REV. 11 (1966). 米切尔还在其于1966年出版的名为《妇女:最漫长的革命》一书中收入这篇文章,WOMEN:THE LONGEST REVOLUTION:ESSAYS ON FEMINISM, LITERATURE AND PSYCHOANALYSIS ix (Virago 1984) (1966) [hereinafter MITCHELL, WOMEN:THE LONGEST REVOLUTION],但这本书的其余部分有关于文学和精神的分析。MITCHELL, WOMEN:THE LONGEST REVOLUTION, WOMEN:THE LONGEST REVOLUTION:ESSAYS ON FEMINISM, LITERATURE AND PSYCHOANALYSIS ix (Virago 1984) (1966) [hereinafter MITCHELL, WOMEN:THE LONGEST REVOLUTION]。

[94] JULIET MITCHELL, WOMAN'S ESTATE (1971) [hereinafter MITCHELL, WOMAN'S ESTATE]。

[95] MITCHELL, WOMEN:THE LONGEST REVOLUTION, ESSAYS ON FEMINISM, LITERATURE AND PSYCHOANALYSIS ix (Virago 1984) (1966) [hereinafter MITCHELL, WOMEN:THE LONGEST REVOLUTION], at 13-15。

决之道是分析女性在四个独立领域的处境,即生产、生育、性和儿童社会化,这四方面形成她所说的复杂统一体。[96] 女性解放只能通过这四个结构的转换来完成,一个领域的改革将被另一个领域的变化所抵消,如苏联和中国发生的情况。[97] 例如,如果将男女两性在平等的基础上纳入经济生产过程,但家庭领域的分工并未重组或社会化,则可能使一个领域变得更糟。因而,虽然女性进入劳动力市场仍然是一个关键目标,但为真正解放女性,必定伴随家庭结构和性的变化。[98] 美国的海迪·哈特曼、齐拉·艾森斯坦和艾里斯·杨批判地发展了这些洞见。[99]

米切尔在《女性财产》一书中补充了这一分析,她开始吸纳精神分析和激进女权主义的洞见。[100] 到那时,美国女权主义活动家舒拉米斯·费尔斯通在 1970 年出版了《性的辩证法》,在该书中她把女性的附属地位归因于性别分工,她呼吁废除家庭,采取人工生育并完全消灭性别角色。[101] 米切尔赞同弗洛伊德和费尔斯通的如下观点:家庭是个体心灵创造的源泉,目前的家庭结构与性别平等不相容,但她认为,某种社会公认的类似家庭的结构仍然有必要。[102] 米切尔在其后期的著作《心理分析与女权主义》中继续将心理分析和女权主义的洞见融合在一起。[103]

---

[96] 同上,第 16—17、30—33 页。

[97] 同上,第 29 页。

[98] 同上,第 34—36 页。

[99] 见,例如,Zillah Eisenstein, *Constructing a Theory of Capitalist Patriarchy and Socialist Feminism*, 25 CRITICAL SOC. 196, 206-07(1999); Heidi Hartmann, *The Unhappy Marriage of Marxism and Feminism: Towards a More Progressive Union*, in THE UNHAPPY MARRIAGE OF MARXISM AND FEMINISM: A DEBATE OF CLASS AND PATRIARCHY 2(Lydia Sargent ed., 1981)[hereinafter UNHAPPY MARRIAGE](orig. pub'd 1977 in 7(3) THE INSURGENT SOCIOLOGIST 3-17(Summer 1977)); Iris Young, *Beyond the Unhappy Marriage: A Critique of the Dual Systems Theory*, in UNHAPPY MARRIAGE, at 46。

[100] MITCHELL, WOMAN'S ESTATE, [hereinafter MITCHELL, WOMAN'S ESTATE].

[101] FIRESTONE, THE DIALECTIC OF SEX: THE CASE FOR FEMINIST REVOLUTION(1970); HOLE & LEVINE, at 12, 205-42. 讨论了费尔斯通在美国女性运动中的行动主义,见,FREEMAN, THE POLITICS OF WOMEN'S LIBERATION(1975), at 60;另见,HOLE & LEVINE, THE REBIRTH OF FEMINISM(1971), at 112-14; ROSEN, THE WORLD SPLIT OPEN: HOW THE MODERN WOMEN'S MOVEMENT CHANGED AMERICA(2000), at 128-29。

[102] MITCHELL, WOMAN'S ESTATE, [hereinafter MITCHELL, WOMAN'S ESTATE], at 171; MITCHELL, WOMEN: THE LONGEST REVOLUTION, ESSAYS ON FEMINISM, LITERATURE AND PSYCHOANALYSIS ix(Virago 1984)(1966), at 36-37.

[103] JULIET MITCHELL, PSYCHOANALYSIS AND FEMINISM: FREUD, REICH, LAING AND WOMEN(1974).

《最漫长的革命》一文发表后,受其影响,下一篇将美国社会主义女权主义视为狂风暴雨的论文是《妇女解放的政治经济学》,该文是加拿大化学教授玛格丽特·本斯顿所写并于1969年出版。[104] 本斯顿赞同米切尔的观点,即女性的从属地位有着马克思主义者所忽视的经济根源,其中包含了个人和心理因素。[105] 本斯顿的定义为女性"只负责简单使用价值的生产,这些生产活动仅与家庭相关",但她们的工作无论多么富有成效,也因与货币经济不相干而被忽视。[106] 本斯顿指出,核心家庭和女性在资本主义社会中充当一股稳定力量,不仅因为女性从事无偿家务劳动,而且因为她们充当理想消费群体并作为劳动后备军。[107] 因此,女性解放的唯一路径是家务劳动的社会化。比如,提供托儿所以及儿童的社会责任、公共餐饮设施、洗衣和类似的公共服务。[108]

　　英国历史学家希拉·罗博瑟姆也影响了美国社会主义女权主义理论的发展。1972年,她出版了一本名为《女性、反抗与革命》的书,其中讨论了从17—20世纪女性在各种革命运动中的经历。[109] 虽然《女性、反抗与革命》被广泛阅读,但其对社会主义女权主义最有影响的是另外一本薄册子,即于1973年出版的《女性意识和男人的世界》。[110]

　　在《女性意识和男人的世界》一书中,罗博瑟姆认为,自由平等权利的女权主义改进女性处境的能力已到瓶颈,这不仅要求作出法律上的改变,而且还要求生产世界和家庭与性内部世界的转变,马克思主义没有意识到生活领域的重要性。[111] 她宣称,解决方案是"共产主义,尽管这个词有一些不好反响"[112]。实现女性解放不仅要求经济组织方式的革命,还要求提升集体意识,

---

[104] Margaret Benston, *The Political Economy of Women's Liberation*, 21 MONTHLY REV. 13 (1969). 讨论本斯顿的文章对美国社会主义女权主义者的影响,见,Boxer, *Rethinking the Socialist Construction and International Career of the Concept "Bourgeois Feminism"*, 112 AM. HIST. REV, at 145 and ROSEMARIE TONG, FEMINIST THOUGHT: A COMPREHENSIVE INTRODUCTION 53-54 (1989)。

[105] Benston, *The Political Economy of Women's Liberation*, 21 MONTHLY REV. 13 (1969), at 13-14.

[106] 同上,第16页。

[107] 同上,第19—21页。

[108] 同上,第22页。

[109] SHEILA ROWBOTHAM, WOMEM, RESISTANCE & REVOLUTION: A HISTORY OF WOMEN AND REVOLUTION IN THE MODERN WORLD (1972). 罗博瑟姆早年很活跃,她于1969年出版了一本名为《女性解放和新政治》的著名小册子,其中她认为社会主义理论应该分析女性在文化和经济方面的压迫。Sheila Rowbotham, *Women's Liberation & the New Politics*, May Day Manifesto, Pamphlet 4, 29-30 (1969).

[110] ROWBOTHAM, WOMAN'S CONSCIOUSNESS, MAN'S WORLD, 17-20 (1973).

[111] 同上,第xiv—xv页。

[112] 同上,第xvi页。

通过这种方式塑造一种不同的自我形象和社会角色。[113] 为实现这一点,研究如下问题很重要:

> 小姑娘在特定社会形态和特定家庭中的自我认知……家庭如何服务于沟通和强化资本主义社会之主流价值观……人类在繁殖的节点彼此扼杀和算计的微妙方式。[114]

因为女性的无偿家务劳动对市场结构和组织至关重要,因此研究所有这些关系并提出一个可替代的社会理念意义重大。[115] 这项研究的核心问题是:

> 女性在家庭中生产的本质是什么?这如何在意识中再现?
> 女性在商品生产中的劳动需求如何影响女性的意识?她们在工业社会所从事的工作如何影响女性意识?
> 资本主义正在以何种方式破坏传统上分配给女性的领域……这将产生什么样的政治后果?[116]

罗博瑟姆认为,男女两性间的对抗已经成为资本主义组织工作的组成部分,家庭和性别不仅充当安全阀,而且传递了资本主义特有的劳动世界和消费模式。[117] 女性被社会化以履行这些职能,并使儿童社会化,以便为资本主义提供新的工人和市场。[118] 结果是,如果没有家庭和经济这两个领域的重大变革,两性平等就不可能实现。如果没有理解它们与男性统治下的资本主义结构的关系,个人改革只会给女性带来更大的份额并"在弱势群体中间创造等级"。[119]

1974 年,法兰克福学派批判理论家、新左翼哲学领袖赫伯特·马尔库塞

---

[113] 同上,第 27—29 页。
[114] 同上,第 31—32 页。
[115] 同上,第 68—70、82—83、101 页。
[116] 同上,第 66 页。
[117] 同上,第 53、57 页。
[118] 同上,第 106 页。
[119] 同上,第 122—123 页。

（也许是受跟随其多年的学生安吉拉·戴维斯[120]的影响）对作为社会主义未来的社会主义女权主义进路给予赞赏。他在1974年的一次演讲中讲道：

> 女性解放运动的目标要求物质和精神文化方面的巨大改变，它们只有通过整个社会体系的改变才能获得。由于它自身的动态变化，这场运动与革命的政治斗争和男女自由联系在一起。[121]

因此，马尔库塞认为，女性解放将是建构品质上完全不同的社会主义的决定性力量，这种社会主义将从马克思主义社会主义男性品质中摆脱出来。通往社会主义未来的道路将是社会主义女权主义。[122]

2. 海迪·哈特曼与《马克思主义与女权主义的不幸联姻》

我选取的美国社会主义女权主义经典文本中的第一本主要著作是由经济学家海迪·哈特曼所写的《马克思主义与女权主义的不幸联姻》。其初稿的合作者是艾米·布里奇斯（Amy Bridges），该文流传于1975—1977年，并于1981年以同名出版。[123] 哈特曼赞同其他社会主义女权主义者的观点，即马克思主义理论的问题在于它无视性别，但其也指出马克思主义理论家最近的著作试图通过关注家务劳动以弥补这一漏洞。[124] 哈特曼的呼吁采取了马克思的分析方法、历史辩证唯物主义并将其用于检讨女性身份，这要归功于朱丽叶·米切尔和舒拉米斯·费尔斯通。[125] 她认为，父权制的物质基础是男性对女性劳动力的控制。[126] 在高级资本主义阶段，男性工人与资本家就家庭工资进行谈判，即支付给男性的工资足以支持整个家庭，然而此时仍然接受女

---

[120] 安吉拉·戴维斯是马尔库塞的学生，戴维斯本科毕业于布兰迪斯大学，博士毕业于加州大学圣地亚哥分校。THE ANGELA Y. DAVIS READER 3 (Joy James ed.，1998). 戴维斯本人比马克思主义者更教条，而非本文描述的新左派社会主义女权主义者且其成为美国共产党的活跃成员已有22年之久。同上，第8—10页；另见，同上，第162—193页（展现了戴维斯关于女性压迫的正统马克思主义分析）。

[121] Herbert Marcuse, *Marxism and Feminism*, 2 WOMEN'S STUD. 279 (1974), reprinted in 17 DIFFERENCES: J. FEMINIST CULTURAL STUD. 147, 149 (2006).

[122] 同上，第149—154页。

[123] UNHAPPY MARRIAGE, (orig. pub'd 1977 in 7(3) THE INSURGENT SOCIOLOGIST 3-17 (Summer 1977), at 2.

[124] 同上，第5—9页（讨论了伊利·扎列茨基和玛利亚罗莎·达拉·科斯特之类的工作）。

[125] 同上，第11页。

[126] 同上，第15页。

性和有色人种的低工资。[127]

女性工作的低报酬迫使她们经济上依赖男人,她们在家庭的责任强化了她们在劳动力市场的劣势地位。[128] 女性的低工资和照看小孩的需求保证家庭作为必要的收入联营单元而持续存在,也保证家庭很好地发挥消费单元的功能。[129] 简言之,哈特曼发挥她经济学家的特长去分析女性受压迫的物质基础。与此同时,她指出,正如激进女权主义者所强调的,有必要了解个人接受现行制度的潜在心理,去研究潜意识以及掌握规则内在化和产生于个性结构的方式。[130] 然而,在哈特曼看来,激进女权主义分析的弱点在于其过度关注对个别心理的不满及其历史悠久的父权制传统。[131] 她认为,无论社会主义女权主义还是激进女权主义的分析都不充分,因为父权和资本主义组织缠绕在一起,只有双重分析才能平等地理解它们的相互关系并带来一个男女真正平等的社会。[132] "只瞄准资本主义压迫关系的斗争将会失败,因为忽视了它们潜在地支持父权关系。父权分析对这种有利于女性的社会主义定义必不可少。"[133]

后来,有位学者把哈特曼的著作归类为"双重体系理论——类型2",因为哈特曼的理论对父权制和资本主义进行了唯物主义阐释。(类型1的代表人物是朱丽叶·米切尔,她将资本主义的唯物主义解释与家庭和父权制的非物质主义或精神分析结合在一起。[134])作为与本文重构的学术史相关的内容,哈特曼的著作于20世纪70年代中期在大西洋此岸发起了社会主义女权主义的理论探讨,并邀请其他学者发展这种分析方法。

3. 齐拉·艾森斯坦与双重体系理论

依我之见,对双重体系理论作出最佳阐释的美国社会主义女权主义者当

---

[127] 同上,第21—22页。
[128] 同上,第22页。哈特曼在其1976年的论文《资本主义、父权制和职业性别隔离》中对职业隔离在此过程中的作用进行了分析。1(3) SIGNS 137 (Spring 1976) [hereafter "*Job Segregation*"].
[129] UNHAPPY MARRIAGE, (orig. pub'd 1977 in 7(3) THE INSURGENT SOCIOLOGIST 3-17 (Summer 1977), at 25.
[130] *Job Segregation*, UNHAPPY MARRIAGE, at 168-69.
[131] UNHAPPY MARRIAGE, (orig. pub'd 1977 in 7(3) THE INSURGENT SOCIOLOGIST 3-17 (Summer 1977), at 13-14.
[132] 同上,第32页; *Job Segregation*, UNHAPPY MARRIAGE, at 168。
[133] UNHAPPY MARRIAGE, (orig. pub'd 1977 in 7(3) THE INSURGENT SOCIOLOGIST 3-17 (Summer 1977), at 32.
[134] TONG, FEMINIST THOUGHT: A COMPREHENSIVE INTRODUCTION, at 176-82.

属政治理论家齐拉·艾森斯坦。艾森斯坦在1977年发表的一篇名为《建构一种资本主义父权制理论和社会主义女权主义》的论文中将社会主义女权主义描述为一种辩证综合马克思主义分析和激进女权主义的理论,这两种理论都不完全但都提供了有价值的分析。[135] 马克思主义在分析资本主义条件下的劳动分工时没有考察生育关系,而只是假设当女性参与大规模生产、家务劳动不再占用大量时间时,女性解放将会接踵而至。[136] 相反,激进女权主义把生物家庭和性别角色视为核心。[137] 艾森斯坦认为,社会主义女权主义是两者的辩证综合,其既能分析生产与生育领域的相互依存,也能理解劳动性别分工及其意识形态构成的物质形式。[138]

艾森斯坦将当前的经济和社会制度称为"资本主义父权制",这是一个相互依存的体系。[139] 她后来对该定义进行了细化,即包括"一种等级制度、剥削制度、压迫制度(要求种族压迫、性压迫和阶级压迫)"[140]。借用朱丽叶·米切尔的生产、生育、性和儿童社会化范畴,她进而指出,家庭以如下方式支持资本主义:

(1)女性通过完成妻子和母亲的角色稳定了父权制结构;
(2)女性生育了新的工人并照顾男性工人和他们的孩子;
(3)女性用劳动力工作,工资却比男人低;
(4)女性通过她们的消费者角色稳定经济。[141]

资本主义以此种方式利用父权制,资本的需求界定了当今的父权制。结果是,不仅资本拥有者从中渔利,所有男人也收获实质利益。[142]

然而,这两种制度之间的共生关系不可避免地受到劳动性别分工的挑战。[143] 女性的矛盾生活蕴含着改变的种子,生产角色给她们提出的要求与丈

---

[135] Eisenstein, *Constructing a Theory of Capitalist Patriarchy and Socialist Feminism*, 25 CRITICAL SOC. 196,206-07(1999),at 198-204.
[136] 同上,第199—201页。
[137] 同上,第201—203页。
[138] 同上,第203—206页。
[139] 同上,第196页。
[140] 关于资本主义父权制关系几点需要注意的地方, in CAPITALIST PATRIARCHY,(Zillah R. Eisenstein ed.,1979)[hereinafter CAPITALIST PATRIARCHY],at 41,46。
[141] Eisenstein, *Constructing a Theory of Capitalist Patriarchy and Socialist Feminism*, 25 CRITICAL SOC. 196,206-07(1999),at 206-07,210-11.
[142] 同上,第208、211页。
[143] 同上,第211页。

夫和孩子给她们提出的要求相矛盾。[144] 由是观之,女性变成革命阶级,她们奋起反抗越来越不能容忍的日常生活条件。[145]

产生于这种分析的政治纲领是什么?首先,艾森斯坦认为,有必要进行女权主义阶级分析,将女性群体按其所从事的工作进行分类,无论是家庭主妇、失业女性、工人阶级女性、职业女性还是贵妇,并将这些分类与她们在生殖、养育、家庭赡养、性和消费方面的活动联系起来,从而对女性进行更为复杂的阶级分析。[146] 在撰写有关政治工作的策略时,艾森斯坦总结说,建立一个统一运动的最佳方式是接触自由女权主义者,并通过在日托、健康和生育等问题上共同努力,使她们变得激进。[147] 自由女权主义者深受刺激,因为这些问题对改善她们的生活至关重要,但她们并未理解其所追求的平等要求摧毁资本主义。[148] 换言之,社会主义女权主义者应该解决自由女权主义盟友的意识问题,其方式是推动机会均等的需求并证明机会均等在现有体制中不可能获得。[149] 艾森斯坦认为,相比继续与马克思主义和其他小团体对话,追求这种联盟能够收获更多。教会自由主义者审视自由主义的父权制和阶级基础比教会马克思主义者审视作为资本主义结构性基础的父权制更容易。[150]

艾森斯坦在1981年出版的《自由女权主义的激进未来》一书中,以自由女权主义政治理论史为背景提出了该论点。[151] 既然资本主义明显要求大多数女性进入有偿劳动力市场才能在经济上谋生,父权制和资本主义意识形态就已经陷入冲突。父权制家庭关系和资本主义经济需求间存在矛盾,革命性变化的种子就在不断发展的矛盾意识中。[152] 对女性在市场上取得成功的限制,再加上双倍劳动日(或称之为"第二班"),将导致女性逐渐意识到其二等的地位,并跨越了种族和阶级界限。[153] 此外,女权主义关于集体条件的概念,

---

[144] 同上,第209页。
[145] 同上,第213页。
[146] 齐拉·艾森斯坦用一种网格系统表示了这种更为复杂的分析。同上,第211—213页。
[147] Zillah Eisenstein, *Reform and/or Revolution: Towards a Unified Women's Movement*, in UNHAPPY MARRIAGE, *Constructing a Theory of Capitalist Patriarchy and Socialist Feminism*, at 339,342-43.
[148] 同上,第344页。
[149] 同上,第348页。
[150] 同上,第341页。
[151] ZILLAH R. EISENSTEIN, THE RADICAL FUTURE OF LIBERAL FEMINISM (1981) [hereafter "RADICAL FUTURE"].
[152] 同上,第204—206页。
[153] 同上,第210—213页。

即所有女性都受到了父权制的压迫,对自由主义的个人主义提出了挑战。社会主义女权主义政治应该建立在此前提上。

艾森斯坦认为,当代资本主义父权制国家的作用是遏制或转移这种新意识的颠覆性潜力,要么通过协调相互冲突的要求,要么在意识形态上混淆它们。[154] 然而,国家协调、平衡和包容这些矛盾的能力受到一些限制,因为它们从根本上讲具有不相容性。资本主义不可能提供实现女性平等的改革,比如全民医疗、儿童保育及类似服务,国家内部和资产阶级内部在生育自由等关键问题上存在冲突。[155] 在此情形下,法律的改革可能会产生潜在的矛盾影响,通过给她们带来有限的收益,可能会"收买"一些女性,但同时通过其艰难且不完全的成功与机会均等的官方意识形态形成对比,从而提高她们的意识。[156]

法律的功能在此过程中至关重要。艾森斯坦认为,美国的法律组织并规范了两性关系,这是基于自由个人主义和公私领域的二元区分。[157] 当她写作之时,通过讨论法律的影响来说明这些主张,即《平等权利修正案》很大程度上只是象征性的承诺(终究未实现),最高法院否认对女性的歧视是基于性别(菲尼案),同时怀孕是基于性别而非性别中立的分类(格德尔德案),且其主张女性拥有堕胎权,尽管她们无力支付堕胎所需费用(哈里斯诉麦克雷案)。[158] 简言之,艾森斯坦企图构建一种有关国家和法律的社会主义女权主义理论,使它们成为政治行动策略的基础。

4. 艾里斯·杨与统一系统理论

哲学家艾里斯·杨因哈特曼和艾森斯坦预设两种不同的结构而批评她们,其一是考虑父权制,其二是考虑经济关系。[159] 艾里斯·杨认为,任何理论

---

[154] 同上,第220—228页。
[155] 同上,第224—227页。
[156] 同上,第222页。
[157] 同上,第223、228页。
[158] 同上,第232—241页;另见,Harris v. McRae, 448 U.S. 297, 315 (1980)(认为在提供公共医疗补助的情形下联邦政府拒绝提供堕胎资金并不违反平等保护,因为这没有给寻求堕胎的女性设置任何政府障碍);Pers. Adm'r of Mass. v. Feeney, 442 U.S. 256, 275 (1979)(认为在国家就业中优先考虑退伍军人并非性别歧视,因为这并不是意图歧视妇女,尽管它会产生这种影响);Geduldig v. Aiello, 417 U.S. 484, 496-97 (1974)(认为国家残疾计划涵盖除与怀孕相关的各类残疾并不构成性别歧视)。
[159] Iris Young, *Socialist Feminism and the Limits of Dual Systems Theory*, in IRIS MARION YOUNG, THROWING LIKE A GIRL AND OTHER ESSAYS IN FEMINIST PHILOSOPHY AND SOCIAL THEORY 23 (1990) [hereinafter THROWING LIKE A GIRL].

如果只用马克思主义社会物质关系来分析都不充分,相反,其目标是将马克思主义变为一种以性别为核心的理论。[160] 艾里斯·杨提出,这样做的方法是以性别分工为基础的核心范畴来取代无视性别的阶级范畴。[161] 性别分工的分析将使人们能够根据资本主义自身的结构和动态说明女性在资本主义社会制度下的地位,表明由女性提供的第二劳动力是资本主义的基本特征之一,同时赋予男性以历史性特权。[162]

艾里斯·杨在1990年的论文中强调,双重系统理论是对传统马克思主义关于女性分析的重大理论进步,对马克思主义方法的复兴作出贡献,但这仍然不够,因为它仅仅将两性关系理论嫁接到仍然占主导地位的马克思主义上。[163] 此外,同许多双重系统理论一样,生产与生育的分离强化了自由主义的隔离空间范围,其公共(男性)和私人(女性)领域为女权主义者所不能接受,同时,双重系统理论并不解释工作场所的性别歧视。[164] 艾里斯·杨不仅担心性别问题不能与更大的反资本主义运动隔离开来,还担心女权主义者仍致力于将反资本主义斗争和女性解放统一起来。[165] 基于社会主义女权主义的政治工作可以做到这一点:

> 我所说的社会主义女权主义政治是指,社会主义运动必须重视女性问题、支持女性自治组织才能成功,一切社会主义组织都要有女权意识;女权斗争和组织在主旨上应反对资本主义,并应明确将对女性的压迫与其他形式的压迫联系起来。[166]

---

[160] Young, *Beyond the Unhappy Marriage: A Critique of the Dual Systems Theory*, in UNHAPPY MARRIAGE, at 49-50.
[161] 同上,第50—56页。
[162] 同上,第58、61页。
[163] THROWING LIKE A GIRL, THROWING LIKE A GIRL AND OTHER ESSAYS IN FEMINIST PHILOSOPHY AND SOCIAL THEORY 23(1990)[hereinafter THROWING LIKE A GIRL].
[164] 同上,第27—28页;另见,TONG, FEMINIST THOUGHT: A COMPREHENSIVE INTRODUCTION, at 182-83。
[165] THROWING LIKE A GIRL, THROWING LIKE A GIRL AND OTHER ESSAYS IN FEMINIST PHILOSOPHY AND SOCIAL THEORY 23(1990)[hereinafter THROWING LIKE A GIRL], at 30; Young, *Beyond the Unhappy Marriage: A Critique of the Dual Systems Theory*, in UNHAPPY MARRIAGE, at 64.
[166] THROWING LIKE A GIRL, THROWING LIKE A GIRL AND OTHER ESSAYS IN FEMINIST PHILOSOPHY AND SOCIAL THEORY 23(1990)[hereinafter THROWING LIKE A GIRL], at 21-22.

此外,艾里斯·杨说:"社会主义女权主义者作为女权主义者的任务应以反资本主义为基本原则,并应将女性的处境与种族主义和帝国主义现象联系起来。"[167]艾里斯·杨将重点置于种族主义,种族主义也是上述其他理论家讨论的焦点。与齐拉·艾森斯坦一样[168],艾里斯·杨坚信反种族主义和反性别歧视的斗争存有联系。

5. 南茜·哈索克与视角理论

社会主义女权主义哲学家南茜·哈索克也为齐拉·艾森斯坦主编的《资本主义父权制和社会主义女权主义案例》(1979年卷)撰写了一篇文章,文章重点讨论女权主义理论如何能够为革命战略的发展作出贡献。[169] 她认为,社会主义女权主义的任务应该同时关注个人生活和社会制度,目的是创造一个新社会和与资本主义个人观念相对立的新个体。[170] 女权主义者特别关心的是阶级的性质。哈索克指出,资本主义的阶级分化以不同方式影响着女性和有色人种,而对于男性工人则以马克思主义阶级理论为基础。同时,女性所处的不同阶级影响着她们的日常生活,而这必须纳入政治组织的考虑中。[171]

1983年,哈索克已经提出了一种特定的女权主义历史唯物主义概念——取代并发展了马克思的方法和理论——"在生产过程中,社会与自然界的互动对人类和知识理论两方面均起了塑造作用。"[172]相应地,女性和男性活动的差异对认识论产生重大影响。[173] 在资本主义下,男性工人的视角是通过参与用于交换的商品的生产而形成,并且导致该社会具有二元论、抽象性和等级化的思维特征。[174] 与此相反,女性花费更多时间来生产使用价值而非商品交换,她们作为母亲的生活关涉她们的改变、成长及与自然的统一。[175] 由此产生的女性自我建构使女性更重视具体而非抽象,并赋予她们一种能将其与他

---

[167] 同上,第32页。

[168] 见,accompanying Zillah Eisenstein, *Constructing a Theory of Capitalist Patriarchy and Socialist Feminism*, 25 CRITICAL SOC. 196, 206-07 (1999)。

[169] Nancy Hartsock, *Feminist Theory and the Development of Revolutionary Strategy*, in CAPITALISTP ATRIARCHY, (Zillah R. Eisenstein ed., 1979) [hereinafter CAPITALIST PATRIARCHY], at 56.

[170] 同上,第60—62页。

[171] 同上,第68—71页(除其他外,描述中产阶级和工薪阶层女性的不同语言能力和信心)。

[172] Nancy C. M. Hartsock, *The Feminist Standpoint: Developing the Ground for a Specifically Feminist istorical Materialism*, in D ISCOVERING R EALITY 283 (Sandra Harding & Merrill B. Hintikka eds., 1983).

[173] 同上,第289页。

[174] 同上,第286、296—298页。

[175] 同上,第291—294页。

人及自然界持续联系起来的感觉。[176] 女性基于其生活活动的观点对理解和构建社会关系具有重要的认识论和本体论意义。[177] 最重要的是,此观点为未来的社会主义社会提供了一个模型:

> 有必要归纳女性活动所提供的潜力——将社会定义为包括使用价值和人类在内的非财产的生产者。[178]

换言之,女性的生活活动构成了一种具体的女权主义和唯物主义认识论基础。[179] 想必,新社会是由非性别化的人构成,她们重视关系价值以及谁生产了使用价值而非商品交换。

人们应注意到,哈索克所描写的女性特征与其他女权主义作家著作的相似之处即在于此。例如,卡罗尔·吉利根,她的理论把以权利为导向的观点与男性联系在一起,而将以关怀为导向的观点与女性联系在一起。[180] 然而,哈索克将这些洞见置于马克思主义方法论背景下,将其解释为女性在工作场所和家庭中的生产活动,而不是将其归因于社会化或心理分析。[181]

6. 艾莉森·贾格尔与马克思的异化理论

哲学家艾莉森·贾格尔于 1983 年出版的《女权主义政治与人的本质》一书最为著名,她在书中将女权主义描述为政治哲学,讨论了自由主义女权主义、马克思主义女性主义、激进女权主义和社会主义女权主义背后的人性理论以及由此产生的政治。[182] 她对社会主义女权主义的特别贡献是将马克思的异化理论作为一个统一概念,从而使另一种正统的马克思主义观念适应社会主义女权主义的目的,同时也融入了激进女权主义和精神分析的洞见。[183]

---

[176] 同上,第 298—299 页。
[177] 同上,第 299 页。
[178] 同上,第 304 页。
[179] NANCY C. M. HARTSOCK, MONEY, SEX, AND POWER: TOWARD A FEMINIST HISTORICAL MATERIALISM 247 (1983).
[180] 见, AROL GILLIGAN, IN A DIFFERENT VOICE: PSYCHOLOGICAL THEORY AND WOMEN'S DEVELOPMENT 24-63 (1982)(描述了在实验中女孩似乎基于关怀、联系和关系作出道德判断,男孩则明显倾向于以抽象权利为基础的思维)。
[181] 比照, NANCY CHODOROW, THE REPRODUCTION OF MOTHERING: PSYCHOANALYSIS AND THE SOCIOLOGY OF GENDER (1978)(对男女之间的差异进行了心理分析)。
[182] ALISON M. JAGGAR, FEMINIST POLITICS AND HUMAN NATURE (1983).
[183] TONG, FEMINIST THOUGHT: A COMPREHENSIVE INTRODUCTION, at 186.

她的出发点是《1844年经济学哲学手稿》中提出的异化劳动理论。[184] 马克思认为,在商品生产的资本主义制度下,工人与他们的劳动产品(不属于他们)、生产行为(由他人控制并为获得生存所必须)、种群(作为自由创造的人)和其他人(通过阶级划分及与其他工人的竞争)相疏离。[185] 贾格尔采用马克思的异化概念并将其应用于女性。她认为,生产劳动和生育劳动的性别分工,同样导致女性与他人本质上的隔阂。[186] 克服这种异化的唯一途径是消除生活中各方面的性别分工:"社会主义女权主义的目标是废除构成人类的社会关系,这种社会关系不仅是作为工人和资本家的,也是作为男性和女性的。"[187]

贾格尔的分析对社会主义女权主义者所应从事的政治工作类型有深刻启示。女性必须摆脱对其身体的对象化和"女性化"的需要,以克服其性别的异化。[188] 此外,女性需要能够控制她们成为母亲的条件,即如何生育,如何抚养子女,以便使她们克服在这些生活领域中的异化。[189] 因此,社会主义女权主义政治不仅应着眼于平等获得有偿就业的条件,还应努力促进生育自由,例如,反对非自愿绝育以及获得负担得起的避孕和堕胎。[190] 女性在市场上的工作结构以及她们的工资也应成为积极行动的主题,与工会及其他相关就业群体(其中许多是20世纪70年代社会主义女权主义组织的产物),如职业女性协会共同开展工作。[191] 然而,女性问题不应仅仅被列入革命运动的关注行列,相反,革命的概念应由社会主义女权主义扩大,从而不仅包括法律和结构的变化,而且还包含意识上的变化。[192]

7. 理论与实践的个案研究:西尔维亚·费德里西与"家务工资"运动

除我选择构建的经典外,还存在大量的能以有趣方式将理论和实践结合起来的社会主义女权主义文献,其以学术或小册子的形式出现,就此我不再

---

[184] Karl Marx, *Economic and Philosophic Manuscripts of* 1844, in THE MARX-ENGELS READER 66 (Robert C. Tucker 2d. ed. ,1972).
[185] 同上,第70—77页。
[186] JAGGAR, FEMINIST POLITICS AND HUMAN NATURE (1983), at 130-32.
[187] 同上,第132页。
[188] 同上,第308—310页。
[189] 同上,第310—316页。
[190] 同上,第318—324页。
[191] 同上,第324—329页;另见,accompanying PERSONAL POLITICS:THE ROOTS OF WOMEN'S LIBERATION IN THE CIVIL RIGHTS MOVEMENT AND THE NEW LEFT (1979)。
[192] JAGGAR, FEMINIST POLITICS AND HUMAN NATURE (1983), at 340.

一一赘述。政治哲学家西尔维亚·费德里西的著作与"家务工资"运动广泛相关,是20世纪70年代中期以来的一个好例子。费德里西在其经典文章中,特别从社会主义女权主义的角度对家务工资进行了理论分析,这些文章于2012年在一本藏书中重新发表。[193] 她提出这一问题是为了揭示和颠覆女性在资本主义制度下的角色。[194] 获得家务工资并非是这场斗争的真正目的:

> 事实上,要求家务工资并不意味着如果我们得到报酬,我们将继续做这项工作。它的意思正好相反。即是说,我们对家务工资的渴求是拒绝做这件事的第一步,因为对工资的需求使我们的工作变得可见,这是开始与之斗争必不可少的条件,无论是在家务劳动的直接方面,还是作为女人味更为阴险的特质,都是如此。[195]

真正的斗争是为了更好的工作条件和社会服务,所以对工资的要求只是"资本与工人阶级之间权力关系的表达"[196]。1984年,费德里西对此进行了反思,她认为"只要家务劳动没有报酬,就没有任何激励措施来提供必要的社会服务……"[197]因此,家务工资可以被看作是齐拉·埃森斯坦战略的一个例子,即推动改革显示了自由主义和资本主义的局限性。

社会主义女权主义者的持续批判不仅与家务工资运动有关,而且扩展到其他许多领域并成为全球性问题,例如,生育问题、环境主义和对女性的暴

---

[193] *Counterplanning from the Kitchen*(1975),in SILVIA FEDERICI, REVOLUTION AT POINT ZERO: HOUSEWORK, REPRODUCTION, AND FEMINIST STRUGGLE 28 (2012) [hereinafter REVOLUTION AT POINT ZERO]; *Wages Against Housework* (1975), in REVOLUTION AT POINT ZERO 15; *Why Sexuality is Work* (1975), in REVOLUTION AT POINT ZERO 23.

[194] *Wages Against Housework* (1975), in REVOLUTION AT POINT ZERO, *Why Sexuality is Work* (1975), in REVOLUTION AT POINT ZERO 23, at 15.

[195] 同上,第19页。

[196] *Counterplanning from the Kitchen* (1975), in REVOLUTION AT POINT ZERO, HOUSEWORK, REPRODUCTION, AND FEMINIST STRUGGLE 28 (2012) [hereinafter REVOLUTION AT POINT ZERO], at 30.

[197] *Putting Feminism Back on its Feet* (1975), in REVOLUTION AT POINT ZERO, HOUSEWORK, REPRODUCTION, AND FEMINIST STRUGGLE 28 (2012) [hereinafter REVOLUTION AT POINT ZERO], at 58.

力。在每一个相关的主题中,作者和行动者都明确倡导社会主义女权主义观点。[198] 当然,更充分地讨论社会主义女权主义思想在所有这些领域和其他领域的延伸超出了本文的范围。

总之,在 1975 年海迪·哈特曼发表文章至 1983 年艾莉森·贾格尔在其他形式的女权主义背景下出版著作期间,社会主义女权主义实现了理论的大发展。齐拉·艾森斯坦描述和检验了资本主义和父权制之间的相互作用;艾里斯·杨呼吁建立以劳动的性别分工为核心观念的统一理论;南茜·哈索克提出了基于劳动分工的唯物主义女性视角;艾莉森·贾格尔调整马克思的异化理论以描述当前女性与理想种群的分离,并呼吁消除任何基于性别的劳动分工。最后,像西尔维亚·费德里西这样的行动主义理论家在她们的实践中运用了社会主义女权主义。接下来我将描述 1983 年以后社会主义女权主义如何继续在学术界被研究和发展,尽管不是在法学界。

(四)社会主义女权主义理论并未从学术界消失

正如上文所述,1975—1983 年,美国的社会主义女权主义著作蓬勃发展,形成了一套对女权主义法律理论来说可能颇有成效的经典文献。一些学者认为,1983 年以后社会主义女权主义理论几乎消失了。[199] 这是真相,但只是真相的一部分。鉴于这种理论与公民权利、反战和反帝运动之间的重要关系,理论化可能由于战争的结束、民权运动最活跃的跨种族阶段的结束、女权主义的反弹以及罗纳德·里根和玛格丽特·撒切尔时代更保守的政治氛围而消退。此外,许多女权主义律师开始着手可能实现的事项,即攻击具有歧视性的法律和实践,例如性别隔离的招聘广告及许多职业对女性的排斥。身份政治和后现代主义的兴起无疑起到了一定的作用,因为理论家背离了社会主义和激进女权主义早期作品中的普遍主义和本质主义。但社会主义女权

---

[198] 见,例如,MARIA MIES, PATRIARCHY AND ACCUMULATION ON A WORLD SCALE: WOMEN IN THE INTERNATIONAL DIVISION OF LABOR (1986); ROSALIND PETCHESKY, ABORTION AND WOMAN'S CHOICE: THE STATE, SEXUALITY, AND REPRODUCTIVE FREEDOM (1985); VANDANA SHIVA, STAYING ALIVE: WOMEN, ECOLOGY AND DEVELOPMENT (1988)。

[199] 见,例如,Boxer, *Rethinking the Socialist Construction and International Career of the Concept "Bourgeois Feminism"*, at 144-45(指出女权主义在 20 世纪 70 年代末和 20 世纪 80 年代从公众视野中消失); Kathi Weeks, *Foreword: Re-encountering Marxist Feminism*, in MICHÈLE BARRETT, WOMEN'S OPPRESSION TODAY: THE MARXIST/FEMINIST ENCOUNTER xv (3d ed. 2014) [hereinafter THE MARXIST/FEMINIST ENCOUNTER](20 世纪 80 年代,如何将马克思主义与女权主义结合起来的问题很快消失了)。

主义实际上并未消失。社会主义女权主义一直存在于法学以外的学科中,存在于早期社会主义女权主义理论家的后期著作中,存在于南茜·弗雷泽等其他主要学者的著作中。

1. 法律以外学科中的连续性

1983年后社会主义女权主义经典仍被继续阅读,并且她们的思想渗透到了女性研究项目和其他学科之中。[200] 特蕾莎·阿莫特和朱莉·马泰于1991年出版的著作显示,经济学家对社会主义女权主义分析仍感兴趣。[201] 她们的著作《种族、性别和工作》,旨在"强调在资本主义经济扩张历史进程中性别、种族、族裔和阶级制度的重大转变",并表明这些转变对女性工作的影响。[202] 她们讲述了不同阶级、不同种族及不同族群中女性的劳动经历,要求读者思考性别、种族和阶级间的相互依赖关系以及三者同经济剥削的关系。[203]

社会主义女权主义的读本传统延续到了21世纪。其中之一是于2002年出版的《社会主义女权主义项目》,不仅包括有影响力的社会主义女权主义著作家,如希拉·罗博瑟姆、罗莎琳德·佩切斯基(Rosalind Petchesky)和南茜·哈索克,还包括社会主义女权主义争论的持续范围及活力的例子,这些争论建立在早期著作的基础上,如"性、性别和生育""家庭:爱、劳动和权力""工资劳动和斗争""经济、社会福利及公共政策"等。[204] 这些文章涵盖了从20世纪80年代中期到2001年这段时期,收集的目的是表明社会主义女权主义确实是一个持续项目。[205] 此外,最近重新出版了西尔维亚·费德里西的著作和一位英国学者另一本关于社会主义女权主义的经典著作似乎表明了人们对

---

[200] 见,例如,Boxer, *Rethinking the Socialist Construction and International Career of the Concept "Bourgeois Feminism"*, at 145。

[201] TERESA AMOTT & JULIE MATTHAEI, RACE, GENDER, AND WORK: A MULTICULTURAL ECONOMIC HISTORY OF WOMEN IN THE UNITED STATES (S. End Press Collective ed. ,1991). 激进政治经济学联盟的继续存在、活动和出版物也表明了这种持续的兴趣。见, *Home*, UNION FOR RADICAL POLITICAL ECON. , http://urpe.org/ [https://perma.cc/ANB2-PCFT] (last visited Sept. 25,2016)。

[202] AMOTT & MATTHAEI, RACE, GENDER, AND WORK: A MULTICULTURAL ECONOMIC HISTORY OF WOMEN IN THE UNITED STATES (S. End Press Collective ed. ,1991) ,at 4.

[203] 同上,第11—28页(为审查性别、种族-族裔和阶级之间的相互作用而提出的一个概念框架)。

[204] SOCIALIST FEMINIST PROJECT, A CONTEMPORARY READER IN THEORY AND POLITICS 260 (Nancy Holmstrom ed. ,2002) [hereinafter SOCIALIST FEMINIST PROJECT], pts. I-VI.

[205] 同上,第1页。

该理论观点的持续兴趣。[206] 在此传统领域有所著述的杜克大学学者凯瑟琳·威克斯指出,最近人们对社会主义女权主义的兴趣重燃,并表示:"我们正处于一个可以把20世纪70年代的女权主义标准批判视为正统的时刻。"[207] 自2011年以来,在美国、英国、德国、澳大利亚和土耳其举行了多次旨在恢复社会主义女权主义的会议。[208]

辛西娅·科伯恩曾在有关社会主义女权主义问题的一次会议上写到了面对现代女权主义者的问题,并督促:"让我们重启一场社会主义女权主义潮流……这不违背'平等',而是坚持权力转化,这是对新自由主义资本主义的挑战,也是对性别歧视、种族主义、民族主义、军国主义和宗教教条的挑战,这远超出了一个国家的范围。"[209] 总之,自20世纪80年代以来社会主义女权主义思想一直是学术界女权主义中一股宏大的暗流,而且这股暗流目前正在

---

[206] FEDERICI, *Counterplanning from the Kitchen* (1975); MICHÈLE BARRETT, WOMEN'S OPPRESSION TODAY: PROBLEMS IN MARXIST FEMINIST ANALYSIS (1980); THE MARXIST/FEMINIST ENCOUNTER, *Rethinking the Socialist Construction and International Career of the Concept "Bourgeois Feminism"*.

[207] THE MARXIST/FEMINIST ENCOUNTER, *Rethinking the Socialist Construction and International Career of the Concept "Bourgeois Feminism"*, at ix, xi 另见, KATHI WEEKS, THE PROBLEM WITH WORK: FEMINISM, MARXISM, ANTIWORK POLITICS AND POSTWORK IMAGINARIES (2010)。

[208] 例如, Conference, *CLPP Feminist Conference*, SOCIALIST ACTION, in Amherst, Mass. (Apr. 12-14, 2013), https://web.archive.org/web/20150119062031/http://socialistaction.org/event/clpp-feministconference/ (last visited Oct. 21, 2016); Conference, WINCONFERENCE, in Berlin, Ger. (Oct. 1-4, 2014), http://www.winconference.net/WINConference/PAGE_Second/zB0AAJjdRQl5ZVVjbXZFVFFnAQA; Conference, *Is This as Good as It Gets? Socialist Feminist Conference*, WORKERS' LIBERTY, in London, Eng. (Nov. 26, 2011), http://www.womensgrid.org.uk/archive/2011/09/05/is-this-as-good-as-it-getssocialist-feminist-conference-26-november-2011/ [https://perma.cc/6NTV-Z9JV] (last visited Oct. 21, 2016); Conference, *The Strong Link between Patriarchy and Capitalism*, ROJ WOMEN, in Istanbul, Turk. (Nov. 25, 2011), https://rojwomen.wordpress.com/2011/11/25/the-strong-link-between-patriarchy-andcapitalism/ [https://perma.cc/MF9Y-M4RX] (last visited Oct. 21, 2016); Conference, *Feminist Futures Conference- Build a Feminist Future with Radical Women*, FREEDOM SOCIALIST PARTY, in Melbourne, Austl. (May 28-29, 2011), http://www.socialism.com/drupal-6.8/organiser-articles/feminist-futuresconference-build-feminist-future-radical-women [https://perma.cc/P5AK-5BXY] (last visited Oct. 3, 2016)。

[209] Cynthia Cockburn, *What Now for the Women's Movement? Feminist Conversations*, OPENDEMOCRACY (Oct. 21, 2013), http://www.opendemocracy.net/5050/cynthia-cockburn/what-nowfor-womens-movement-feminist-conversations [https://perma.cc/FS25-CUNU] (last visited Oct. 21, 2016)。

兴起。[210]

2. 艾里斯·杨与艾森斯坦后期著作中的连续性

此外，经典的作者们在1983年并没有放弃她们的理想，尽管有些人的写作术语发生了某些改变。例如，艾里斯·杨于1985年写到，女性与福利国家间的矛盾关系以及所谓的"公共父权制"（家庭以外的机构，如社会福利官僚机构），正在成为压迫和控制女性的场所。[211] 杨认为，社会主义女权主义者对国家福利机构的回应既支持又反对，即为满足贫穷女性的福利而寻求扩大福利国家规模，同时也要努力消除福利对女性自主权和确定自身需求能力的影响。[212] 进步派（已经成为左翼人士的新术语）也应该提出自助和替代服务条款的方法，以与反民主和官僚主义的国家服务管理形成对比。[213]

然而，到了1990年，杨想知道"社会主义女权主义者"是否仍然是描述她政治态度的准确术语，她说："对自己和他人来说80年代和90年代的政治倾向均具有更多复杂性和情境化，而非简单的'社会主义女权主义者'即能表达。"[214] 杨描述为何发现这种政治趋势的女权主义者现在更少关注歧视女性的结构性原因，并已"从风险普遍化之特定社会观点的整体理论中退出来"[215]。杨表示自己仍致力于社会主义女权主义的目标。

> 我现在发现，构建一个单一的女权主义历史唯物论过于雄心勃勃和天真幼稚。然而，我仍认为社会主义女权主义的承诺为劳动活动关系提供了具体说明，这对解释男性主导的生产和生育仍然很重要，而且在很大程度上并未实现……
>
> 在政治上，社会主义女权主义总是承诺彻底改变资本主义父权

---

[210] 见，Johanna Brenner, *Socialist-Feminism in the 21st Century*, 29 AGAINST THE CURRENT, Mar.-Apr. 2014, at 20, 20-23（描述了社会主义女权主义思想如何在女性组织起来挑战父权制的流行运动中得到认可）；另见，Melissa Benn, *Feminism Needs to Tackle Class as well as Culture: New Women's Rights Groups Could Present a Popular and Serious Challenge to More Entrenched Inequalities*, GUARDIAN, Nov. 18, 2013, at 30（描述了强调代表权的女权运动的复兴）。

[211] Iris Marion Young, *Women and the Welfare State*, in THROWING LIKE A GIRL, THROWING LIKE A GIRL AND OTHER ESSAYS IN FEMINIST PHILOSOPHY AND SOCIAL THEORY 23 (1990) [hereinafter THROWING LIKE A GIRL], at 62 (originally published in SOCIALIST POLITICS (1985)).

[212] 同上，第63—65页。

[213] 同上，第66页。

[214] THROWING LIKE A GIRL, THROWING LIKE A GIRL AND OTHER ESSAYS IN FEMINIST PHILOSOPHY AND SOCIAL THEORY 23 (1990) [hereinafter THROWING LIKE A GIRL], at 5.

[215] 同上，第4页。

制,创造一个非以营利为目的的经济形式,即一种民主制经济。在此经济形态下,女性的劳动受到同等重视,女性自身不再遭受暴力和性剥削。[216]

她仍然致力于这一愿景。[217] 若非杨于2006年英年早逝,我相信她会继续为社会主义女权主义理论的发展作贡献。

齐拉·艾森斯坦从未停止过解决复杂的从属和剥削问题,这是社会主义女权主义者关注的核心。1990年,艾森斯坦写到,在东欧共产主义垮台并考虑到中国对更大民主的需求、有色人种的女性引入激进多元化以及新保守主义背景下有必要对社会主义女权主义进行重新理论化,她得出结论说:"我不再认为社会主义女权主义是我政治观点的准确命名。"[218]这部分是由于美国社会主义女权主义政治观的缺位及"社会主义"在新保守主义时代不可能吸引主流女权主义者。[219] 艾森斯坦认为,发展"后社会主义"女权主义的时候到了,这种后社会主义女权主义不受"按经济阶级优先次序界定之传统社会主义分析的制约",它足以代表认识到经济阶级关系是性别和种族主义的洞见。[220] 因此,此项任务便无须重新思考马克思主义,而是重新思考社会主义女权主义本身,并在其基础上建立一种激进和重构的女权主义,即便改变社会主义女权主义。[221]

总之,艾里斯·杨和艾森斯坦后期的工作均是为了拓展早期社会主义女权主义理论本身,以解决具有多样性和全球自由主义的新世界,即表明女性压迫、种族主义和帝国主义间相互联系的新世界。她们的总体愿景和目标并未改变,一位描述女性研究项目发展情况的学者通过采访那些曾在芝加哥构建社会主义女权主义并将其带入学术界的女性得出类似结论。她们"仍然认为自己是左派、唯物主义者、进步主义者或社会主义女权主义者",尽管她们

---

[216] 同上,第4—5页。
[217] 同上,第5页。
[218] Zillah Eisenstein, *Specifying US Feminism in the 1990s: The Problem of Naming*, 20 SOCIALIST REV, Apr.-June 1990, at 45.
[219] 同上,第46—47、50页。
[220] 同上,第48页。
[221] 同上,第49、52页。

的观点在过去几十年里变得更为复杂。[222] 她报道了她所采访的一个人,谈道:

> 尽管现在没有女性研究项目称自己为社会主义女权主义者,但从马克思主义、反种族主义和女权主义视角看,"她们都强调女性和全球化"。"我们所拥有的反资本主义理解要比开始时广泛得多","没有一个从事独立女性研究的人认为在全球资本主义下女性解放具有可能性……"[223]

简而言之,许多参与社会主义女权主义原始理论化和积极行动的女性仍然存在,在这方面她们并未改变自身观点。

3. 其他学者著作中的连续性:南茜·弗雷泽

还有其他一些学者,其中一些人自诩为社会主义女权主义者,另一些人则并不这样认为,她们也建立并发展了1983年以后经典时期的洞见。以哲学家南茜·弗雷泽为例,她也曾多次写过有关晚期资本主义社会福利、需求和分配的文章,将她的理论称为社会主义女权主义。[224] 弗雷泽特别关注如何将经济再分配及身份的承认融入一个综合理论框架。[225] 弗雷泽注意到身份政治和经济平等要求的重大转变,她将两种正义主张理论化为一个世界中正义的两个维度,在这个世界中次级群体同时遭受着经济上的分配不均及身份上的不承认。[226] 弗雷泽主张采取政治运动将两种观点结合在一起而非裁剪任何一种观点,如可比价值运动,其中"在男女之间重新分配收入的主张与改变

---

[222] Gardiner, *What Happened to Socialist Feminist Women's Studies Programs? A Case History and Some Speculations*, at 580.

[223] 同上,第580—581页(引自她的资料提供者)。

[224] 见,例如,*Struggle Over Needs: Outline of a Socialist-Feminist Critical Theory of Late Capitalist Political Culture*, in NANCY FRASER, UNRULY PRACTICES: POWER, DISCOURSE AND GENDER IN CONTEMPORARY SOCIAL THEORY 161 (1989)。

[225] 见,例如,Nancy Fraser, *Social Justice in the Age of Identity Politics: Redistribution, Recognition, and Participation*, in NANCY FRASER & AXEL HONNETH, REDISTRIBUTION OR RECOGNITION?: A POLITICAL-PHILOSOPHICAL EXCHANGE 7-109 (2003)(描述了当前社会正义要求将分配和承认分割开来的趋势)。

[226] 同上,第19—22页。

按性别划分的文化价值模式的要求明确联系在一起"[227]。弗雷泽主张"非正式的改革",这种改革将启动更为激进的改革。[228] 在此,弗雷泽要为争取社会民主改革而奋斗,比如,对收入征收高额累进税、普遍的社会福利待遇、充分就业的经济政策、资源的充分共有以及庞大的非营利机构。[229] 在21世纪背景下,弗雷泽的希望在复苏,"几十年前第一次启发我的那种社会主义女权主义理论,似乎仍然是我们澄清当代性别公正前景的最大希望"[230]。为此,弗雷泽认为将再分配、承认及代表权整合起来必不可少,以便"将女权主义批判与资本主义批判重新联系起来,从而使女权主义在左派中重新定位"[231]。

总之,20世纪70年代和80年代初期,社会主义女权主义活动家和理论家所播撒的种子,历经漫长岁月后在学术界结出了果实,并为社会科学和人类学领域提供了一股有影响力的思想。此外,上述所有作者均在学术界找到了很好的归宿,在那里她们可能"感染"了一代又一代的学生。海迪·哈特曼离开学术界,于1987年成立了女性政策研究所,但上述讨论的其他社会主义女权主义作家的学术资历可圈可点。艾里斯·杨虽然是个哲学家,却担任芝加哥大学的政治学教授直到去世。齐拉·艾森斯坦在伊萨卡学院政治学系担任教授,度过了她的职业生涯,现在已退休。南茜·弗雷泽是新学院大学的哲学教授,南茜·哈索克担任华盛顿大学政治学系教授直到去世,莉森·贾格尔是科罗拉多大学哲学与性别研究系

---

[227] 同上,第66页。可比价值是性别职业隔离和性别工资差距的一种补救措施,这种差距依赖于评估不同工作所需的知识和技能并要求同工同酬。见,BOWMAN ET AL. , FEMINIST JURISPRU-DENCE, at 954-59(描述"可比价值"概念的源起及其对于缩小工资差距的可能性);另见,Am. Fed'n of State, Cty. , & . Mun. Emps. v. Washington, 770 F. 2d 1401, 1408 (9th Cir. 1985)(发现非同工同酬并不违反联邦反歧视法)。

[228] Fraser, *Social Justice in the Age of Identity Politics: Redistribution, Recognition, and Participation*, in NANCY FRASER & AXEL HONNETH, REDISTRIBUTION OR RECOGNITION?, at 79-80.

[229] 同上,第80页。

[230] Nancy Fraser, *Feminism, Capitalism and the Cunning of History*, 56 NEW LEFT REV. , 97, 98 (Mar. -Apr. 2009), at 97, 98.

[231] 同上,第116页。

的教授。[232] 总之,社会主义女权主义不仅幸存,而且在学术界枝繁叶茂,但并非法学院。

二、社会主义女权主义与法学界

20世纪70年代早期,女性开始涌入法学院,此前女性在法学院并不受欢迎。[233] 由于诉讼及《民权法案》后的诉讼威胁,法学院和律师事务所均意识到他们不能再排斥女性。[234] 美国法学院中女性人数从1967年的4%跃升到1974—1975年的20%,再到1985—1986年的40%。[235] 当然,这处于我在第一部分所描述的社会和政治激进主义时期,也是社会主义女权运动高潮期。新近在法学院学习的女性,她们多曾参加过积极行动。[236] 她们继续在法学院从事政治活动,组织解决那里的歧视问题、针对十大华尔街公司提起诉讼、游说女性和法律课程并建立一个全国女法律学生组织。[237] 在关于女性和法律课程中,最终出现了教科书,时至20世纪90年代中期共有8本问世。[238] 大

---

[232] Alison Jaggar, UNIV. OF COLO. BOULDER PHILOSOPHY, http://www.colorado.edu/philosophy/people/alison-jaggar [https://perma.cc/A3XJ-NVD5]（last visited Oct. 3, 2016）; Nancy Fraser, THE NEW SCH., http://www.newschool.edu/nssr/faculty/? id = 4e54-6b314d41-3d3d [https://perma.cc/79LR-PP7B]（last visited Oct. 3, 2016）; Catherine G. Quinn, *Passing of Nancy Hartsock*, UNIV. OF WASH. DEP'T OF POLITCAL SCI.（Apr. 28, 2015, 2∶40 PM）, https://www.polisci.washington.edu/news/2015/04/28/passing-nancy-hartsock [https://perma.cc/PE8M69 RH]（last visited Oct. 3, 2016）。

[233] 见,CYNTHIA FUCHS EPSTEIN, WOMEN IN LAW 50-67（1981）（描述了不愿让女性进入法学院及其入学时面临的恶劣环境）;另见, KAREN BERGER MORELLO, THE INVISIBLE BAR：THE WOMAN LAWYER IN AMERICA：1638 TO THE PRESENT 103-05（1986）（描述了同样的事情）。

[234] 见,例如,Cynthia Grant Bowman, *Women in the Legal Profession from the 1920s to the 1970s：What Can We Learn from Their Experience about Law and Social Change?* 61 ME. L. REV. 1,13-15（2009）（描述20世纪70年代的诉讼及其后女律师雇佣数量的增加）。

[235] Richard K. Neumann Jr., *Women in Legal Education：What the Statistics Show*, 50 J. LEG. EDUC. 313, 314（2000）。

[236] 见, Cynthia Grant Bowman, *The Entry of Women into Wall Street Law Firms：The Story of* Blank v. Sullivan & Cromwell, in WOMEN AND THE LAW STORIES 419-20（Elizabeth M. Schneider & Stephanie M. Wildman eds., 2011）。

[237] 同上,第421—427页。

[238] MARTHA CHAMALLAS, INTRODUCTION TO FEMINIST LEGAL THEORY 114（2d ed. 2003）。

多数创建女权主义法学领域的女性在1980年以前即毕业于法学院。[239] 本部分描述了女权主义法律理论作为一门学科的发展以及该学科内社会主义女权主义理论发展的缺失。

(一)女权主义法律理论在法学界的发展

第一本关于女性和法律的教科书着重于判例法和对形式平等的追求。[240] 这反映了20世纪70年代在鲁斯·巴德·金斯伯格（Ruth Bader Ginsburg）和美国公民自由联盟女性权利项目的支持下开展的运动。反复的排斥性行动在近十年来不断下降，直到女权主义律师遇到生理差异所造成的障碍——败诉。以怀孕歧视为例，这种歧视显然不符合宪法"平等保护条款"框架下的法

---

[239] 作为1970年法学毕业生影响女权主义法律理论发展的一个标志，以下是与其早期发展相关的一些法学院的毕业日期：Sylvia A. Law（1968），*Sylvia A. Law*, N. Y. U. L.，https://its. law. nyu. edu/facultyprofiles/index. cfm? fuseaction = profile. overview&personid = 20071［https://perma. cc/4ZSC-4RYL］（last visited Oct. 3, 2016）；Frances E. Olsen（1971），*Frances Elisabeth Olsen*, CLA L AW，https://law. ucla. edu/faculty/faculty-profiles/frances-elisabeth-olsen/［https://perma. cc/U7VP-E4MZ］（last visited Oct. 3, 2016）；Patricia A. Cain（1973），*Patricia A. Cain*, UNIV. OF IOWA, http://law. uiowa. edu/patricia-cain［https://perma. cc/CD44-VEKU］（last visited Oct. 3, 2016）；Elizabeth Schneider（1973），*Elizabeth Schneider*, ELIZABETH M. SCHNEIDER, CURRICULUM VITAE OF ELIZABETH M. SCHNEIDER 1, https://www. brooklaw. edu//services//FacultyFiles. ashx? filetype = resume&id = liz. schneider［https://perma. cc/G4Z5-AQ74］（last visited Oct. 3, 2016）；Katharine T. Bartlett（1975），KATHARINE T. BARTLETT, CURRICULUM VITAE OF KATHARINE T. BARTLETT 1（2015），https://law. duke. edu/sites/default/files/cv/bartlett_cv_april_2015. pdf［https://perma. cc/CXC4-4FSA］（last visited Oct. 3, 2016）；Martha Chamallas（1975），MARTHA CHAMALLAS, CURRICULUM VITAE OF MARTHA CHAMALLAS 2（2015），OHIO ST. UNIV. MORITZ COLL. OF LAW, http://moritzlaw. osu. edu/faculty-old/cv/chamallas_martha. pdf［https://perma. cc/W2ZB-7GC9］（last visited Oct. 3, 2016）；Catharine A. MacKinnon（1975），*Catharine A. MacKinnon*, BIOGRAPHY, http://www. biography. com//people/catharine-a-mackinnon-9393211（last visited Aug. 31, 2016）；Deborah L. Rhode（1975），Deborah L. Rhode, STANFORD LAW SCH.，https://law. stanford. edu/directory/deborah-l-rhode/［https://perma. cc/PK8M-33FC］（last visited Oct. 3, 2016）；Martha Minow（1979），*YLS Graduate Martha Minow '79 Named Dean of Harvard Law School*, YALE. LAW SCH.（June 11, 2009），https://www. law. yale. edu/yls-today/news/yls-graduate-marthaminow-79-named-dean-harvard-law-school［https://perma. cc/976L-GFKG］（last visited Oct. 3, 2016）；and Robin West（1979），ROBIN L. WEST, CURRICULUM VITAE 1, https://www. law. georgetown. edu/faculty/upload/CV. pdf［https://perma. cc/Y66G-PYCJ］（last visited Oct. 3, 2016）。

[240] 见，BARBARA ALLEN BABCOCK ET AL.，SEX DISCRIMINATION AND THE LAW: CAUSES AND REMEDIES（1975）；HERMA HILL KAY, TEXT, CASES, AND MATERIALS ON SEX-BASED DISCRIMINATION（3d ed. 1981）。

理区分。[241] 争论最初倾向于"同一性"和"差异性"理论间的区分,从而使她们可以在更现实的平等基础上竞争。罗宾·韦斯特之类的女权主义法律理论家呼吁理解和重视女性的独特经历,而这种经历往往被以往的法律所忽视。[242] 女权主义学者及行动派律师按照这些观点分裂为不同阵营,例如,平等是否需要给予怀孕女性产假? 对女性的区别对待是否会让她们更加刻板或使其成为不尽理想的员工?[243]

凯瑟琳·麦金农(Catharine MacKinnon)加入了这场辩论,她于1979年出版了著作《职业女性的性骚扰》,1982—1983年在《标志》上发表了两篇文章,最终于1987年以《未修正的女权主义》一书出版的许多演讲和论文使这场对话更为深入,也更加复杂。[244] 麦金农对女权主义理论的"同一性"(或形式平等)和"差异性"分支(通常被认为是文化或关系女权主义)均发起毁灭性的攻击,她认为男性提供了这两个分支衡量平等的标准并且所有法律都赋予男性一种平权行动方案。[245] 麦金农自身关注的是性与权力分配的关系,并提出一种歧视性做法会被识别出来,通过它是否由于性而涉及对一种性别的系统性社会剥夺。[246] 麦金农的理论及其政治法律著作——例如,设计性骚扰的基本法律理论和均等就业委员会标准并在最高法院[247]为其辩护,以及为色情作品

---

[241] 见,例如,BOWMAN ET AL.,BOWMAN ET AL.,FEMINIST JURISPRUDENCE,at 25-52(描述了1971—1981年之间的女权诉讼运动)。

[242] 见,Robin West,*Jurisprudence and Gender*,55 U. CHI. L. REV. 1(1988);Robin L. West,*The Difference in Women's Hedonic Lives:A Phenomenological Critique of Feminist Legal Theory*,3 WIS. WOMEN'S L. J. 81(1987)。

[243] 见,Cal. Fed. Sav. & Loan Ass'n v. Guerra,479 U. S. 272(1987)(肯定第九巡回法庭认为第七章和《怀孕歧视法案》不歧视男性)。摘自不同女权主义团体提交的竞争简报,见,BOWMAN ET AL.,FEMINIST JURISPRUDENCE,at 208-11。

[244] CATHARINE A. MACKINNON,FEMINISM UNMODIFIED :DISCOURSES ON LIFE AND LAW 1(1987)[hereinafter FEMINISM U NMODIFIED];CATHARINE A. MACKINNON,SEXUAL HRASSMENT OF WORKING WOMEN(1979);Catharine A. MacKinnon,*Feminism,Marxism,Method,and the State:An Agenda for Theory*,7 S IGNS :J. WOMEN IN CULTURE & S OC'Y 515(1982)[hereinafter S IGNS Ⅰ];Catharine A. MacKinnon,*Feminism,Marxism,Method,and the State:Toward Feminist Jurisprudence*,8 S IGNS :J. WOMEN IN CULTURE & S OC'Y 635(1983)[hereinafter S IGNS Ⅱ]。

[245] 见,MacKinnon,*Difference and Dominance*,in FEMINISM UNMODIFIED,DISCOURSES ON LIFE AND LAW 1(1987)[hereinafter FEMINISM UNMODIFIED],at 32-40。

[246] MACKINNON,SEXUAL HARASSMENT OF WORKING WOMEN,at 117.

[247] Meritor Sav. Bank v. Vinson,477 U. S. 57(1986).

造成的损害提起民权诉讼起草了一项法令[248]——引起了巨大反响,她的作品无疑是女权主义法律理论中最具影响力的著作。[249]

20世纪90年代的特点是,有色人种女性越来越主张女权主义法律理论的"本质主义"色彩或以某一阶层白人女性的经历为前提。安吉拉·哈里斯以此观点对凯瑟琳·麦金农以及罗宾·韦斯特发起了抨击,她认为非裔美国女性的经历在她们的工作中被忽视了,同时她描述了将有色人种女性的洞见融入女权主义法律理论的益处。[250] 同性恋女权主义法律理论家提出了相关的主张。[251] 很快,超越了女权主义和左翼政治的身份政治开始流行于法学院,这一方面使女权主义法律理论变得更为复杂和备受质疑,另一方面也使女权主义法律理论在理解上更为深刻,如提出交叉性概念;发展了一个新领域,如批判种族理论;形成了新组织,如拉丁批判组织。[252]

(二)暗含在新兴女权主义法律理论中的社会主义女权主义

社会主义女权主义是批判理论的一支,但它并没有发展出自身可识别的女权主义法律理论分支。法律评论及其他法律著作几乎没有迹象表明新兴女权主义法学家熟悉社会主义女权主义,除了一个明显的例外,即凯瑟琳·麦金农。麦金农仔细阅读了这些著作,她对此表示同情,但总体上不同意社会主义女权主义的方法。其他拥有马克思主义和左翼背景的女性,她们最早被吸引到批判法律研究运动中。

---

[248] 见,ANDREA DWORKIN & CATHARINE A. MACKINNON, PORNOGRAPHY & CIVIL RIGHTS: A NEW DAY FOR WOMEN'S EQUALITY app. D (1988)(制定《示范打击色情制品民事权利条例》)。

[249] 女权主义法律理论简史,见,CHAMALLAS, INTRODUCTION TO FEMINIST LEGAL THEORY 114 (2d ed. 2003)。

[250] Angela P. Harris, *Race and Essentialism in Feminist Legal Theory*, 42 STAN. L. REV. 581 (1990). 哈里斯认为麦金农和韦斯特忽视了非裔美国女性的经历在某种程度上是不公平的。两位作者都一再表明其对于种族差异的敏感性,尽管她们并没有把种族差异作为其工作的中心。

[251] Patricia A. Cain, *Feminist Jurisprudence: Grounding the Theories*, 4 BERKELEY WOMEN'S L. J. 191 (1989).

[252] 见,Kimberlé Crenshaw, *Demarginalizing the Intersection of Race and Sex: A Black Feminist Critique of Antidiscrimination Doctrine*, Feminist Theory and Antiracist Politics, 1989 U. CHI. LEG. F. 139 (1989)(讨论了交叉理论)。关于拉丁批判理论的一个好例子,见,Juan F. Perea, *The Black/White Binary Paradigm of Race: The "Normal Science" of American Racial Thought*, 10 L A R AZA L. J. 127 (1998)。对批判种族和女同性恋或同性恋理论的贡献进行了精辟、简洁的描述,见,CHAMALLAS, CHAMALLAS, INTRODUCTION TO FEMINIST LEGAL THEORY 114 (2d ed. 2003), at 135-72。

1. 麦金农和马克思主义

麦金农深谙马克思主义、社会主义和社会主义女权主义理论[253]，并在其巧妙推翻马克思主义的文章（这些文章发表在《标志》上）中充分使用了这些理论：

> 性之于女权主义正如劳动之于马克思主义：它们本属自身，却常被剥夺。马克思主义理论认为，社会基本上是由人们在生产和制造生活必需品的过程中所形成的人与人之间的关系所构建。劳动是塑造和改变自然界及人类社会的过程，劳动在创造价值的同时，也使人成为一种社会存在。劳动是人之所以为人必不可少的条件。阶级是劳动的组织形式，产品是劳动的成果，资本是劳动的凝结形式，控制权是劳动的焦点。
>
> 当为他人的利益而有组织地剥削另一些人的劳动时，意味着一个阶级产生，即工人阶级；当为他人之需而有组织地剥夺他人的性时，也可以定义一个性别，即女性。异性恋是性的结构，性别和家庭是性的固定形式，性角色的特质普遍化为社会人格，生育是性的结果，控制权是性的焦点。
>
> 马克思主义和女权主义是权力及其分配的理论：充斥着不平等。[254]

然而，麦金农坚持认为，马克思主义和女权主义不能像社会主义女权主义试图去做的那样将二者混为一谈；她认为，二者深刻对立并且试图将女权主义归入马克思主义，从而忽略了性是一种权力形式。[255]

在《迈向女性主义的国家理论》一书中，麦金农从女性视角扩展了她对马克思主义的批评。[256] 麦金农认为，卡尔·马克思认为女性由自然所定义并通

---

[253] 麦金农在撰写《标志》的文章时已经清楚地阅读了社会主义女权主义著作，包括学者的和激进主义分子的。见，例如，SIGNS I, J. WOMEN IN CULTURE & SOC'Y 515 (1982)［hereinafter SIGNS I］, at 521 n.10（引用了"家务工资"著作）; id. at 522 n.12（引用了埃伦赖希的文章等）; id. at 524 n.15（引用了罗森鲍姆和芝加哥妇女解放联盟等）; id. at 524 n.17（引用了米切尔和艾森斯坦等）; id. at 524-25 n.17（引用了哈特曼、戈登等）。

[254] SIGNS I, J. WOMEN IN CULTURE & SOC'Y 515 (1982)［hereinafter SIGNS I］, at 515-6。

[255] 同上，第523—526页。

[256] 见，CATHARINE A. MACKINNON, TOWARD A FEMINIST THEORY OF THE STATE 3-80 (1989)［hereinafter MACKINNON, TOWARD A FEMINIST THEORY OF THE STATE］。

过引证其著作中的章节来支撑此论点,从而表明马克思本人作为19世纪的男性,其理解的局限性。[257] 麦金农指出:"马克思没有系统地看到,他所认为自然的东西与其批判的资产阶级社会有共通之处。"[258] 相反,弗里德里希·恩格斯却不认为女性的从属地位是自然的产物,而是某种需要解释的东西。但是,恩格斯将女性的地位仅仅理解为家庭形式的产物,特别是资本主义。[259] 反之,家庭形式的变化亦是经济变化的产物,而恩格斯并不相信按性别分工本质上具有剥削性。[260] 因此,马克思和恩格斯均假定公共(男性)和私人(女性)领域的分离。[261] 事实上,麦金农认为,马克思主义者在很多方面赞同自由主义理论的自然主义,玛丽·戴利(Mary Daly)、卡罗尔·吉利根、西蒙娜·德·波伏娃(Simone do Beauovir)、苏拉米斯·费尔斯通、朱丽叶·米切尔、南茜·霍多罗夫(Nancy Chodorow)和多罗西·丁内斯坦(Dorothy Dinnerstein)等女权主义理论家亦是如此。[262]

麦金农认为,唯一一个成功地将社会主义和女权主义综合起来的尝试是家务工资,它"希望在马克思主义的理论范围内解释性别和阶级,但在女权主义基础上……打破家务劳动与女性生物学间的意识形态联系……"[263] 在这方面,麦金农讨论了上述诸多见解,不仅有关家务工资,还涉及朱丽叶·米切尔、海迪·哈特曼和齐拉·艾森斯坦的理论,即是说女性的无偿家务劳动生产了资本剩余价值,女性本身成为廉价劳动的后备军,并充当家庭和经济的心理及经济安全阀。[264] 因此,使女性拥有生产权利"是使女性解放成为阶级斗争的关键时刻"[265]。

麦金农说,家务工资这种方式引发的问题在于,导致女性对家庭的依附,并使其家庭主妇的身份合法化,然而这并未解决女性对象化及暴力侵害女性等形式各样的问题。[266] 当然,麦金农的第一个观点是正确的,只有将有偿家务劳动需求从字面意义上理解,而非西尔维娅·费德里西的以上描述,即家

---

[257] 同上,第13—19页。
[258] 同上,第19页。
[259] 同上。
[260] 同上,第22—24页。
[261] 同上,第28、35—36页。
[262] 同上,第45—59页。
[263] 同上,第63、65页。
[264] 同上,第66—67页。
[265] 同上,第66页。
[266] 同上,第69页。

务工资作为一种需求,等同于拒绝履行这一职责。[267] 尽管麦金农对此持批评态度,但她还是异常同情家务工资的方式:

> 这种理论正是要揭露马克思主义经济学中男性主导的隐含预设……争论实质上是为使女性的家务劳动与其他形式的资本劳动相称,以消除表现出来的不平等,从而结束所设定的"固定的个人依赖关系",而这种关系被假定为具有资本主义性质之抽象劳动的前提……
>
> "家务工资"的观点是将马克思主义与女权主义结合起来的一种尝试,此种观点充分揭示了资本主义下劳动的双重性,而这种双重性被作为一种压迫和可能解放的关键……作为综合性尝试的顶峰,它迫使人们从马克思主义的角度重新审视家务劳动以及从女性的角度重新审视马克思主义经济学……同时引起了对社会的批判,即社会从其中心排斥女性以及马克思主义理论中女性的边缘化。[268]

简言之,根据与家务工资有关的著作得出的综合尝试是一项实质性成就,但这对麦金农来说还远不够,她彻底否认社会主义女权主义是马克思主义,即将女性问题简单地纳入传统马克思主义中加以分析。[269] 麦金农坦言:"激进女权主义是女权主义。激进女权主义(在此之后,女权主义未经修改)是后马克思主义的方法论。它试图在方法层面解决马克思主义女权主义的问题。"[270] 尽管马克思主义认为变化是外在的,但激进女权主义将其视为具有内在和外在双重属性,麦金农设想的女权主义方法是意识觉醒,她把这种方

---

[267] 见, accompanying *Wages Against Housework* (1975), in REVOLUTION AT POINT ZERO, at 15; SARA EVANS, PERSONAL POLITICS: THE ROOTS OF WOMEN'S LIBERATION IN THE CIVIL RIGHTS MOVEMENT AND THE NEW LEFT (1979); *Counterplanning from the Kitchen* (1975), in REVOLUTION AT POINT ZERO, at 30; *Putting Feminism Back on its Feet* (1975), in REVOLUTION AT POINT ZERO, at 58。

[268] MACKINNON, TOWARD A FEMINIST THEORY OF THE STATE, [hereinafter MACKINNON, TOWARD A FEMINIST THEORY OF THE STATE], at 78-80.

[269] SIGNS Ⅰ, J. WOMEN IN CULTURE & SOC'Y 515 (1982), at 524.

[270] SIGNS Ⅱ, J. WOMEN IN CULTURE & SOC'Y 635 (1983), at 639-40.

法作为认识论和政治技术两方面来发展。[271] 麦金农还将国家和法律理论描述为男性,即在其客观性、私人领域和公共领域的假设以及使男性对女性性的控制合法化的法律实质性规范中。[272]

显然,麦金农最感兴趣的是性和权力之间的关系,她将在不同的环境中探索这种关系作为其一生的工作。尽管麦金农以马克思主义为出发点,但她"从试图将女权主义和马克思主义平等地联系起来,转向创造一种能够独立存在的女权主义理论",这种理论通过"对女权主义实践的提炼"而产生。[273] 从此意义上讲,麦金农的工作可与20世纪70年代的激进女权主义者相提并论,尽管我不愿将其理论置于任何一个领域。然而,麦金农与社会主义女权主义的关系比通常表现出来的更为复杂,她并非对社会主义女权主义无动于衷。[274]

2. 超越麦金农对社会主义女权主义的否定判断

除麦金农的全面分析外(总的来说是负面分析),20世纪80年代开始在法学院发行的女权主义作品中少有关于社会主义女权主义传统的痕迹。一篇公开的社会主义女权主义者的文章被收录在1982年的《法律中的政治:一个进步性批判》一书中,这本书起源于全国律师协会的一个项目,后来成为与批判法律研究会联合的一个项目。[275] 该文的作者黛安娜·波伦是20世纪70年代末、80年代初期纽约市社会主义女权主义理论小组的成员之一。[276] 她

---

[271] SIGNS Ⅰ, J. WOMEN IN CULTURE & SOC'Y 515 (1982), at 520; 见 MACKINNON, TOWARD A FEMINIST THEORY OF THE STATE, [hereinafter MACKINNON, TOWARD A FEMINIST THEORY OF THE STATE], at 83-125(将意识觉醒描述为女权主义的方法论)。

[272] SIGNS Ⅱ, J. WOMEN IN CULTURE & SOC'Y 635 (1983), at 644-45, 655-57.

[273] MACKINNON, TOWARD A FEMINIST THEORY OF THE STATE, [hereinafter MACKINNON, TOWARD A FEMINIST THEORY OF THE STATE], at x.

[274] 例如,《迈向女性主义的国家理论》的"序言"指出马克思主义是其理论出发点,因为马克思主义是这种当代的理论传统,尽管有其局限性,但却敢于正视有组织的社会统治,对此加以动态的而非静态的分析,确认系统形成社会规则的社会力量,并寻求既在历史之内又依据历史去解释人类的自由。马克思认为阶级是真实存在的。它既批判了认为社会不公正是必然的和延续性的观点,又为变革的必要性和可能性提供了理论支持。同上,第 ix 页。

[275] Diane Polan, *Toward a Theory of Law and Patriarchy*, in THE POLITICS OF LAW: A PROGRESSIVE CRITIQUE 294 (David Kairys ed., 1982); 另见, THE POLITICS OF LAW, supra, at 7(描述了该项目的源起)。全国律师协会(NLG)是1937年成立的一个进步律师团体;其历史,见, *Our History*, NAT'L LAWYERS GUILD CHI. (2014), http://nlgchicago.org/about/history/ [https://perma.cc/6APK-957A] (last visited Oct. 21, 2016)。

[276] Polan, *Toward a Theory of Law and Patriarchy*, in THE POLITICS OF LAW: A PROGRESSIVE CRITIQUE 294 (David Kairys ed., 1982), at 294 n.

认为，权力关系必须被视为包含阶级和性别两个层面，尽管资本主义已将女性此前的从属地位融于其中，以至于女性现有地位是资本主义和父权制双重统治制度的产物。[277] 她提议，女性的合法收益取决于其他事项，即"女性运动的相对力量和父权制与资本主义经济制度需求间的冲突"[278]。进步律师和法科学生在研究小组中使用了该书(就像我一样)，故而他们接触到了对社会主义女权主义最基础的描述。

加州大学洛杉矶分校的法学教授弗兰·奥尔森在1982年的文章中提到一些早期的社会主义女权主义著作，她在文章中抨击了公私分裂的意识形态，探讨了自然主义、自治、国家中立和不干涉在家庭和市场中(这两个机构均涉及私人领域)运作方式上的差异。[279] 奥尔森的开创性文章(与麦金农在《标志》上发表的文章同时出现)尽管没有明确提出这一思想流派，但指出了社会主义女权主义必不可少的方向，它清除了许多围绕公私分裂的混淆和困惑，并揭示了这种意识形态在法律上的不同之处。20世纪90年代早期，黛博拉·罗德在其发表于《哈佛法律评论》上的一篇关于"女权主义和国家"的文章中提到了一些经典社会主义女权主义作品[280]，法学教授马里恩·克雷恩在其劳动法的著作中透露了其熟悉一些典型的社会主义女权主义作家[281]。

除这些早期参考资料外，社会主义女权主义在法律理论中几乎没有任何代表性。是不是因为凯瑟琳·麦金农强有力的论证让其他女权主义理论家相信这是一条死胡同？我非常怀疑这种解释。事实上，我怀疑许多女权主义法律理论家是否完全熟悉麦金农的马克思主义基础。那些读过《标志》中文

---

[277] 同上,第295页。

[278] 同上,第301页。

[279] 见, Frances E. Olsen, *The Family and the Market: A Study of Ideology and Legal Reform*, 96 HARV. L. REV. 1497,1513 n. 65 (1983) (引自 JULIET MITCHELL,WOMAN'S ESTATE, [hereinafter MITCHELL,WOMAN'S ESTATE], at 152-58); id. at 1539 n.159 (讨论了费德里西和家务工资)。同上,第1560—1566页 (讨论了马克思及其对国家和公民社会二分法的批判)。

[280] 见, Deborah L. Rhode, *Feminist Critical Theories*, in FEMINIST JURISPRUDENCE 594 (Patricia Smith ed. ,1993) (引自 Heidi Hartmann, *The Unhappy Marriage of Marxism and Feminism: Towards a More Progressive Union*, in WOMEN AND REVOLUTION I 2 (Lydia Sargent ed. , 1981)); Deborah L. Rhode, *Feminism and the State*, 107 HARV. L. REV. 1181,1183-84 (1994) (提及并描述了盖尔·卢宾、海迪·哈特曼、米切尔·巴雷特和南茜·弗雷泽的工作)。

[281] 见, Marion Crain, *Between Feminism and Unionism: Working Class Women, Sex Equality, and Labor Speech*,82 GEO. L. J. 1903,1903 n. 2 (1994) (提到了齐拉·艾森斯坦构建的资本主义父权制理论与社会主义女权主义); Marion Crain, *Feminizing Unions: Challenging the Gendered Structure of Wage Labor*,89 MICH. L. REV. 155,1200-04,1200 n. 257,1201 n. 264,1203 n. 276 (1991) (提到了海迪·哈特曼、资本主义、父权制和职业性别隔离)。

章的人会接触到它,但只是其中一部分,而且麦金农在《标志》上发表的文章与法律人的标准文献相去甚远。然而,麦金农对马克思和恩格斯的详尽分析以及试图综合马克思主义和社会主义的各种尝试,包括家务工资运动,并未体现在发表于《标志》上的文章中。麦金农最通俗易懂的书是《未修正的女权主义》(1978年),该书是由早期一些演讲中的口头发言整理而成,但不包含她对马克思主义的分析。《迈向女性主义的国家理论》(1989年)确实包含对马克思主义的分析,但很多人只是将该书视为对《标志》中的论文和《未修正的女权主义》(1987年)一书的修改。事实上,在《迈向女性主义的国家理论》(1989年)的"引言"中,麦金农的编辑曾说,1987年和1989年两本书之间的关系是:"你曾看过这部电影,现在来读原著吧。"[282] 无论如何,我曾发现《迈向女性主义的国家理论》前八十页的探讨并非只是一种评论,即对待马克思主义与女权主义的关系并且试图综合二者,这表明评论者没有读到这一部分,或觉得没有足够的准备来面对它,或者认为该部分没有意义。[283] 因此,麦金农的介入并不能从女权主义法律理论的角度来解释社会主义女权主义的缺失。

3. 批判法律研究与女性批判

那么,在20世纪六七十年代的运动中,所有活跃在法律教学中的女性在何处呢? 许多左翼女性在法律教学中倾向于批判法学研究,此乃政治上左倾学者的学术港湾。批判法学研究起源于1976年,因为有人提议要建立一个法学理论研究者能够围绕各样共同主题进行联系的地方,有些源于马克思主义,有些基于法律现实主义传统,还有一些则因受大陆哲学的影响而强调解构和法律的不确定性。[284] 所有人都倾向于认为,从某种意义上讲法律具有政

---

[282] MACKINNON,TOWARD A FEMINIST THEORY OF THE STATE,[hereinafter MACKINNON,TOWARD A FEMINIST THEORY OF THE STATE],at xiv.

[283] 例如,Kathryn Abrams, *Feminist Lawyering and Legal Method*, 16 LAW & SOC. INQUIRY 373 (1991);Ruth Colker, *Feminist Consciousness and the State:A Basis for Cautious Optimism*,90 COLUM. L. REV. 1146 (1990);Drucilla Cornell, *Sexual Difference, the Feminine, and Equivalency:A Critique of MacKinnon's* Toward a Feminist Theory of the State,100 YALE L. J. 2247,2254-55 (1991)(仅从麦金农的国家理论讨论其马克思主义);Stephanie M. Wildman, *Review Essay:The Power of Women*,2 YALE J. L. & FEMINISM 435 (1990).

[284] Mark Tushnet,Critical Legal Studies:A Political History,100 YALE L. J. 1515,1523—28(1991). 马克维克多报道称,一些支持者已经从民权运动中走出来,但另一些人则是"红尿布婴儿",他们的父母是受麦卡锡主义影响的积极分子。同上,第1534—1535页。

治性。[285] 该组织召开了全国性会议,会议中女性法学教授开始觉得她们的关心被"边缘化",即是说她们被委托到主要由女性参加的小组并受到性别歧视的评论。[286] 到 20 世纪 80 年代中期,批判女权主义者已成为自身较为明确的群体。不久后,性别、种族和族裔问题开始成为批判法学研究会议议程的主要议题。[287]

然而,批判女权主义开始以多种方式偏离批判法学研究的分析。例如,虽然批判女权主义同意批判法学研究关于法律不确定性的观点,强调法律的主观性和性别偏见,但批判女权主义强调经验分析(从女性的经历中得出证据),这两种方法出现了分歧。[288] 批判女权主义也从一般理论和理想视角转向身份政治。在我看来最有趣的是,女权主义法律理论家并没有挖掘她们可以获得的社会主义女权主义传统,她们在写作中也没有被社会主义女权主义方法所吸引。鉴于我在下一部分所述理由,我认为这一转变将使发展中的领域陷入无力,回归社会主义女权主义的见解将丰富今天的女权主义法律分析。

三、社会主义女权主义法律理论的星星之火

在这一点上,我应当从第一部分所描述的历史和理论中来阐明社会主义的理想。一个关键的问题是资本主义(即便是监管新政更新版)[289]与人类的繁荣格格不入,尤其是女性。尽管如此,资本主义如今仍然是一个有用的分析范畴,因其提供了一个看似统一的主导全球的经济系统。同时,经济力量(即生产和生育的关系)虽非唯一要素,但对研习历史、社会和性别的学生来

---

[285] 见,同上,第 1539 页。
[286] Carrie Menkel-Meadow, *Feminist Legal Theory, Critical Legal Studies, and Legal Education or "The Fem-Crits Go to Law School,"* 38 J. LEG. EDUC. 61,63 (1988).
[287] Rhode, *Feminist Critical Theories*, in FEMINIST JURISPRUDENCE 594 (Patricia Smith ed. ,1993), at 594.
[288] 见,同上,第 596、601 页。
[289] 因为新政本身就是美国历史上的一种畸变,见,Jefferson Cowie & Nick Salvatore, *The Long Exception: Rethinking the Place of the New Deal in American History*, 74 INT'L LABOR & WORKING-CLASS HIST. 3 (2008)。

说是必不可少的解释工具。除其他事项外,父权制也是一种生产关系。[290]

如下价值观将为建立基于社会主义的另一种制度提供依据,在此制度下利润不会成为经济的唯一或主要驱动力。一个彻底改变的国家,不会成为商业利益的俘虏,而将成为经济和社会民主化的工具。为此,它将使用集体资源以确保所有公民摆脱基本所需的限制,能够通过集体谈判、共同管理等机构来参与对工作生活的控制,并在决定执行这些政策的政府方面拥有真正有效和平等的发言权。在此过程中,女性的角色尤为重要,因为她们的生活需要这些变化,而且女性的观点更符合非资本主义制度的需要。

重温社会主义女权主义的观点,可以为女权主义法学带来许多有价值的见解。我将在这里描述的只是其中的几个,并且鼓励读者多想一想。一般来讲,将社会主义女权主义融入法律研究,将会对私人及公共领域的相互依存、相互渗透以及这种相互依赖的经济影响有更为深刻的理解,承诺在法律理论分析中纳入种族、阶级和性别以及针对女性多重角色的类别进行更为复杂的阶级分析。它还提醒我们,对两性关系任何有意义的分析必须在国际范围内进行,因为大多数女性生活在父权制依旧强大的南半球,同时,对经济剥削的探索应及于国内和国际两方面。[291]

在就业法领域,对女性的就业歧视成了父权制和资本主义的核心问题,注入社会主义女权主义将会更好地理解就业歧视的顽固性。社会主义女权主义对劳动性别分工的分析将深化我们关于改变它的必然要素的理解,也将深化我们对于劳动性别分工跨国性的理解。对家庭法而言,社会主义女权主义将为家庭的经济功能和它们与大经济体的关系带来高度发达的分析。与其把重点放在"工作或生活问题"上,不如关注当前家庭和市场经济结构与其所依据的预设之间根本的不相容性上。人们将注意到,美国女性依靠女性移民来照顾孩童和老人,同样具有剥削性。在争取女性生育自主权的斗争中,

---

[290] 大卫·吉尔伯特提醒我,马克思在《政治经济学批判》序言中说:"这些生产关系的总和构成了社会的经济结构。"见,Tucker, Preface to A CONTRIBUTION TO THE CRITIQUE OF POLITICAL ECONOMY, at 4. 吉尔伯特写道:"父权制、资本主义和帝国主义都是基本的生产关系,而且……每一种都有其必要的压迫形式。如果我们不接受并推翻这三种相互关联、互为条件但仍在形式上具有某种程度的差异,就不会有任何人类解放。我们都在一个监狱里,其中有父权制、资本主义和帝国主义的基础和加固支柱,还有许多其他更具体的牢房将我们分散开来。"见,"大卫·吉尔伯特写给辛西娅·G. 鲍曼的信"(2015)(评论了本文的草稿)。或许吉尔伯特的监狱镜像是前文描述的双重理论或统一理论之间如何选择的恰当解决方案。

[291] 最近有人提醒我,不仅父权制是必须破坏的生产关系,帝国主义和生态灭绝也是如此。Interview with David Gilbert, *Auburn Correctional Facility*, in Auburn, N. Y. (Dec. 23, 2014).

对潜在利益的敏感不可避免。接下来将探讨的是经济危机对社区的破坏与对女性的暴力之间的联系。

这远非女权主义法学理论可以从社会主义女权主义中引入实质性见解的全部,我希望我们能从社会主义女权主义中获悉更多。社会主义女权主义也提出诸多可有效改变女性法律、政治、社会及经济地位的策略。早期的社会主义女权主义理论家都强调种族、性别及阶级间的相互关系。优先考虑将不同群体女性的利益相结合的问题,这对建立群体间联盟至关重要。此外,社会主义女权主义理论家强调改变,以改善女性生活,同时也树立集体意识。因此,除简单增加女性精英群体应当享有的权利外,重点应为改革,以改善多数女性的生活,尊重她们共同的意愿,也增加她们的权利和权利意识。齐拉·艾森斯坦等社会主义女权主义著作家提出,通过零碎的改革以加剧女性生活和经济间的矛盾是一件好事,因为从长远看,这将提升女性的意识,使她们成为一股系统性变革的力量,因为在她们的一生中,繁荣的条件都需此种重大转变。从这个意义上讲,社会主义意味着对冲突也有一定的容忍,并认识到任何涉及更多分享财富和特权的重大长期变革都需要对抗。与此同时,社会主义女权主义也为跨越身份差异的大团结意识提供了基础,这在当今的女权运动中尤为重要。

这将对我们的研究和写作产生何种影响?以一篇反映社会主义女权主义方法的法律评论文章为例(原文虽未声明),即坦尼娅·洛弗尔·班克斯所写的《迈向全球批判的女权主义视野:家务劳动和保姆税争论》。[292] 这篇文章讨论了两名被提名为美国总检察长的女性,她们因雇用无证女性为保姆且未支付社会保险工资从而被要求退出考虑时所引发的公众和立法辩论。[293] 从马里恩·克雷恩对艾莉森·贾格尔的《女权主义政治与人性》一文摘要的描述中,可以看出她只是熟悉社会主义女权主义[294],但班克斯着手解决这种做法所产生的问题,即在家庭分工中将女性的任务归之于照顾孩童,并将此划归为私人领域[295],工作场所的劳动结构要求渴望与男性同等的职业女性可

---

[292] Taunya Lovell Banks, *Toward a Global Critical Feminist Vision: Domestic Work and the Nanny Tax Debate*, 3 J. GENDER, RACE & JUST. 1 (1999).

[293] 同上,第2—4页。

[294] 见,同上,第39页,FEMINIST POLITICS AND HUMAN NATURE (1983)。[向贾格尔提供了克雷恩的引证,FEMINIST POLITICS AND HUMAN NATURE (1983), at 124。]

[295] 同上,第6—11页。

以雇用另一名全职女性以照顾她们的孩子[296],这种照料在地位和工资方面均被低估,并且监管不到位[297]。由于贫穷国家工作岗位的缺乏,移民女性作为低收入儿童保育工作者的市场全球化[298],并且种族、公民身份以及阶级问题充斥该市场[299]。班克斯不希望采取集体行动以解决家政工人的处境,这不仅因为这些劳动女性之间种族和公民身份的分歧,也因为她们工作的孤立性。[300] 然而,克雷恩的分析对女权主义法学来说是一个巨大贡献,这种分析表明从社会主义女权主义观点出发之视野的敏锐性。

我相信现在是接受这些洞见的时候了。这不仅是因为她们所提供的批评性分析与21世纪女性所面临的问题息息相关,也是由于社会主义可能比过去几十年更易于接受。大量年轻人对伯尼·桑德斯的总统竞选作出回应,他们公开呼吁社会主义,这使许多观察者感到惊讶。反映在"占领"运动中的对不平等和经济的新关注与前几十年的公开辩论形成了鲜明的对比。正如美国《国家》(*The Nation*)杂志的一位作者所言,2008年的金融危机使资本主义无法应对,其对社会中年轻成员造成的损失尤为严重。[301] 这就催生了一批年轻的记者和博客作者,他们开始自称为马克思主义者。[302] 此外,法学教授和政治学者也开始挑战神圣不可侵犯的美国宪法,认为其陈旧的结构阻碍了为维持当代民主所必须采取的行动。[303]

最近的历史似乎表明,民主与资本主义的基本原则不相容,且在当前的经济和政治制度下无法实现有效和平等的自由。自2008年金融危机和总统与国会之间形成持续僵局以来,美国学术界和社会已开始重新审视我们的经济和宪政制度之根本预设。另外,资本主义与更大的平等和更大的民主之间的推定联系已受到严重挑战,并已成为公众讨论的议题。托马斯·皮克迪(Thomas

---

[296] FEMINIST POLITICS AND HUMAN NATURE (1983),at 21-24.
[297] 同上,第11—14页。
[298] 同上,第30—36页。
[299] 同上,第18—21、24—29页。
[300] 同上,第40页。
[301] Timothy Shenk, *What Was Socialism?*, NATION, May 5, 2014, at 27, 30-31.
[302] 同上,第31—32页。
[303] 见,例如,ROBERT A. DAHL, HOW DEMOCRATIC IS THE AMERICAN CONSTITUTION? (2001); DANIEL LAZARE, THE FROZEN REPUBLIC: HOW THE CONSTITUTION IS PARALYZING DEMOCRACY (1996); SANFORD V. LEVINSON, OUR UNDEMOCRATIC CONSTITUTION: WHERE THE CONSTITUTION GOES WRONG (AND HOW WE THE PEOPLE CAN CORRECT IT) (2006); Jeffrey Toobin, *Our Broken Constitution*, NEW YORKER, Dec. 9, 2013, at 64-73。

Piketty)在 2014 年出版的《二十一世纪资本论》一书在《纽约时报》畅销书排行榜上持续数月,该书展现了在政府干预缺位的情况下,经济不平等不断加剧的历史和必然性。同时,至少从 2002 年起,该书的大部分研究都出现于保罗·克鲁格曼(Paul Krugman)在《纽约时报》的专栏中。[304] 此外,据《纽约时报》报道,"2014 年 100 本著名书籍"的其中一本认为,在当前的资本主义和政治体系下气候灾难无法避免。[305] 简言之,我认为引入挑战新自由主义和新资本主义预设的批判理论的时机已成熟,社会主义女权主义正是这样一种理论。

结论

本文意在重新审视现代女权主义思想中的一个重要分支,并将其运用于法律理论。在公民权利和反战运动背景下,社会主义女权主义从女性运动和新左翼之间的对抗中产生了一种充满活力的争论传统。社会主义女权主义理论家提出了一个概念框架,这种框架对性别权力关系提供了另一种理解,这对理解法律及法律变革都很重要。这一观点对当代女权主义法律理论具有指导意义,因为基本制度再次受到了挑战。本文描述了 1975—1983 年发展起来的社会主义女权主义经典著作的基本洞见,并试图说明这些洞见如何丰富了今天的女权主义法律理论。我还注意到,法学界对社会主义女权主义理论关注不够,只有凯瑟琳·麦金农在认真地对待社会主义女权主义,但她却不同意其观点,而其他女权主义法学家基本未吸收 20 世纪 60—80 年代社会主义女权主义理论家作出的宝贵智识贡献。

然而,从某种意义上讲,社会主义女权主义的价值观和目标已经激励了许多当代女权主义法律学者的工作。我想到的女权主义法学家是:罗宾·韦斯特,她坚持正义与关怀间的联系[306];玛莎·法曼,她发展了脆弱性理论[307];

---

[304] 见,例如,Paul Krugman, *For Richer*, N. Y. TIMES (Oct. 20,2002), http://www. nytimes. com/2002/10/20/magazine/for-richer. html? pagewanted = all (last visited Oct. 21,2016)(包含"移民保姆照料和特权生育"的讨论)。

[305] NAOMI KLEIN,THIS CHANGES EVERYTHING:CAPITALISM VS. THE CLIMATE (2014);见,100 *Notable Books of* 2014, N. Y. TIMES (Dec. 2,2014), http://www. nytimes. com/2014/12/07/books/review/100-notable-books-of-2014. html? _r = 0 (last visited Sept. 25,2016)。

[306] ROBIN WEST,CARING FOR JUSTICE (1997)。

[307] MARTHA ALBERTSON FINEMAN, THE AUTONOMY MYTH: A THEORY OF DEPENDENCY (2004); Martha Albertson Fineman, *Cracking the Foundational Myths: Independence, Autonomy, and Self Sufficiency*, in FEMINISM CONFRONTS HOMO ECONOMICUS: GENDER, LAW, AND SOCIETY 179-92 (Martha Albertson Fineman & Terence Dougherty eds. ,2005) [hereinafter FEMINISM CONFRONTS HOMO ECONOMICUS]。

琼·威廉姆斯,她的研究打破了不同领域的意识形态并展现了其与家庭生活和阶级的关系[308],以及像玛莎·麦克劳斯基这样着眼于经济和阶级的人[309]。此外,对社会主义女权主义经典的引用又开始出现在一些法律评论的脚注甚至文本中。[310]

探讨女权主义法律理论在多大程度上吸收了而不只是参考了社会主义女权主义已超出了本文的范围。[311] 也许我们中的许多人实际上都是潜在的社会主义女权主义者。然而,承认女性在 20 世纪七八十年代的实践中提出的社会主义女权主义理论的智识贡献,对这种理论作必要的改进并将其用来分析当代女性所面临的诸多关键问题,这样女权主义法律理论才能得以提升。

(责任编辑:邱昭继)

---

[308] JOAN C. WILLIAMS, RESHAPING THE WORK-FAMILY DEBATE: WHY MEN AND CLASS MATTER (2010);另见, Laura T. Kessler, *Feminism for Everyone*, 34 SEATTLE UNIV. L. REV. 679 (2011)(讨论了威廉姆斯的书)。

[309] Martha T. McCluskey, *Deconstructing the State-Market Divide: The Rhetoric of Regulation from Workers' Compensation to the World Trade Organization*, in FEMINISM CONFRONTS HOMO ECONOMICUS, GENDER, LAW, AND SOCIETY 179-92 (Martha Albertson Fineman & Terence Dougherty eds., 2005) [hereinafter FEMINISM CONFRONTS HOMO ECONOMICUS], at 147-7; Martha T. McCluskey, *The Politics of Economics in Welfare Reform*, in FEMINISM CONFRONTS HOMO ECONOMICUS, GENDER, LAW, AND SOCIETY 179-92 (Martha Albertson Fineman & Terence Dougherty eds., 2005) [hereinafter FEMINISM CONFRONTS HOMO ECONOMICUS], at 193-224;另见, Laura T. Kessler, *Getting Class*, 56 BUFF. L. REV. 915 (2008)。

[310] 见, Kessler, *Feminism for Everyone*, 34 SEATTLE UNIV. L. REV. 679 (2011), at 688-90 n. 71(讨论了 20 世纪 70 年代的社会主义女权主义经典); Naomi S. Stern, *The Challenges of Parental Leave Reforms for French and American Women: A Call for a Revived Feminist-Socialist Theory*, 28 VT. L. REV. 321, 339-40 (2004);另见, Janet Halley, *Sexuality Harassment*, in LEFT LEGALISM/LEFT CRITIQUE 81 (Wendy Brown & Janet Halley eds., 2002)("现在是回归社会主义女权主义者对左翼法理学理解的时候了"); Risa L. Lieberwitz, *Contingent Labor: Ideology in Practice*, in FEMINISM CONFRONTS HOMO ECONOMICUS, GENDER, LAW, AND SOCIETY 179-92 (Martha Albertson Fineman & Terence Dougherty eds., 2005), at 324-37; Vicki Schultz, *Reconceptualizing Sexual Harassment*, 107 YALE L. J. 1683, 1758 n. 402 (1998)(提到了海迪·哈特曼的早期著作)。

[311] 我原本打算在这篇文章中更全面地讨论这个问题,更详细地论述社会主义女权主义在社会科学和人文科学领域的现状,但是当对此问题的探讨超出了法律评论文章的适当范围时,我决定推迟对这些问题的斟酌,留待以后再论。

女权主义批判理论[*]

黛博拉·L. 罗德[**]

摘　要：女权主义理论和批判法学关系密切：它们在政治层面上都力求促进男女平等；在实质层面上，都将性别问题作为分析的重点，试图重构排斥、贬低、损害女性关切的法律实践；在方法论层面上，这些理论都希望用符合女性经验的方式去描述世界，并主张为实现性别平等所必需的基本社会变革。然而，两者也存在重要的区分，在理论前提上，两者与后现代主义的关系并不相同；两者对自由主义的批判也存在差异；对权利作用的认识上亦各不相同。总之，女权主义批判理论与其他批判法律理论处于对抗与结盟的张力之中。

关键词：马克思主义　批判理论　女权主义

海迪·哈特曼曾把马克思主义和女权主义的关系类似于英国法律下的夫妻关系，她说，"马克思主义和女权主义是一体的，统一于马克思主义"。在

---

[*]　文章原载于 *Stanford Law Review*，1990，42（3）：617-638。谨此感谢 Peter Chadwick, Katharine Bartlett, Thomas Grey, Regenia Gagnier, Henry Greely, Mark Kelman, Christine Littleton, Frances Olsen, Robert Post, Carol Sanger, Reva Siegel, William Simon, and John Stick 的评论。本文的翻译获得了 Deborah L. Rhode 教授和 *Stanford Law Review* 编辑部的授权。

[**]　黛博拉·L. 罗德（Deborah L. Rhode），耶鲁大学文学士和法律博士，斯坦福大学法学院教授、斯坦福大学女性与性别研究中心主任。
本文由林芳翻译。林芳，西北政法大学法学理论专业 2017 级研究生。

哈特曼看来,"我们要么需要更健康的婚姻,要么离异"[1]。在回应这个比喻时,格洛丽亚·约瑟夫强调黑人妇女被排斥在婚姻之外,并将马克思主义、女权主义和少数派视角的相互关系联结为一种"紧密的三角恋关系(menage à trois)"[2]。

批判性法律研究与女权主义之间的关系也引起了类似的关切。这篇文章的源起就是一个很好的例子,这篇文章即是为一本批判性法律研究的选集提供女权主义视角的尝试。[3] 这种尝试在某些方面是存在问题的,几乎任何关于这两种理论的系统论述都存在使其广泛观点同质化的风险。而且,在"女性问题"上的单独讨论,已成为表征左翼政治运动的象征性传统。[4]

在这些风险当中,有一项是很难争辩的:女权主义是把性别作为分析的核心范畴,然而批判性法律研究的核心概念却不是这样。[5] 虽然批判性法律研究的一些理论中存在(尽管不是主要的)一些基于性别从属关系和女权主

---

[1] Heidi Hartmann, *The Unhappy Marriage of Marxism and Feminism: Toward a More Progressive Union*, in WOMAN AND REVOLUTION 2,2 (L. Sargent ed. 1981).

[2] Gloria Joseph, *The Incompatible Menage á Trois: Marxism, Feminism and Racism*, in WOMAN AND REVOLUTION. Heidi Hartmann, *The Unhappy Marriage of Marxism and Feminism: Toward a More Progressive Union*, in WOMAN AND REVOLUTION 2,2 (L. Sargent ed. 1981), at 91.

[3] Deborah Rhode, *Feminist Critical Theories*, in CRITICAL LEGAL THEORY-(J. Stick ed. 1990).

[4] 马克思主义、社会主义和批判理论的不足之处在于对"妇女问题"的处理,见,RICHARD J. EVANS, THE FEMINISTS 156-77 (1977);1 PHILIP S. FONER, WOMEN AND THE AMERICAN LABOR MOVEMENT 133, 271-85 (1979);Nancy Fraser, *What's Critical About Critical Theory: The Case of Habermas and Gender*, 35 NEW GERMAN CRITIQUE 97 (1985), *reprinted* in FEMINISM AS CRITIQUE 31 (S. Benhabib & D. Cornell eds. 1987);SUSAN MOLLER OKIN, JUSTICE, GENDER AND THE FAMILY-(1989);BARBARA TAYLOR, EVE AND THE NEW JERUSALEM: SOCIALISM AND FEMINISM IN THE NINETEENTH CENTURY ix-xviii, 217-60 (1983). 见 ALISON M. JAGGAR, FEMINIST POLITIICS AND HUMAN NATURE (1983);Carrie Menkel-Meadow, Feminist Legal Theory, Critical Legal Studies, and Legal Education or "The Fem-Crits Go to Law School,"38 J. LEGAL EDUC. 61 (1988);Robin West, Deconstructing the CLS-Fem Split, 2 WIS. WOMEN'S L. J. 85(1986). 调查这些运动的知识史上的沉默也是有益的。例如,杰伊对法兰克福学派的索引中没有找到女性、性别或女权主义的条目。见 MARTIN JAY, THE DIALECTICAL IMAGINATION(1973)。

[5] 见,Carrie Menkel-Meadow, *Feminist Legal Theory, Critical Legal Studies, and Legal Education or "The Fem-Crits Go to Law School,"* 38 J. LEGAL EDUC. 61 (1988);Robin West, Deconstructing the CLS-Fem Split, 2 WIS. WOMEN'S L. J. 85(1986). 早期的批判性法律研究文集中并不探讨性别问题,不包括以女权主义为核心主题的论文,有的也只是象征性地提及女权主义几篇文章。相关的文集参见,例如,THE POLITICS OF LAW: A PROGRESSIVE CRITIQUE (D. Kairys ed. 1982);*Critical Legal Studies Symposium*, 36 STAN. L. REV. 1 (1984);CARDOZO L. REV. 691(1985)(批判性法律研究研讨会)。

义的研究,但是大多数批判性法律研究的理论和它所依赖的传统并没有重点关注性别不平等。那么,女权主义者为什么还要继续参与到批判法学的讨论中来?因为在批判性法律研究当中,他们的观点只是被提及但没有被综合性研究,被区分但没有被平等对待。

为批判性法律研究提供"女性视角"的尝试也有可能导致女权主义自身的边缘化。实际上,女权主义者需要解释他们的观点与其他相关的批判性法律研究理论或主流的法学理论有何不同。这种尝试也被以讨论女性问题为典型特征的传统法律理论施加了相同的限制。分析的主题一直围绕着女性与男性的相同或不同,而男性仍然默认是分析的标准。[6]

在过去的十年中,性别以及种族和族裔问题是几次全国批判性法律研究会议的主要议题,这些问题越来越多地出现在批判性法律研究活动中,女权主义的理论家们组织的区域共同体也关注了相似的主题。越来越多的女权主义者和批判种族主义者也沿着平行、交叉和挑战的批判法学理论路线发展起来。[7]

本文描绘了这些学术流派之间的关系。虽然没有一个简短的概述能够充分地反映在这种标签下共存的学术范围,但至少可以确定一些目标、方法和关注方向。本文的目的既不是发展某种统一的宏大理论,也不是简单地将女性主义与其他批判主义进行比较。相反,文章避免普遍主义或本质主义的主张,强调多元流派的重要性,并产生社会变革的具体策略。

---

[6] 关于女权主义观点在法律界的边缘化和同质化的讨论,见,例如,Deborah L. Rhode, The *"Woman's Point of View,"* 38 J. LEGAL EDUC. 39(1988), and companion articles in that symposium, as well as in *Gender and the Law*, 40 STAN. L. REV. 1163(1988)。关于性别差异的问题,见, CATHARINE A. MACKINNON, FEMINISM UNMODIFIED 32-45 (1987); DEBORAH L. RHODE, JUSTICE AND GENDER 117-25 (1989); Deborah L. Rhode, *Definitions of Difference*, in THEORETICAL PERSPECTIVES ON SEXUAL DIFFERENCE 197(D. Rhode ed. 1990); Lucinda M. Finley, *Transcending Equality Theory: A Way Out of the Maternity and the Workplace Debate*, 86 COLUM. L. REV. 1118(1986); Ann E. Freedman, *Sex Equality, Sex Differences, and the Supreme Court*, 92 YALE L. J. 913 (1983); Herma Hill Kay, *Models of Equality*, 1985 U. ILL. L. REV. 39; Sylvia A. Law, *Rethinking Sex and the Constitution*, 132 U. PA. L. REV. 955(1984); Christine A. Littleton, *Reconstructing Sexual Equality*, 75 CALIF. L. REV. 1279(1987); Stephanie M. Wildman, *The Legitimation of Sex Discrimination: A Critical Response to Supreme Court Jurisprudence*, 63 OR. L. REV. 265 (1984)。

[7] 见, Menkel-Meadow, Carrie Menkel-Meadow, Feminist Legal Theory, Critical Legal Studies, and Legal Education or "The Fem-Crits Go to Law School," 38 J. LEGAL EDUC. 61(1988); Robin West, Deconstructing the CLS-Fem Split, 2 WIS. WOMEN'S L. J. 85(1986); *Minority Critiques of the Critical Legal Studies Movement*, 22 HARV. C. R. -C. L. L. REV. 297 (1987); *Voices of Experience: New Responses to Gender Discourse*, 24 HARV. C. R. -C. L. L. REV. 1 (1989)。

接下来的讨论集中在一些可以宽泛地定义为女权主义批判理论的著作上。虽然女权主义和批判性法律研究在很多方面存在着不同,但还是有着共同的三个核心任务:在政治层面上,力求促进男女平等;在实质层面上,女权主义批判理论将性别问题作为分析的重点,试图重构排斥、贬低、损害女性关切的法律实践;在方法论层面上,这些理论希望用符合女性经验的方式去描述世界,并主张实现性别完全平等所必须的基本社会变革。这些任务在大多数情况下是相互促进的,但偶尔会朝着不同的方向发展。本文探讨了女权主义者寻求融合政治议题的多种方式,并独立于群体认同和法学家策略,甚至在某种程度上采取怀疑两者的方式。

女性主义批判理论与其他理论的不同之处在于,它既关注性别平等,又坚信在现有的意识形态和体制结构下不可能实现男女平等。这种研究方法与其他理论部分重叠,并经常借鉴其他批判流派,如批判性法律研究和种族批判学。在最普遍的层面上,这些理论有一个共同的目标:挑战现有的权力分配。它们在针对传统自由主义法律理论的特定前提时,还经常采用类似的解构或叙事方法。每一传统之下都包括内在的和外在的两种批判思路。一些理论家将注意力集中于传统法律理论在融贯性、一致性和合法性标准方面的不足。一些理论家强调法律意识形态在使不公正的社会条件合法化方面的作用。然而,这些传统在这些具体主题当中又有很大的不同,例如它们对自由主义法律理论的批判,对具体的社会变革策略以及替代性社会愿景。

一、理论前提

女权主义批判理论和其他批判理论一样,是建立在现今使理论化变得更加困难的社会理论之上。后现代、后结构主义影响了左翼法律评论家预先假定的社会建构理论。[8] 这些理论的批判者不同程度地否认建立任何普遍批判基础的可能性。从整体上看,他们的理论强调了文化、历史和语言建构中人的身份和社会经验的作用。[9]

但是,这样一种理论立场也限制了它对权威的期待。对女权主义者而言,后现代主义的悖论制造了理论派系和理论上的困境。左翼理论的支持者面临着一种尴尬的境地,因为坚持性别压迫的存在会压缩我们的论证空间。[10] 这样的尴尬在某些著作当中尤其明显,它们断言性虐待的普遍存在毫无疑问,同时又质疑采取任何客观度量的可能性。[11]

举个很明显的例子,女权主义者曾指出在量化强奸的频率和质疑强奸统

---

[8] 像弗朗索瓦·利奥塔这样的批判人士援引了后现代主义术语描述当代人们对传统的宏大叙事信念的崩溃。自启蒙运动以来,后设叙事一直在寻求发展客观科学、普遍道德和自主艺术的原则。为了讨论后现代主义的否定,即通过理性或人类本质来获得的分类、非偶然、抽象的理论可以作为知识的基础,见,JEAN FRANCOIS LYOTARD, THE POSTMODERN CONDITION (1984); POST-ANALYTIC PHILOSOPHY (J. Rajchmand & C. West eds. 1985); Nancy Fraser & Linda Nicholsen, *Social Criticism Without Philosophy*: *An Encounter Between Feminism and Postmodernism*, in UNIVERSAL ABANDON?: THE POLITICS OF POSTMODERNISM 83 (A. Ross ed. 1988); Sandra Harding, *The Instability of the Analytical Categories of Feminist Theory*, 11 SIGNS 645 (1986); David Luban, *Legal Modernism*, 84 MICH. L. REV. 1656 (1986); Robin West, *Feminism*, *Critical Social Theory and Law*, 1989 U. CHI. LEGAL F. 59。起源于并促成了后现代传统的后结构主义曾提及的解释理论认为,意义是一种文化建构,由语言或符号形式的安排所调和。后结构主义与其他解释学派的区别在于,这些安排是不稳定的,而且是保守的,读者创造而不是简单地发现意义。完整的观点,见,CHRISTOPHER NORRIS, DECONSTRUCTION: THEORY AND PRACTICE (1982); Peter Fitzpatrick & Alan Hunt, *Critical Legal Studies*: *Introduction*, 14 J. L. & SOC'Y 1 (1987); David Kennedy, *Critical Theory*, *Structuralism and Contemporary Legal Scholarship*, 21 NEW ENG. L. REV. 209 (1986)。

[9] JEAN FRANCOIS LYOTARD, THE POSTMODERN CONDITION (1984); POST-ANALYTIC PHILOSOPHY (J. Rajchmand & C. West eds. 1985); Jane Flax, *Postmodernism and Gender Relations in Feminist Theory*, 12 SIGNS 621 (1987)。批判性法律研究学者们以不同的方式作出了回应,范围涉及罗伯特·昂格尔和尤尔根·哈贝马斯继续接受普遍性主张,以及邓肯·肯尼迪对解构主义的依赖。对比 ROBERTO MANGABEIRA UNGER, KNOWLEDGE AND POLITICS (1975) 和 JURGEN HABERMAS, LEGITIMATION CRISIS (1975) 和 Peter Gabel & Duncan Kennedy, *Roll Over Beethoven*, 36 STAN. L. REV. 1 (1984)。

[10] 正如 Nancy Cott 评论道:"在解构意义分类的过程中,我们不仅解构了'女性'和'真相'的男权定义,同时也解构了我们自己对'女性''女权主义''压迫'的分析。"[引用于 Frances E. Macia-Lees, Patricia Sharpe & Colleen Ballerino Cohen, *The Postmodernist Turn in Anthropology*: *Cautions From a Feminist Perspective*, 15 SIGNS 7, 27 (1989)。]

[11] 对比 CATHARINE A. MACKINNON, FEMINISM UNMODIFIED 32-45 (1987), at 81-92 (探讨强奸和性暴力的社会结构) 和同上,第 23 页 (关于它的普遍性的事实)。又见,CATHARINF. A. MACKINNON, TOWARD A FEMINIST THEORY OF THE STATE 100 (1989) (承认而非探索这个难题)。

计数据所依据的传统定义中存在的问题。被熟人性侵犯的受害者在问道"您是否被强奸?"时,通常会回答,"是(well)……不完全是(not exactly)"。在"是"与"不完全是"之间的停顿,表明了法律理解和社会经验在"强奸"概念上的差距,以及性虐待数据的构建方式,而不是简单的数据收集。[12]

尽管人们对这一困境的反应千差万别,但女权主义的策略却值得被提及。最简单的方法是拒绝处理这个问题(至少在惯常表达的抽象层次上)。革命不会用利奥塔《后现代状况》的口号来做,最需要说服的听众们很少对认识论上的担忧感兴趣。对现存的意识形态和制度的批判可以按照他们自己的标准进行,不需要对哲学知识进行详细的讨论。然而,即使从纯粹的实用主义观点来看,有一点自知之明对我们世界观的基础与缓解政治和理论之间的紧张关系是有帮助的。

对女权主义权威的质疑,女权主义批判者最常见的回应依赖于经验分析。这种方法主要借鉴了当代女权主义组织中的意识提升技巧,但也借鉴了实用主义哲学理论。一个标准的实践是从具体的经验开始,将这些经验整合到理论中,再依靠理论来加深对经验的理解。[13] 正如凯莎琳·巴特利(Katharine Bartlett)所强调的那样,女权主义批判理论的一个显著特征是基于实际问题来开展实践推理。[14] 这种理论不是从抽象的原则和包罗万象的概念方案中推导出来的,而是在实际问题的基础上建立起来的。许多女权主义的法律批判家注重叙事手法而以自身体验来表达制度化的不公平。[15] 即使那些最拘泥于广泛的明确主张的评论家,通常也会把他们的作品建立在色情描写

---

[12] 关于"不完全是"的讨论,见,同上和 DIANA E. H. RUSSELL, RAPE IN MARRIAGE 44-48, 207 (1982)。

[13] 根据凯瑟琳·麦金农的观点,"意识提升是主要的分析方法、组织结构、实践方式和女性运动的社会变化理论"。见,Catharine A. MacKinnon, *Feminism, Marxism, Method and the State: An Agenda for Theory*, 7 SIGNS 515, 519 (1982); 又见,Nancy Hartsock, *Fundamental Feminism: Process and Perspective*, 2 QUEST 67, 71-79 (1975); Elizabeth M. Schneider, *The Dialectic of Rights and Politics: Perspectives from the Women's Movement*, 61 N. Y. U. L. REV. 589, 602-03 (1986)。

[14] 见,例如,the work of Amelie Rorty, discussed in Katharine T. Bartlett, *Feminist Legal Methods*, 103 HARV. L. REV. 829 (1990); Margaret Jane Radin, *The Pragmatist and the Feminist*, 63 S. CAL. L. REV-(1990)。

[15] 见,例如,Patricia Williams, *Spirit Murdering the Messenger: The Discourse of Finger pointing as the Law's Response to Racism*, 42 U. MIAMI L. REV. 127 (1987); Mari J. Matsuda, *Public Response to Racist Speech: Considering the Victim's Story*, 87 MICH. L. REV. 2320 (1989); Robin L. West, *The Difference in Women's Hedonic Lives: A Phenomenological Critique of Feminist Legal Theory*, 3 WIS. WOMEN'S L. J. 81 (1987)。

或性骚扰的生活经历中,而非扎根于对布莱克斯通注疏的深层结构,抑或西方政治思想的根本矛盾。[16]

在某种程度上,关注实用主义也反映了女权主义法学理论的历史起源和当代研究方向。与源于法学院在当代马克思主义宏大理论和法兰克福学派启发下开展的批判性法律研究运动不同,女性主义法学理论出现在群众性政治运动的背景下。在美国,这场斗争在很大程度上激发了女权主义的思想灵感,不是来自总体概念计划,而是来自为具体实质性问题提供指导的努力。正如卡丽门克·梅兰所指出的,女权主义的力量源自被支配的现实经验和对这种经验的具体反应,而不仅仅是源自对支配过程的思考。[17] 关注女性的实际情况有助于加强女性主义政治与理论议题之间的联系,但这也给其自身带来了一系列的困境。批评者们如何通过女性对不同经验的不同看法建立一种统一的政治和理论立场,又是什么赋予这种立场特殊的权利呢?

第一个问题源于女权主义方法论中长期存在的紧张关系。女权主义的独特力量在于其声称站在女性经验的基础上发言。但是,这种经验在时间、文化、阶级、人种、种族、性取向和年龄等因素的影响下具有敏感性。正如玛莎·米诺所指出的:"在认知上,我们需要简化分类,统一的'女性'类别有助于组织她们的体验,尽管这可能付出否认其中一些的代价。"[18] 然而,对于一些支持者,尤其是那些非白人、异性恋者和经济上享有特权的人来说,这种代价让人望而却步,因为他们的经验往往被否认。

这个问题在"虚假意识"的讨论中有了一个延伸。坚持经验分析的女权主义者如何回应那些以与她们的经验背道而驰为理由拒绝女权主义基本前提的女性。在一篇早期文章的脚注中,凯瑟琳·麦金农指出:

> 女权主义渴望代表所有女性的经历,但批判反女权主义和厌女主义,包括这些以女性形式出现的时候……[常规反应]一些女性对

---

[16]　见,Duncan Kennedy,*The Structure of Blackstone's Commentaries*,28 BUFFALO L. REV. 205 (1979); R. M. UNGER,ROBERTO MANGABEIRA UNGER,KNOWLEDGE AND POLITICS(1975)。

[17]　见,Carrie Menkel-Meadow,*Feminist Legal Theory,Critical Legal Studies,and Legal Education or "The Fem-Crits Go to Law School,"*38 J. LEGAL EDUC. 61(1988),at 61;又见,Catharine A. MacKinnon,*Feminism,Marxism,Method and the State:An Agenda for Theory*,7 SIGNS 515,519(1982),也见,Robin L. West,*The Difference in Women's Hedonic Lives:A Phenomenological Critique of Feminist Legal Theory*,3 WIS. WOMEN'S L. J. 81 (1987)。

[18]　Martha Minow,*Feminist Reason:Getting It and Losing It*,38 J. LEGAL EDUC. 47,51(1988).

她们的压迫是处于某种无意识的状态,甚至和压迫者串通一气……这种方法极大地批判了那种把它当作决定因素来解释的观点。但是,如果女权主义和反女权主义都是对女性状况的回应,那么女权主义是如何在同样的情况下不受女性自身的影响?光是说明女权主义是至关重要的,而反女权主义不重要,这还不够,因为问题在于我们是在分享相似女性状态的前提下,对同意还是不同意作出选择。[19]

尽管麦金农提出了这个问题,她却没有去解决它。正如许多女权主义评论家所指出的那样,麦金农从未利用她依赖的经验主义的方法论去调和她对反对者无情的谴责。[20]

这个问题值得更密切地关注,因为现在的调查研究表明绝大多数女性并没有像大多数女权主义者所描述的那样去经历这个世界。[21] 这些女权主义者也不同意她们之间关于女性关注的经验描述应该控制在涉及色情、卖淫、

---

[19] Catharine A. MacKinnon, *Feminism, Marxism, Method and the State: An Agenda for Theory*, 7 SIGNS 515, 519(1982), at 637 n. 5. 相似的观点,见 CATHARINF. A. MACKINNON, TOWARD A FEMINIST THEORY OF THE STATE 100(1989), at 115-16。

[20] 见, Robin L. West, *The Difference in Women's Hedonic Lives: A Phenomenological Critique of Feminist Legal Theory*, 3 WIS. WOMEN'S L. J. 81 (1987), at 117-18。对麦金农观点的评论,见 *On Collaboration*, in FEMINISM UNMODIFIED, CATHARINE A. MACKINNON, FEMINISM UNMODIFIED 32-45 (1987), at 198-205, 见 Katharine T. Bartlett, *Mackinnon's Feminism: Power on Whose Terms?* (书评), 75 CALIF. L. REV. 1559, 1564 (1987); Christina B. Whitman, *Law and Sex* (书评), 86 MICH. L. REV. 1369, 1399-1400(1988). 见 generally Ruth Colker, *Feminism, Sexuality, and Self. A Preliminary Inquiry Into the Politics of Authenticity*, 68 B. U. L. REV. 217(1988); 见 Angela P. Harris, *Race and Essentialism in Feminist Legal Theory*, 42 STAN. L. REV. 581 (1990); 见 Christine A. Littleton, *Feminist Jurisprudence: The Difference Method Makes* (书评), 41 STAN. L. REV. 751 (1989); 见 Frances Olsen, *Feminist Theory in Grand Style* (书评), 89 COLUM. L. REV. 1147(1989)。

[21] 见,例如, DEBORAH L. RHODE, JUSTICE AND GENDER 117-25(1989), at 66(1989); Lisa Belkin, *Bars to Equality of Sexes Seen as Eroding Slowly*, N. Y. Times, Aug. 20, 1989, at 1, 16(61%的妻子认为丈夫在家务劳动中所占的比例低于平均水平;在全职工作的女性中,有70%的人认为女性的晋升机会比工作的男性要高;只有39%的黑人女性和22%的白人女性认为有组织的女性团体让她们的生活更美好); *Rosy Outlook Among Women Ages 18 to 44*, San Francisco Examiner, Aug. 23, 1988, at A7, col. 3(发现近90%的生育年龄的女性对自己的生活感到满意)。更多研究,见 SPOUSE, PARENT, WORKER: ON GENDER AND MULTIPLE ROLES(F. Crosby ed. 1987)。

代孕母亲或产假等纠纷中。[22]

一个相关的问题是,经验性的描述如何能获得特别的权威。对于这个问题,大多数人的回答无非三种方法。第一种方法是将排斥和从属的经验作为特殊洞察力的来源。根据门克-梅兰的观点,"女权主义的批判从被压迫者、被支配者和被贬低者的经验角度出发,而一些人认为,批判性法律研究开始于一个男性构建并拥有特权的社会,在这里,支配和压迫可以被描述和想象,但不一定完全能经验到"[23]。然而这样的"立场",如果没有被限定,就会呈现出特权问题。还有一个问题是谁的观点是可信的,因为并不是所有的女性都认为自己的处境是被支配的状态,也并非所有人都同意被支配这一说法。而且,性别不是导致压迫的唯一来源。其他形式的从属关系,最明显的有阶级、种族、民族和性取向,这样都可以产生相似的压迫。在某些情况下,这种压迫在两方相互竞争中产生。毕竟对特权而言,任何一种特质都有阻碍团结和低估构成我们身份的其他力量的可能。[24]

第二种方法是主张女性的独特属性可以促进一种独特的理解方式。例如,罗宾·韦斯特认为:

> 毫无疑问,我们并没有办法确定女性拥有通向更加公平、更多关心、更舒适、更有爱、更道德生活方式的特殊通道,这是男女共同

---

[22] 关于色情作品的差异,对比 Robin West, Deconstructing the CLS-Fem Split, 2 WIS. WOMEN'S L. J. 85(1986), at 134-39 with CATHARINE A. MACKINNON, FEMINISM UNMODIFIED 32-45 (1987), at 127-213。关于生育政策,对比 Lucinda M. Finley, Transcending Equality Theory: A Way Out of the Maternity and the Workplace Debate, 86 COLUM. L. REV. 1118(1986), Herma Hill Kay, Equality and Difference: The Case of Pregnancy, 1 BERKELEY WOMEN'S L. J. 1(1985), and Reva B. Siegel, Employment Equality Under the Pregnancy Discrimination Act of 1978, 94 YALE L. J. 929 (1984-1985)(student author) with Nadine Taub, From Parental Leaves to Nurturing Leaves, 13 N. Y. U. REV. L. & SOC. CHANGE 381(1985) 和 Wendy W. Williams, Equality's Riddle: Pregnancy and the Equal Treatment/Special Treatment Debate, 13 N. Y. U. REV. L. & SOC. CHANGE 325 (1984-85)。关于代孕的不同,见 sources cited in DEBORAH L. RHODE, JUSTICE AND GENDER 117-25 (1989), at 257-62. For differences on surrogate motherhood, 见,同上,第 223—229 页和 MARTHA A. FIELD, SURROGATE MOTHERHOOD (1988)。
[23] Carrie Menkel-Meadow, Feminist Legal Theory, Critical Legal Studies, and Legal Education or "The Fem-Crits Go to Law School," 38 J. LEGAL EDUC. 61(1988), at 61.
[24] 代表性理论,见,例如,NANCY C. HARTSOCK, MONEY, SEX & POWER: To-WARD A FEMINIST HISTORICAL MATERIALISM 117-18, 135, 231-47 (1983)。对于这些理论的批判,见 SANDRA HARDING, THE SCIENCE QUESTION IN FEMINISM 163-96(1986); Bartlett, Katharine T. Bartlett, Feminist Legal Methods, 103 HARV. L. REV. 829 (1990)。

生活的公共领域,包括法律的实践、理论和教育领域,都在追寻的。但似乎由于社会角色的作用、心理的暗示或生理的原因,女性都更接近于这样的生活……[25]

这样的方法借鉴了女权主义的相关理论,并在许多法律学者中以较为温和的形式出现。这种由卡罗尔·吉利根普及的观点认为,女性倾向于用不同的方式来说理。与男性相比,她们不太可能将抽象的权利置于具体的关系之上,她们更注重彼此的关怀、相互联系和具体情境的重要性。[26] 这一方法的优点在于迎合了传统意义上女性"被重视"的价值观以及注重改变社会结构的法律策略,而不仅仅是同化女性。这种方法可以为女性的独特需求提供理论和政治上的凝聚力。

然而,这种为反映真实女性声音的努力,说明了很难从没有本质化或同质化的经验中建立理论。因为这个世界上没有"一般的女性"[27]或者任何统一的"女性的条件"[28]。仅仅按照性别界限来划分世界,就忽略了不同的群体在不同的环境下,对生物的约束有不同的感受。[29] 正如批判的女权主义者普遍认为的那样,如果女性的经验是通过从属的文化模式来塑造的,那么任何特定的经验都不能声称具有普遍的真实权威。此外,只强调传统上与女性

---

[25] Robin West, *Feminism, Critical Social Theory and Law*, 1989 U. CHI. LEGAL F. 59, at 48.
[26] 见,CAROL GILLIGAN, IN A DIFFERENT VOICE (1982); MARY FIELD BELENKY, BLYTHE MCVICKAR CLINCHY, NANCY RULE GOLDBERGER & JILL MATTUCK TARULE, WOMEN'S WAYS OF KNOWING (1986); Ruth Colker, *Feminism, Sexnuality, and Self. A Preliminary Inquiry Into the Politics of Authenticity*, 68 B. U. L. REV. 217 (1988); Carrie Menkel-Meadow, Portia in *A Different Voice: Speculations on a Women's Lawyering Process*, 1 BERKELEY WOMEN'S L. J. 39 (1985)。
[27] 这个短语出自 Elizabeth V. Spelman's in INESSENTIAL WOMAN: PROBLEMS OF EXCLUSION IN FEMINIST THOUGHT 187 (1988)。也见,ADRIENNE RICH, Disloyal to *Civilization: Feminism, Racism, Gynephobia*, in ON LIES, SECRETS AND SILENCE 275 (1979)。
[28] Catharine A. MacKinnon, *Feminism, Marxism, Method and the State: An Agenda for Theory*, 7 SIGNS 515, 519 (1982), at 637 n. 5.
[29] 见,例如,Angela P. Harris, *Race and Essentialism in Feminist Legal Theory*, 42 STAN. L. REV. 581 (1990); Marlee Kline, *Race, Racism and Feminist Legal Theory*, 12 HARV. WOMEN'S L. J. 115 (1989); Judy Scales-Trent, *Black Women and the Constitution: Finding Our Place, Asserting Our Rights*, 24 HARV. C. R. -C. L. L. REV. 9 (1989); Kimberle Crenshaw, *Demarginalizing the Intersection of Race and Sex: A Black Feminist Critique of Anti-discrimination Doctrine, Feminist Theory and Anti-racist Politics*, 1989 U. CHI. LEGAL F. 139。分析性别的重要性在不同的环境中是如何变化的,见 Kay Deaux & Brenda Major, *A Social Psychological Model of Gender*, in THEORETICAL PERSPECTIVES ON SEXUAL DIFFERENCE, at 89。

有关的积极因素,就有可能夸大和简化她们的独特贡献。大多数关于道德推理和公共价值观的实证研究揭示的性别差异比相关的框架所揭示的要少。[30]这些框架也强化了对两性的刻板印象(比如理性的男性和感性的女性),这些刻板印象限制了男女的机会。

这种观点恰好为那些挑战而非支持性别差异的女权主义批判理论提供了支撑。它们方法的优点在于揭示了法律意识形态是如何将文化建设错误地描述为生物学需要的。[31] 然而,这个框架的优势也表明了它的局限性。支持两性之间的相似性肯定会在无意中使主导的社会实践制度化,并侵蚀建立群体团结的努力。在某些情况下,否认差异可以强化那些批判者试图改变的价值观。

对"男女差异的两难处境"以及更普遍的女权主义认识论问题,一个更有前景的回应是批判这些问题通常被争论的框架。关键不在两性差异,而是由两性差异造成的问题。[32] 在法律语境中,基于性别的处理的合法性不应取决于两性是否处于不同的地位。相反,分析应转向法律上承认性别差别是否有可能减少或加强权力、地位和经济安全方面的性别差距。由于这些问题无法在抽象的情况下解决,所以这一方法需要结合现实情况,选择并不是绝对的或唯一的。人们需要寻求一种在差异基础上可以更好地服务于特定的理论或实践目标的方法,并认识到需要在两者之间进行权衡取舍。这种方法要求女权主义者根据需要有意识地转变观点,承认两性之间的独特性和共同性,以及成员之间的统一性和多样性。

在验证女权主义主张更具普遍性的问题上,第一步是解构那些经常被讨论的关于真理和谬误的二分性框架。正如后现代主义理论家提醒我们的那

---

[30] DEBORAH L. RHODE, JUSTICE AND GENDER 117-25 (1989), at 311-12.
[31] 见,例如,Frances Olsen, *Statutory Rape: A Feminist Critique of Rights Analysis*, 63 TEX. L. REV. 387 (1984); Wendy W. Williams, *The Equality Crisis: Some Reflections on Culture, Courts, and Feminism*, 7 WOMEN's RTS. L. REP. 175 (1982); Wendy W. Williams, *Equality's Riddle: Pregnancy and the Equal Treatment/Special Treatment Debate*, 13 N. Y. U. REV. L. & SOC. CHANGE 325 (1984-85)。
[32] 见,CATHARINE A. MACKINNON, FEMINISM UNMODIFIED 32-45 (1987), at 32-45; Christine A. Littleton, *Reconstructing Sexual Equality*, 75 CALIF. L. REV. 1279 (1987); DEBORAH L. RHODE, JUSTICE AND GENDER 117-25 (1989), at 81-111; JOAN WALLACH SCOTT, GENDER AND THE POLITICS OF HISTORY 175-77 (1988)。

样,所有的观点都是片面的,但有些更不完整。[33] 否认客观真理标准并不是否认所有的价值判断。我们不需要成为实证主义者去相信某些关于经验的描述更加一致、连贯、包容或更具有自我批判性等。女权主义批判理论可以解释世界如何构成的形成过程,以及在这个过程中边缘化女性和其他从属群体所产生的影响。这样的框架可能使传统的论证形式和相关标准受到持续审查。它可以挑战知识构建的排斥属性,推动社会变革,从而鼓励我们更深入地了解我们的经验和影响经验的各种力量。

尽管批判性女权主义者在这些问题上绝不是异口同声,但我们的部分力量是建立在我们的差异和共同点的基础上。因为我们需要的是多元的理论,而不是单一的理论,所以我们对此或其他更实质性的问题没有一致的看法。我们的目标应该有多种考虑,避免任何单一的普遍主义或本质主义观点。我们需要能够与女性的共同经历产生共鸣的理解,而又不能脱离我们的经验多样性。分裂我们的因素也可以成为丰富我们理论的观点和扩大我们政治联盟的基础。任何足以挑战基于性别压迫的框架,都必须同时谴责贯穿其中的其他形式的不公正。

这一方法与其他批判学说的共通之处在于它对所有事情都持怀疑态度,包括对怀疑主义。女权主义批判理论始终致力于在社会实践方式中找到判断的依据,并将这种判断置于持续的批判之中,并将性别平等作为一种规范的理想。这些依据可能会使我们朝多个方向发展,尽管正如玛莎·米诺所坚持的那样,批判女权主义者们仍然在试图统一这些依据。[34]

---

[33] 见,BARBARA HERRNSTEIN SMITH,CONTINGENCIES OF VALUE 94,166-79(1988);Jane Flax,*Postmodernism and Gender Relations in Feminist Theory*,12 SIGNS 621(1987);Nancy Fraser & Linda Nicholsen,*Social Criticism Without Philosophy:An Encounter Between Feminism and Postmodernism*,in UNIVERSAL ABANDON?:THE POLITICS OF POSTMODERNISM 83 (A. Ross ed. 1988),at 91;Mary E. Hawkesworth,*Knower,Knowing,Known:Feminist Theory and Claims of Truth*,14 SIGNS 533,557 (1989)(声称"在没有普遍有效性主张的情况下,女权主义的解释从其阐释现有社会关系的能力中获得了辩护,并证明了其他解释的不足")。

[34] 见,Martha Minow,*Beyond Universality*,1989 U. CHI. LEGAL F. 115. 也见 Susan Griffin,*The Way of All Ideology*,in FEMINIST THEORY:A CRITIQUE OF IDEOLOGY 273(N. Keohane,M. Rosaldo & B. Gelpi eds. 1982);Deborah L. Rhode,*Introduction:Theoretical Perspectives on Sexual Difference*,in THEORETICAL PERSPECTIVES ON SEXUAL DIFFERENCE,197(D. Rhode ed. 1990)。

二、自由主义法学

对批判法学的研究者而言,最常见的统一主题是反对一个共同的目标:自由主义法学的主导地位和法律在维持它时所起的作用。[35] 在这个问题上,女权主义批判理论提供了更丰富更多样的回应。这种多样性在一定程度上反映了自由主义传统中观点的多样性。这个目标在许多重要的法律研究和一些女权主义批判理论的分析中都有出现,但只是自由法律主义的一个版本,通常是法律和经济评论员所青睐的版本。在一个更有力的框架下,相较于反映在自由主义前提下的限制,女性主义者最关心的不平等现象更多地反映在实现自由主义的全部潜能的努力中。[36]

从哲学性和实用性的角度来看,女权主义法律批判者对自由主义的攻击比批判法学要少。他们主要研究的是性别不平等,无论其血统如何,在许多具体的政治斗争中,他们的盟友来自自由主义和来自激进主义阵营的一样常见。因此,当批判性的女权主义者加入对自由主义法学的攻击中时,他们通常是基于某种修正的理由而这样做的。他们的反对倾向于把重点放在现行法律和政治结构所体现的自由主义的特定形式上,以及这种形式所反映的性别偏见上。

自由主义者虽然在其他方面有很大的不同,但一般都是从这样的前提出发的:国家的中心目标在于使每个个人追求自己目标的自由最大化,并尊重他人享有同样的自由。这一愿景中隐含着几个关于个人的本质与价值的主体性假设。正如惯常所指出的那样,自由国家由自治的、理性的个体组成。他们所表达的选择反映了他们对各自独立利益的一种稳定而一致的理解。

---

[35] Robert W. Gordon, *New Developments in Legal Theory*, in THE POLITICS OF LAW: A PROGRESSIVE CRITIQUE, (D. Kairys ed. 1982), at 281; A. Hutchinson, Introduction to CRITICAL LEGAL STUDIES (A. Hutchinson ed. 1989).

[36] 比如,尽管苏珊·奥金批判了约翰·罗尔斯关于自由主义的假设,以及他对性别不平等的不敏感,但她认为他的框架可以与女权主义原则相一致。见,Susan Moller Okin, *Reason and Feeling in Thinking About Justice*, 99 ETHICS 229, 230, 248(1989)。相反的观点,见 Mari Matsuda, *Liberal Jurisprudence and Abstracted Visions of Human Nature: A Feminist Critique of Rawls' Theory of Justice* 16 N. M. L. REV. 613(1986)。也见,CHARLES LARMORE, PATTERNS OF MORAL COMPLEXITY 107-29(1987)(认为自由主义被理解为一种政治的而不是形而上学的理论,不需要将个人主义作为一种普遍价值);Robin L. West, *Liberalism Rediscovered: A Pragmatic Definition of the Liberal Vision*, 46 U. PITT. L. REV. 673 (1985)。

然而,尽管有能力充分了解自己的喜好,但这些自由主义者却缺乏对他人类似的认识。因此,好的社会对美好生活的定义保持中立:它只是为个体通过自愿交易来最大化自己喜好的生活方式提供必要条件,尽管自由主义的理论家们对这些必要条件争议巨大,但他们共同致力于保护私人领域,让他们在不受公共领域干预的情况下作出自主选择。[37]

批判性女权主义者从几个方面攻击了这一说法。根据韦斯特等理论家的观点,这些自由主义者本身就具有特有的男性特征——可以对自己的欲望作出准确的判断,而对他人的需求却无法感同身受。[38] 古典的自由主义框架以契约交换而非从属关系作为规范。这种框架低估了社会关系影响人的身份的方式,也低估了个人根据他人的需要和与他人的关系而改变的自我喜好的方式。对许多女性来说,一个不断发展和不断奉献的女性形象比一个以自我为中心和利己主义的女性形象更具规范性和描述性的共鸣。[39]

批判性女权主义者也绝不同意这种性别差异的程度、起源或隐秘含义。自成立以来,女性的自治自主一直是美国妇女运动的核心,比如从男性权力和传统角色的束缚中解放。应该在多大程度上关注自主的意义,以及在多大程度上关注从属关系的价值,这些都产生了持久的争议,而这些争议在抽象层面上却是无法解决的。[40] 即使是那些认同差异重要性的批判性女权主义者,也不同意其形成原因和一些仍然存在的观点。争论的焦点在于把女性和他人之间的紧密联系归因于分娩孩子和担任孩子的主要照顾者有多大的重

---

[37] 见,JOHN RAWLS, A THEORY OF JUSTICE (1971); Ronald Dworkin, *Liberalism*, in PUBLIC AND PRIVATE MORALITY 113 (S. Hampshire ed. 1978); BRUCE ACKERMAN, SOCIAL JUSTICE IN THE LIBERAL STATE (1980)。也见,Steven Shiffrin, *Liberalism, Radicalism, and Legal Scholarship*, 30 UCLA L. REV. 1103 (1983); Robin L. West, *Liberalism Rediscovered: A Pragmatic Definition of the Liberal Vision*, 46 U. PITT. L. REV. 673 (1985)。

[38] Robin West, *Economic Man and Literary Woman: One Contrast*, 39 MERCER L. REV. 867 (1988).

[39] ALISON M. JAGGAR, FEMINIST POLITIICS AND HUMAN NATURE (1983), at 21-22; Virginia Held, *Feminism and Moral Theory*, in WOMEN AND MORAL THEORY 111 (E. Kittay & D. Meyers eds. 1987); Susan Moller Okin, *Humanist Liberalism*, in LIBERALISM AND THE MORAL LIFE 39 (N. Rosenblum ed. 1989); Robin West, *Jurisprudence and Gender*, 55 U. CHI. L. REV. 1 (1988).

[40] 见,例如,Robin West, *Jurisprudence and Gender*, 55 U. CHI. L. REV. 1 (1988), at 36; Jennifer Nedelsky, *Reconceiving Autonomy: Sources, Thoughts and Possibilities*, 1 YALE J. L. & FEMINISM 7 (1989); 也见,Kathryn Jackson, *And Justice for All? Human Nature and the Feminist Critique of Liberalism*, in WOMEN AND A NEW ACADEMY 122 (J. O'Barr ed. 1989)(认为二元主义方法无法充分认识到诸如自治和关怀等价值的相互依赖性)。

要性,文化规范在多大程度上促使女性顺从、移情和背负不相称的养育责任,以及在多大程度上导致了女性地位和权力的不平等。[41]

然而,尽管存在这些分歧,大多数批判性女权主义者都强调社会关系在塑造个人喜好方面的重要性。从这样的角度来看,关于好的社会完整构想是不可能通过自由主义的方法推导出来的,这些技术假定了从个体交往中脱离出来的社会契约能赋予他们生活的意义并满足他们的选择。[42]

这一女权主义观点指出了自由主义框架下许多传统的批判性理论家们都注意到的一个困境。自由主义的假设认为个人表达出来喜好就可以被认为是其内心真实喜好的反映,其实这与我们对人类行为的了解大相径庭。在很大程度上,我们的选择是由社会建构和约束的;我们所拥有的欲望在一定程度上是由我们的文化所强化的一部分。只要性别在塑造个人期望和抱负方面还起着重要作用,外在的目标就不能等同于充分的人类潜能。例如,女性可能选择继续处于一种受虐的关系中,但这样的选择并不是大多数自由主义者想要达到的。然而,一个自由的法治社会很难在区分"真实的"和"不真实的"喜好的同时不违背自己中立和价值主体性承诺。[43]

同样的问题也出现在支持当代自由主义框架的法律意识形态上。在其传统的形式中,自由的法律主义假定,只要程序上合法、遵循了确定的规则就可以被定义为适当的行为,法律可以与政治分离,而且私人领域也可以免受公共领域的干扰。[44] 女权主义批判理论在经验和规范层面上对所有这些假设提出了挑战。

女权主义批判理论和其他批判性法律研究共同致力于否认法治实际上提供了一种有原则的、公正的和确定的争端解决方式。它们把重点集中在法律标准的主观性和法律实施中的性别偏见上。通过探索特定的实体领域,女

---

[41] 比较西方对分娩的关注,Robin West, *Jurisprudence and Gender*, 55 U. CHI. L. REV. 1 (1988), at 2-3, 强调对主要照顾者的认同 in NANCY CHODOROW, THE REPRODUCTION OF MOTHERING: PSYCHOANALYSIS AND THE SOCIOLOGY OF GENDER 7 (1978); DOROTHY DINNERSTEIN, THE MERMAID AND THE MINOTAUR 5 (1976); 对刻板印象的关注, in CYNTHIA FUCHS EPSTEIN, DECEPTIVE DISTINCTIONS (1988); 以及对权力的关注, in *Feminist Discourse, Moral Values and the Law-A Conversation*, 34 BUFFALO L. REV. 11, 71-72 (1985)(麦金农的评论)。

[42] Robin West, *Jurisprudence and Gender*, 55 U. CHI. L. REV. 1 (1988).

[43] ALISON M. JAGGAR, FEMINIST POLITIICS AND HUMAN NATURE (1983), at 40-42; MARK KELMAN, A GUIDE TO CRITICAL LEGAL STUDIES 66-67 (1987).

[44] 见, JUDTTH N. SHKLAR, LEGALISM (1964); Duncan Kennedy, *Legal Formality*, 2 J. LEGAL STUD. 351, 371-72 (1973); Karl Klare, *Law-Making as Praxis*, 40 TELOS 123, 132 (1970)。

权主义者强调了法律的不确定性,这种不确定表现在这些标准过于抽象而无法解决具体的案例和规则因过于具体而无法形成原则性的规范。[45] 这样的探索也揭示了基于性别的假设破坏了自由法律秩序本身的愿望。

传统理论中的这些局限性在法律对性别差异的一贯不一致的分析中尤其明显。决策者往往从相互竞争的事实中得出相同的法律结果。在另外一些情况下,关于性别差异的相同观念却产生了相反的结论。关于女性特殊美德或弱点的相同假设,已成为刑法和家庭法中赞成和反对给予女性特殊法律待遇的论据,也是允许和排除女性担任诸如特定职业和陪审团等公共角色的论据。[46] 例如,尽管法院和立法机构传统上认为,在刑事判决和儿童监护权判决中,基于性别的区别是恰当的,但这些区别过于单薄。在不同的法律制度下,女性因同一犯罪行为受到较轻或较重的制裁,在不同的历史时期,她们被偏袒或被剥夺作为她们孩子的监护人的权利。[47]

法律在性别问题上的传统方法不仅产生了不确定的解释,还允许形式上平等的广泛授权掩盖实质上的不平等。"差异"作为组织原则的部分问题在于,法律决策者并不总能透过表象看清实质。最常被提及的例证之一是最高法院1974年的结论,即怀孕歧视并不涉及性别歧视,甚至不涉及"性别本身",雇主只是简单地区分"孕妇和非怀孕者"。[48] 同样,尽管大多数当代离婚立法承诺配偶之间的财产分配是"平等的"或"公平的",但实际上妻子既没有得到平等,也没有得到公平。在绝大多数情况下,女性最终会承担更多的

---

[45] 见,Clare Dalton, *An Essay in the Deconstruction of Contract Doctrine*, 94 YALE LJ. 997, 1106-08 (1985)。

[46] 见,Deborah L. Rhode, *Definitions of Difference*, in THEORETICAL PERSPECTIVES ON SEXUAL DIFFERENCE 197(D. Rhode ed. 1990)。

[47] Territory v. Armstrong,28 Haw. 88(1924)(与被判犯有通奸罪的女性相比,对男性的法律惩罚力度更大);Wark v. Maine,266 A. 2d 62,64-65(Me. 1970)(与受到逃避刑事制裁处分的女性相比,对男性更容易有法律上的惩罚), cert. denied, 400 U. S. 952 (1970); Ex parte Gosselin, 141 Me. 412,421,44 A. 2d 882,885-86(1945)(轻罪如醉酒对女性的法定处罚要比男性更重) Commonwealth v. Daniel,210 Pa. Super. 156,232 A. 2d 247 (1967), rev'd,430 Pa. 642,243 A. 2d 400 (1968)(当涉及犯抢劫罪时,相较于女性,无效的成文法使法官有更大的自由裁量权为男性脱罪)。对监护规定的变更,见 Fran Olsen,*The Politics of Family Law*,2 LAW & INEQUALITY 1,12-19(1984)。

[48] 见,Geduldig v. Aiello, 417 U. S. 484, 497 n. 20 (1974);也见 General Elec. Co. v. Gilbert 429 U. S. 125 (1976)。

养育责任,而得到履行这些责任的资源却更少。[49]

这样的不确定性和偏见也破坏了自由主义法律理论中对公共领域和私人领域的划分。从批判性女权主义观点来看,国家和家庭之间的界限在描述性和规范性上都是有问题的。作为一个经验性的问题,国家不可避免地参与决定什么是私人的,什么形式的亲密行为应该受到公共的保护。政府有关儿童保护、税收、遗产、财产、福利和控制生育的政策都会对家庭安排产生重大影响。正如弗兰·奥尔森和克莱尔·道尔顿所指出的那样,关于亲密的安排在同样的法律决定中通常可以被认定为干预或不干预,而这取决于决策者的意见。例如,拒绝执行不成文同居协议可被视为一种保护或侵犯亲密关系的手段。[50]

传统的公共和私人区分也存在规范性的矛盾。与自由主义法律理论的假设相反,政府拒绝干涉私人事务并不一定会扩大个人的自主权;它常常只是简单地用私人权力取代公共权力。法院不承认同居双方之间的不成文协议,或在现行婚姻中不执行赡养义务和禁止强奸,这通常扩大了男子的自由,损害了女性的利益。[51]

然而,批判性女权主义并没有断然放弃自由主义法律理论所保障的对国家权力的限制。相反,它否认传统的公共/私人二分法为评估这些制约因素提供了一个有用的概念性方案。正如接下来权利部分讨论所表明的那样,对国家干预的适当范围的判断需要结合背景分析,这需要考虑到现有权力分配中的性别差异。在这一点上,就像之前提到的其他理论背景一样,我们较少地依赖抽象的原则,而更多地依赖具体的经验。

一个类似的观点也出现在对自由主义法学的最后批判中。基于卡罗

---

[49] LENORE J. WEITZMAN, THE DIVORCE REVOLUTION (1985); Herma Hill Kay, *Equality and Difference: A Perspective on No-Fault Divorce and Its Aftermath*, 56 U. CIN. L. REV. 1, 60-65 (1987); Deborah L. Rhode & Martha Minow, *Reforming the Questions, Questioning the Reforms: Feminist Perspectives on Divorce Reform*, in DIVORCE REFORM AT THE CROSS ROADS (S. Sugarman & Kay eds. 1990).

[50] Clare Dalton, *An Essay in the Deconstruction of Contract Doctrine*, 94 YALE LJ. 997, 1106-08 (1985), at 1107; Frances E. Olsen, *The Myth of State Intervention in the Family*, 18 U. MICH. J. L. REF. 835 (1985).

[51] 见, MICHAEL D. A. FREEMAN & CHRISTINA M. LYON, COHABITATION WITHOUT MARRIAGE: AN ESSAY IN LAW AND SOCIAL POLICY (1983); DIANA E. H. RUSSELL, RAPE IN MARRIAGE 17-24 (1982); Frances E. Olsen, *The Myth of State Intervention in the Family*, 18 U. MICH. J. L. REF. 835 (1985), at 843-58; Marjorie Maguire Shultz, *Contractual Ordering of Marriage: A New Model for State Policy*, 70 CALIF. L. REV. 204 (1982)。

尔·吉利根、安妮特·贝尔和莎拉·鲁迪等道德理论家的著作,一些评论人士质疑那种正式的、对抗的、等级分明的争端解决方式的优先地位。[52] 一个建立在女权主义优先事项基础上的法律体系(那些强调信任、关怀和同情的法律体系)应该追求不那么好斗、更具有和解性的诉讼程序。

然而,正如其他女权主义批判家所指出的那样,对同情心价值观的呼吁并没有使大多数难题得到解答。当个人需要发生冲突时,立法决策者应该站在谁的角度思考?[53] 什么程序保障可以用来监督这些判断?有一个危险是当事人之间的和解会因为他们的谈判技能、信息不对称和力量差异而更加不公平。[54] 少年法庭和家事法庭等司法系统希望有更多的调解过程,但往往强化了家长制和性别双重标准。[55] 符合我们理想状态的正义准则可能不是我们实现正义的最佳途径。

此外,女权主义对程序价值的批判需要结合语境分析。女权主义批判理论指出进一步实现所追求的实质性目标,最大的挑战在于实务层面;它的任务是对从属群体的经验设计出更积极的响应框架。至关重要的第一步是解构形式主义和非形式主义之间的二元对立,这在多元化纠纷解决机制中进行了结构性讨论。由于这两种方法都没有对女性的经历和关注作出充分的回应,我们不能满足于揭穿这两种可能性或选择最不令人反感的替代方式。相反,正如关于实质性权利的争论一样,我们需要重新构想程序性选择的范围,并挑战限制了它们活动的更广泛的基于性别的从属体系。

---

[52] CAROL GILLIGAN, IN A DIFFERENT VOICE (1982); Annette Baier, *Trust and Antitrust*, 96 ETHICS 231, 247-53 (1986); Sara Ruddick, Maternal Thinking, 6 FEMINIST STUD. 342 (1980); 也见 Lynne N. Henderson, *Legality and Empathy*, 85 MICH. L. REV. 1574 (1987); Carrie Menkel-Meadow, Portia in *A Different Voice*: Speculations on a Women's Lawyering Process, 1 BERKELEY WOMEN'S L. J. 39 (1985)。

[53] Toni Masaro, *Empathy, Legal Storytelling, and the Rule of Law*, 87 MICH. L. REV. 2104 (1989)。

[54] 见, Janet Rifkin, *Mediation from a Feminist Perspective: Promise and Problems*, 2 LAW & INEQUALITY 21 (1984)。例如,国家妇女与家庭法中心坚持认为,因为在离婚案件中妻子没有同等的经济和社会权利,在没有律师代表的情况下,她们并没有在非正式的场合中进行平等协商的能力。见, Carol Lefcourt, *Women, Mediation, and Family Law*, 18 CLEARINGHOUSE REV. 266 (1984)。类似的,在家庭暴力案件中,研究人员发现,调解往往会使虐待行为延续下去,因为这意味着,攻击行为并不会被刑事制裁,而当事人也有责任阻止其发生。见, Lisa G. Lerman, *Mediation of Wife Abuse Cases: The Adverse Impact of Informal Dispute Resolution on Women*, 7 HARV. WOMEN'S L. J. 57 (1984)。

[55] Judith Resnik, *On the Bias: Feminist Reconsideration of the Aspirations for Judges*, 61 S. CAL. L. REV. 1877, 1926-33 (1988); Janet Rifkin, *Mediation from a Feminist Perspective: Promise and Problems*, 2 LAW & INEQUALITY 21 (1984)。

三、权利

女权主义批判理论和其他批判性法律理论之间的一个核心区别是权利的作用。尽管两种理论都批判了自由主义法学理论对正式权利的依赖,但是像少数学者一样,女权主义的观点更倾向于语境分析而非直言批判。

大多数批判性法律研究学者认为,以权利为基础的方法是一种无效且虚幻的社会变革的手段。虽然不可否认基本的政治自由有时在保留异见方面具有的重要作用,但批判性法律理论家通常将自由权利言论视为对个人意识和集体动员的限制。[56] 这个问题的部分原因来自前面提到的不确定性。像弗兰·奥尔森这样的女权主义者也加入了其他批判理论家的阵营,声称权利话语不能解决社会冲突,只能以抽象的、推定的方式重申。一个以权利为导向的框架可能会使我们远离必要的价值选择,并且模糊了相互竞争的利益基础。[57]

根据这一批判,许多政治力量被转移到不能保证显著效益的斗争中。例如,十年来国家平等权修正案的经验表明,法庭上提供的宪法保护标准与所取得的结果之间没有必然的联系。[58] 联邦平等权修正案不太可能为其支持者经常宣称的大量实际目标提供保障。支持者倾向于将修正案作为社会问题的通用处方(流离失所的家庭主妇的困境、贫困的女性化以及收入中的性别差异)都是错误地描述了这个问题,并误导了解决方案。[59]

自由权利议题的一个相关局限性涉及个人主义的前提和有限的范围。专注于个人应享权利会转移对集体责任的关注。权利的花言巧语往往会把

---

[56] Frances Olsen, *Statutory Rape: A Feminist Critique of Rights Analysis*, 63 TEX. L. REV. 387 (1984);见 Peter Gabel, *The Phenomenology of Rights-Consciousness and the Pact of the Withdrawn Selves*, 62 TEX. L. REV. 1563 (1984); Mark Tushnet, *An Essay on Rights*, 62 TEX. L. REV. 1363, 1382-84 (1984)。

[57] 见,Roberto Mangabeira Unger, *The Critical Legal Studies Movement*, 96 HARV. L. REV. 561, 612-16 (1983);THE POLITICS OF LAW: A PROGRESSIVE CRITIQUE (D. Kairys ed. 1982); Adelaide Villamore, *The Left's Problems With Rights*, 9 LEGAL STUD. F. 39 (1985)。

[58] 见,Dawn-Marie Driscoll & Barbara J. Rouse, *Through a Glass Darkly: A Look at State Equal Rights Amendments*, 12 SUFFOLK U. L. REV. 1282, 1308 (1978); DEBORAH L. RHODE, JUSTICE AND GENDER 117-25 (1989), at 92。

[59] 见,DEBORAH L. RHODE, JUSTICE AND GENDER 117-25 (1989); Catharine A. MacKinnon, *Unthinking ERA Thinking* (书评),54 U. CHI. L. REV. 759 (1987)。

个人的愿望转化为自己受保护的机会的要求中,而未能解决更根本的问题,即什么更应该得到保护。这种个人主义的观点不利于女权主义者发现我们目前的法律文化所缺乏的合作和同情的价值。[60]

只要法院仍然认为把权利限制在白人的上层中产阶级的男性手中是基本原则,那么权利保障也就不足以确保在真实情况下享有平等的权利。一个没有真正致力于性别平等的法律结构最终只会得到一个保护拥有武器或保护贩卖暴力、色情作品的权利,而不是保护我们的生育活动。[61]

在一种文化中,权利主要是根据"自由来自哪里"而不是"自由通向哪里"来定义的,许多人缺乏行使权利所必需的资源。这些问题因法律诉讼的费用和复杂性,以及为强制执行正式权利或防止其削减而提供的法律服务分配不均而变得更加复杂。[62] 通过将政治斗争引向法律纠纷,基于权利的策略有可能限制人们的愿望,并加强对法律决策者的依赖。

然而,在承认这些局限性的同时,女权主义批判理论也强调了一些其他批判性法律研究中没有涉及的权利策略的赋权层面。正如金伯利·克伦肖、克里斯汀·利特尔顿(Christine Littleton)、伊丽莎白·施耐德和帕特西亚·威廉姆斯等理论家所说,法律权利在我们的文化中有一种特殊的共鸣。[63] 它们局限性的来源也是它们力量的源泉。有关权利的主张是在既定的讨论范围内进行的,它们不像其他激进的要求那样容易被驳回。通过坚信法治能实现自身的愿景,以权利为导向的策略提供了一种内部挑战的可能性,批判性理论家在其他情况下也认识到了这种挑战。

同样,仅仅只关注权利言论的个人方面会模糊了它的集体方面。权利与

---

[60] MICHAEL IGNATIEFF, THE NEEDS OF STRANGERS 13(1984).

[61] 对比 U.S. CONST. amend. II and American Booksellers Ass'n v. Hudnut, 771 F. 2d 323 (7th Cir. 1985), aff'd, 475 U.S. 1001 (1986), with Webster v. Reproductive Health Serves., 109 S. Ct. 3040 (1989), and Harris v. McRae, 448 U.S. 297 (1980)。

[62] RICHARD ABEL, AMERICAN LAWYERS(1989); Richard L. Abel, *United States: The Contradictions of Professionalism*, 1 LAWYERS IN SOCIETY: THE COMMON LAW WORLD 186 (R. Abel & P. Lewis eds. 1988); STUART A. SCHEINGOLD, THE POLITICS OF RIGHTS: LAWYERS, PUBLIC POLICY AND POLITICAL CHANGE 172 (1974); Deborah L. Rhode, *The Rhetoric of Professional Reform*, 45 MD. L. REV. 274, 281-82(1986).

[63] Kimberlé Williams Crenshaw, Race, *Reform, and Retrenchment: Transformation and Legitimation in Anti discrimination Law*, 101 HARV. L. REV. 1331, 1366-69 (1988); Elizabeth M. Schneider, *The Dialectic of Rights and Politics: Perspectives from the Women's Movement*, 61 N. Y. U. L. REV. 589, 602-03 (1986); Patricia J. Williams, *Alchemical Notes: Reconstructing Ideals From Deconstructed Rights*, 22 HARV. C. R. -C. L. L. REV. 401(1987).

关系、权利和责任之间的二分法往往被极度夸大。权利不仅保障了个人自主权,而且还明确了个人与社会之间的关系。正如权利可以附加责任一样,责任也可能意味着权利。这些概念的目的往往是相同的:自己不受歧视的权利也就蕴含着保护他人不被歧视的责任。为了支持前者而丢弃后者,不太可能改变我们法律文化的基础。此外,对从属群体来说,基于权利的框架不仅支持了对个人权利的要求,还支持了集体人格的要求。例如,女性的生育自主权是她们社会平等的先决条件;如果不能控制自己的命运,女性就无法挑战群体的刻板印象和角色约束,而这些约束恰好奠定了她们的从属地位。通过为权利主张者提供一个有能力回应的社群,让其成员注意到所表达的不满,权利主张可以进一步推进集体价值。[64]

对于女权主义批判理论,最可行的方法是既承认权利话语的不确定性,又认识到在特定的情况下,这种话语可以促进具体目标和社会赋权的实现。很多时候,权利是从具体的社会环境中抽象出来的,然后又被批判太抽象。然而,无论多么容易操作,自治和平等的原则在从属群体的生活中都有着巨大的实际差异。如破坏女性生殖选择所依赖的隐私权等权利的概念基础涉及相当大的风险。即使主要是象征性的运动,如最近的时代斗争,也可能是非常重要的,与其说是因为它们寻求的具体目标,不如说是因为它们所激发的政治动员。就像半个世纪前的选举权运动一样,当代宪法运动也为女性提供了宝贵的指导,既告知她们影响力的不足之处,又传授她们扩大影响力所需的策略。[65]

无论它的不足之处的原因何在,在当代的大背景中,权利是最有效地促进大规模激进运动的词汇。这是一个批判性女权主义者不愿意为了支持那些不明确的或理想化的替代选择而丢弃的词汇。基于权利体系的核心问题并不是它们本身的限制问题,而是它们只能在有限的制度和想象的空间中运作。因此,批判性女权主义的核心目标不应该是去除这些理论,而是要重构它们的内容,并认识到它们的局限。因为以权利为导向的运动既可以扩大也可以限制政治斗争,对其策略可能性的评估需要结合所处的历史环境进行

---

[64] 见,Elizabeth M. Schneider,*The Dialectic of Rights and Politics:Perspectives from the Women's Movement*,61 N. Y. U. L. REV. 589,602-03(1986);Martha Minow,*Interpreting Rights:An Essay for Robert Cover*,96 YALE L. J. 1860,1875-77(1987)。

[65] 见,DEBORAH L. RHODE, JUSTICE AND GENDER 117-25 (1989);Catharine A. MacKinnon,*Unthinking ERA Thinking*(书评),54 U. CHI. L. REV. 759 (1987)。

分析。

在这一点上,女权主义者和其他批判理论家一起寻求建立一个以权利为基础的公共的、相关的和不稳定的维度。[66] 对自决的主张不仅可以表达对自治的渴望,也可以表达对参与建构我们存在的社会的渴望。如果有选择性地援引,权利话语可以帮助从属群体去改变长期处于从属地位的现状。

四、另类视角

最后一个问题是女权主义批判理论与其他批判理论结合,共同致力于构建一个可供选择的良好社会版本。尽管这两种理论都反映出对这类构想的价值广泛的矛盾,但关注的焦点却在不断变化。大多数批判性理论都试图构建新的观点来回避女权主义者最关注的问题,或是继续致力于对不确定性的挑战。由于这些原因,女权主义的法律批判家很少关注理想化的构想。相反,他们集中致力于识别那些他们所赞成观点的核心价值以及这种价值观所隐含的具体法律和体制变革。

大多数完善的乌托邦模式也往往存在一个可行性的问题。目标往往是模糊的,往往像是普遍的愿望,比如罗伯托·昂格尔希望这个世界"没有剥夺和贫穷,没有只能在被他人孤立或屈从于他人之间的选择"[67]。这样的构想让大多数关注的问题都没有答案,比如,如何在具体情况下解释和实现这些理想,如何解决纠纷,以及如何重建两性关系?

在回答这些问题时,标准的关键策略是指定要生成答案的具体条件。哈贝马斯的理想言谈情境可能是最具影响力的例子。根据他的理论,只有通过社会所有成员都充分参与的、不受胁迫的讨论才能获得某种信仰。一些批判性女权主义者,包括杜希拉·康奈尔和西拉·贝哈布都借鉴了类似的对话

---

[66] 见,Staughton Lynd,Communal Rights,62 TEX. L. REV. 1417(1984);Roberto Mangabeira Unger,*The Critical Legal Studies Movement*,96 HARV. L. REV. 561,612-16(1983)。

[67] 见,Roberto Mangabeira Unger,*The Critical Legal Studies Movement*,96 HARV. L. REV. 561,612-16(1983),at 651;也见 ROBERTO MANGABEIRA UNGER,KNOWLEDGE AND POLITICS(1975),at 18,24。对这种普遍期望的批判性回顾,见 BARBARA HERRNSTEIN SMITH,CONTINGENCIES OF VALUE 94,166-79(1988),at 81-114。

结构。[68]

然而,这种策略在多个层面上存在问题。一个问题存在于理想形成的抽象层次。拥有不同经验、兴趣和资源的个人如何达成共识,或如何通过大量的特异性来预测他们的共鸣,从而提供足够的启发式框架,并不是不言而喻的。强调非强制性对话的策略往往会避开各方所拥有的资源和能力不同的问题。并且,历史上女性一贯保持沉默,而大部分批判女权主义者对防止这种情况再次出现并没有满意的对策。[69]

还有一个相关的问题,它源于理想主义者将对话视为对社会从属地位主要反映的信念。另一种观点认为,核心问题是我们无法想象这样的替代方案,而这种想象的贫乏源于我们低估了物质条件。大部分女权主义者不难想象一个没有普遍的性暴力或女性贫穷化的世界;问题在于对使这一愿景成为可能的具体策略的支持。[70] 当然,只要我们保留一种使其合法化的意识形态,我们就不能摆脱强制性的体制结构。并且,只要这种结构限制了我们挑战它的能力,我们也不能摆脱这种意识形态。

为了应对这一问题,女权主义批判理论倾向于将注意力集中于涉及物质和意识形态的特殊问题上。女权主义法律批判家们并不是假设一些普遍的乌托邦计划,而是进行了更具体的分析,既挑战了结构性的不平等,也挑战了它们背后的规范预设。在评估特定策略时,女权主义批判理论侧重于提高改善女性社会和经济地位的能力;那些女性最需要帮助的方面;提高女性的自尊、权力和改变现有制度安排的能力。[71]

---

[68] 见, Seyla Benhabib, *The Generalized and the Concrete Other*, in FEMINISM AS CRITIQUE 31 (S. Benhabib & D. Cornell eds. 1987), at 92-94;也见,JURGEN HABERMAS, LEGITIMATION CRISIS(1975); Richard J. Bernstein, *Philosophy in the Conversation of Mankind*, in HERMENEUTICS AND PRAXIS 54,82 (R. Hollinger ed. 1985)。

[69] 法学院语境之下讨论女性的沉默,见 *Women in Legal Education-Pedagogy*, *Law*, *Theory*, *and Practice*,38 J. LEGAL EDUC. 147(1988); Catherine Weiss & Louise Melling,*The Legal Education of Twenty Women*,40 STAN. L. REV. 1299(1988);James R. Elkins,*Worlds of Silence:Women in Law School*,8 A. L. S. A. F. 1(1984)。

[70] BARBARA HERRNSTEIN SMITH,CONTINGENCIES OF VALUE 94,166-79(1988),at 81,111;Davis Cole, *Getting There:Reflections on Trashing from Feminist Jurisprudence and Critical Theory*, 8 HARV. WOMEN'S L. J. 59 (1985);Kimberlé Williams Crenshaw,Race, *Reform*, *and Retrenchment:Transformation and Legitimation in Anti discrimination Law*, 101 HARV. L. REV. 1331, 1366-69 (1988), at 1387.

[71] 见,CHARLOTTE BUNCH, PASSIONATE POLITICS 104,111(1986)(支持类似的评价标准,并敦促女权主义者推动改革,同时反对那种改革主义的理论,它的前提即是认为在没有根本的社会变革的情况下,性别平等是可能的前提)。

同工同酬的运动,给增加女性的财务安全提供了直接的机会。这项运动帮助揭露了"女性工作"被低估的情况,暴露了雇主的薪酬标准中存在的性别和种族偏见,并帮助了工厂的组织力度。[72] 同工同酬倡议还提出了有关市场原则和社会优先事项等更广泛的问题。我们应该如何奖励各种职业以及如何作出这些决定?这个社会给停车服务员的薪资比给看护小孩的薪资更高,不管这些职位的性别构成是什么,我们是否感到舒适?为获得同等价值而进行的斗争可能会引发对不平等的范围和维持它的意识形态的重新思考。

女权主义者对具体问题的关注避免了在变革过程中必然改变的理想化愿景。女权主义的法律批判家们对预测性别在良好社会中的确切作用并不感兴趣,而对破坏其在这一社会中的作用感兴趣。更多关于性别是否最终会变得像眼睛颜色一样不重要或者是否有一些与性别相关的特征和从属关系将变得不是一个问题的推测似乎是富有成效的。[73] 既然现在关于性别关系的问题是权力的不平等,我们不能在一个根据定义不存在这种差距的理想世界中充分预测这种关系的形式。在乌托邦和现实的层面上,批判性女权主义不愿意被局限在关于女性与男性共性和区别的争论中。它的观点既不是接受,也不是压制差异,而是挑战二元论,让世界因为差异的存在而更加安全。

尽管我们不能事先知道一个好的社会是一个怎样的社会,但我们知道,它不会是现在这样的社会。它将不会是一个在地位、权力和安全方面存在性别差异的社会。它也不会是一个剥夺其许多成员对其日常生活条件的实质性控制的社会。为了充分发挥其潜力,女权主义不仅需要考虑到女性和男性之间的关系,而且还要考虑到女性之间的关系。性别平等的责任自然引发了妇女运动,但不足以实现其背后的价值观。这些价值观将女权主义批判理论与其他批判法律理论所表达的愿望置于对抗与结盟的张力之中。

(责任编辑:王金霞)

---

[72] 见,DEBORAH L. RHODE,JUSTICE AND GENDER 117-25(1989),at 368-69,379-81。也见,COMPARABLE WORTH:NEW DIRECTIONS FOR RESEARCH (H. Hartmann ed. 1985)。

[73] 对比 Richard A. Wasserstrom,*Racism*,*Sexism*,*and Preferential Treatment*:*An Approach to the Topics*,24 UCLA L. REV. 581,603-15(1977)(认为在好的社会中,性别会变得和眼睛颜色一样无关紧要)with Christine A. Littleton,*Reconstructing Sexual Equality*,75 CALIF. L. REV. 1279(1987) at 1304-37(我们不可能知道什么性别差异会在新的社会情况下存在,但我们的目标应该是降低这些差异的成本)。

通过法律实现妇女解放

——基于社会主义女权主义法学的分析

邱昭继[*]

摘 要：女权主义法学继承并发扬了马克思主义法学的批判和解放精神。女权主义者认为，男性主导着法律的制定、法律的适用和法律的执行。男性通过法律巩固了他们在社会中的主宰地位，并实现对女性的压迫和控制。女权主义法学家深刻地批判了资本主义法律的大男子主义特征，进而号召广大妇女与资本主义和父权制作斗争，消除资本主义法律对女性的不公平限制。妇女的解放离不开法律的保障，消除针对女性的不合理不公平的法律并建构合理公平的法律是妇女解放的重要内容。

关键词：女权主义法学 社会主义女权主义 性别分析 妇女解放

马克思主义思想家都认识到了妇女的受压迫问题，并意识到了实现妇女解放的重要性。马克思曾在《神圣家族》中用赞许的态度引用了空想社会主义者傅立叶的一段话："某一时代的发展总是可以由妇女走向自由的程度来确定，因为在女人和男人、女性和男性的关系中，最鲜明不过地表现出来人性对兽性的胜利。妇女解放的程度是衡量普遍解放的天然标准。"[1]马克思也曾在《资本论》中对女性的境况、家庭和性别分工进行了描述性评论。他认为，女性问题的对象事实上存在于劳动力及工人阶级的再生产范围之内。马克思从个人消费、劳动力价值和产业后备大军三个角度论述了女性解放问题。[2] 恩格斯认为，女性的从属地位是一种压迫的形式，是由阶级社会的状

---

[*] 邱昭继，西北政法大学教授，法学理论教研室主任。
[1]《马克思恩格斯全集》第2卷，人民出版社1965年版，第249—250页。
[2] ［美］莉丝·沃格尔：《马克思主义与女性受压迫：趋向统一的理论》，虞晖译，高等教育出版社2009年版，第62页。

况所导致的,它之所以持续至今是因为它服从于资本的利益。正如其所言:"在现代家庭中丈夫对妻子的统治的独特性质,以及确立双方的真正社会平等的必要性和方法,只有当双方在法律上完全平等的时候,才会充分表现出来。那时就可以看出,妇女解放的第一个先决条件就是一切女性重新回到公共事业中去,而要达到这一点,又要求消除个体家庭作为社会的经济单位的属性。"[3] 恩格斯认为,女性在家庭中的附属地位是私有财产制和国家的结果,并宣称女性的解放取决于私有财产制的废除和共产主义的建立。在未来社会,女人与男人平等地进入劳动力市场,家务劳动将社会化。马克思和恩格斯都主张通过法律实现人的解放,只不过他们的论述局限于法律与资产阶级和无产阶级解放的关系。至于法律与妇女解放的关系,马克思和恩格斯则语焉不详。

在20世纪60年代后期,"压迫"和"解放"成为女权主义新左派在政治活动中所运用的关键词语。社会主义女权主义运动就是一场轰轰烈烈的妇女解放运动。压迫是对个体或团体的自由所进行的强迫的不公平限制。解放是对压迫性限制的消除。性别压迫就是对女性的束缚和不公平限制[4]。在女权主义法学家看来,压迫女性的是父权制和资本主义法律。女权主义法学家将性别的视角补充进来。女权主义法学家一致认为,法律是有社会性别的,法律的性别为男,因此法学理论应以女性生活为本。但是,关于是什么让法律的性别成为男性,法律如何具有社会性别等问题,女权主义法学家却没有达成共识[5]。深受马克思主义理论影响的女权主义法学家试图从资本主义父权制中寻找答案。父权制是男权对妇女的结构性压迫和男性对女性的侵犯。父权制贯穿于所有的政治、经济和社会制度之中。父权制提升为法律之后就变成对女性的歧视和男女权利的不平等,法律进一步巩固了男性的统治地位并强化了妇女的屈从地位。社会主义女权主义法学认为,资本主义与女性的全面发展是不相容的,父权制是一种生产关系,社会主义女权主义理论为各个法律部门带来有价值的洞见[6]。辛西娅·鲍曼指出,重温社会主义女权主义的视角能为女权主义法学带来大量有价值的洞见。社会主义女权

---

[3] 《马克思恩格斯文集》第4卷,人民出版社2009年版,第88页。
[4] 见,[美]阿莉森·贾格尔:《女权主义政治与人的本质》,孟鑫译,高等教育出版社2009年版,第7—8页。
[5] 见[美]朱迪斯·贝尔:《女性的法律生活——构建一种女性主义法学》,熊湘怡译,北京大学出版社2010年版,第67页。
[6] 见,Cynthia Grant Bowman, "Recovering Socialism for Feminist Legal Theory in the 21st Century," *Connecticut Law Review*, vol. 49, no. 1 (Nov. 2016), pp. 117-170。

主义与法律研究的结合有助于我们更深入地理解私人和公共领域的相互依赖和相互渗透,有助于对女性多重角色进行更复杂的阶级分析。[7]

一、社会主义女权主义者对资本主义父权制的批判

(一)资本主义父权制与性别分工

父权制是一种社会关系体制,在这种体制下男性拥有支配女性的权力,这是一种基于性别形成的统治与服从、优越与卑微、有权与无权的男女关系体制。[8] 社会主义女权主义者的父权制理论受到恩格斯观点的启发。在恩格斯看来,女性的从属地位是私有财产制和阶级不平等的结果。母权制向父权制的转变是女性具有世界历史意义的失败。这种转变并不是和平实现的,而是作为女性被男性奴役以两性冲突的宣告而出现的。在父权制社会,"丈夫在家中也掌握了权柄,而妻子则被贬低,被奴役,变成丈夫淫欲的奴隶,变成单纯的生孩子的工具了"[9]。于是,妻子成为主要的家庭女仆,她的职责就是生儿育女、料理家务。两性冲突是人与人之间最初的诸多对立的一种。"在历史上出现的最初的阶级对立,是同个体婚制下夫妻间的对抗的发展同时发生的,而最初的阶级压迫是同男性对女性的压迫同时发生的。"[10]在资本主义社会的家庭中,丈夫是资产者,妻子则相当于无产阶级。男女家庭地位的不平等导致男女法律地位的不平等。[11] 1969 年,美国激进女权主义者凯特·米利特(Katherine M. Millett)在《性的政治》一书中首次系统地论述了父权制理论。她认为父权制是人类文明社会的一个重要特征。"我们的军队、工业、技术、高等教育、科学、政治机构、财政,一句话,这个社会所有通向权力(包括警察这一强制性的权力)的途径,全都掌握在男人手里。这种认识非常重要,因为政治的本质是权力。"[12]父权制普遍存在于各种政治、经济和社会制度中。

---

[7] 同上。
[8] 见, Diane Polan, "Toward a Theory of Law and Patriarchy," in David Kairys ed., *The Politics of Law: A Progressive Critique*, New York: Pantheon Books, 1982, p. 302。
[9] 《马克思恩格斯文集》第 4 卷,第 68 页。
[10] 同上,第 78 页。
[11] 同上,第 87 页。
[12] [美]凯特·米利特:《性的政治》,宋文伟译,江苏人民出版社 2000 年版,第 34 页。

(二)父权制与女性受压迫

社会主义女权主义者进一步发扬了恩格斯的父权制理论。父权制成为社会主义女权主义者解释女性受压迫和男女不平等的一个主要概念。美国的社会主义女权主义者海迪·哈特曼(Heidi I. Hartmann)认为,妇女目前的社会地位的根源在于按性别进行劳动分工,如果妇女要获得与男人同等的社会地位并且其潜能得到充分的发展,不仅男女分工的等级性质应当消除,而且男女分工本身也应当消除。按性别进行劳动分工是资本主义社会的基本机制,它维护男人对妇女的优势,因为它坚持在劳动力市场中对妇女实行较低的工资。低工资使妇女依赖男人,男人从较高工资和家庭分工中得到好处。这种家庭分工反过来为剥削妇女在劳动力市场中的地位起作用。[13] 哈特曼认为目前妇女在劳动力市场的不利处境和按性别划分职业的做法是父权制与资本主义长期相互影响的结果。哈特曼的理论对父权制和资本主义提出了唯物主义的阐释,她的理论被称为"双重体系理论"。哈特曼的著作在美国引发了社会主义女权主义者的广泛讨论,并且激发其他学者发展这种分析方法。而另一位美国社会主义女权主义者齐拉·艾森斯坦进一步发展了双重体系理论。艾森斯坦运用马克思主义的阶级分析、父权制理论和辩证方法建构了她的社会主义女权主义理论。艾森斯坦认为,社会主义女权主义是马克思主义和激进女权主义的辩证综合,能够分析生产与生育的相互依赖,也能理解劳动的性别分工和它的意识形态组成的物质形式。[14]

艾里斯·扬(Iris M. Young)不赞成哈特曼和艾森斯坦的二元制理论。她认为,二元理论不能修补马克思主义和女权主义的不幸婚姻。妇女的状况不是由两种截然不同的具有独特的结构、运动和历史的社会制度决定的。女权主义马克思主义不能满足于马克思主义和女权主义这两种理论的单纯结合。社会主义女权主义计划应该出于最好地洞悉马克思主义和激进女权主义的目的,而发展一种单一的可以把资本主义父权制理解成一种制度的理论。在

---

[13] 见[美]海迪·哈特曼:《资本主义、父权制与性别分工》,载李银河主编:《妇女:最漫长的革命——当代西方女性主义理论精选》,生活·读书·新知三联书店1997年版,第46—49页。

[14] 见,Zillah Eisenstein, Constructing a Theory of Capitalist Patriarchy and Socialist Feminism, *Critical Sociology*, vol. 25, no. 2/3 (Mar. 1999), pp. 196-217; also see Zillah Eisenstein, "Constructing a Theory of Capitalist Patriarchy and Socialist Feminism," *Insurgent Sociologist*, vol. 7, no. 3 (Jul. 1977), pp. 3-17; Zillah Eisenstein, "Constructing a Theory of Capitalist Patriarchy and Socialist Feminism," in Zillah R. Eisenstein ed., *Capitalist Patriarchy and the Case for Socialist Feminism*, New York & London: Monthly Review Press, 1979, pp. 5-40。

这种制度下,压迫妇女是一种基本属性。[15] 她用劳动的性别分工范畴说明资本主义条件下的妇女身份。她认为:"把妇女推向边缘,从而使她们起次要劳动力的作用是资本主义本质的和基本的特性。"[16]资本主义制度下存在的压迫妇女的特殊形式是资本主义的本质所致。妇女在资本主义制度下受压迫的理论表明资本主义本质上是父权制的。既然资本主义是导致妇女边缘化的一个重要原因,反对妇女边缘化的斗争本身就是反对资本主义的。[17]

阿莉森·贾格尔(Alison M. Jaggar)对社会主义女权主义的特别贡献是,她把马克思的异化理论引入女权主义,从而把一个正统的马克思主义概念与激进女权主义和心理分析的洞见融合到社会主义女权主义之中。她把马克思的异化概念运用于女性。她认为生产与生育劳动的性别分工都导致了女性疏远于她们的本质。社会主义女权主义者认为,在当代社会,女性生活的各个方面都被异化了。她们通过调查表明,女性在社会中被异化成三种形象:性伴侣、母亲和妻子。男性控制女性性行为的方式使女性同自身产生了异化,女性只是被简单地视为性行为的对象,社会对她们进行评价也主要是基于其生理上的贡献。作为母亲,女性同样面临着异化。女性不能控制自己作为母亲的处境,决定不了生育多少孩子,也决定不了具体的生育过程。女性在家庭中为丈夫和孩子持续地提供服务等方面,也都表现出了女性异化的现象。[18]

社会主义女权主义理论家对资本主义父权制和性别分工持有不同的理解,这种多样性理解反映了父权制的普遍性及其影响的多元。尽管如此,她们都坚持认为资本主义父权制和性别分工是女性受压迫的根源,也都对女性受压迫问题进行了唯物主义的分析。在资本主义父权制下,男性控制了女性的劳动力,进而控制了女性的生产、生育、性和社会化。按性别进行劳动分工把妇女推向了社会的边缘,以从事没有报酬的家务劳动为主。

二、资本主义法律对女性的压迫

资本主义父权制是一种生产关系,表现在社会生活的各个方面。"这一

---

[15] 见,[美]艾里斯·扬:《超越不幸的婚姻——对二元制理论的批判》,载李银河主编:《妇女:最漫长的革命——当代西方女性主义理论精选》,生活·读书·新知三联书店1997年版,第92页。
[16] 同上。
[17] 同上。
[18] 见,[美]阿莉森·贾格尔:《女权主义政治与人的本质》,第454页。

点从社会对强奸、殴打妻子、性骚扰、就业、教育期望、工作环境、广告、娱乐以及家庭责任等问题所持的态度上表现出来。大部分社会态度都在法律中得到反映。它们是父权制无数影响和含义的一部分。"[19] 男性主导的政权将父权制用国家法律的形式固定下来,从而为资本主义法律打上了性别的烙印,法律成为男性统治女性的工具。女权主义法学家不满资本主义法律的父权制特征,对资本主义法律压迫女性的一面进行了深刻的批判。

陶伯(Nadine H. Taub)和斯奇尼德(Elizabeth M. Schneider)在《妇女的屈从地位和法律的作用》一文中指出:"在美国的整个历史中,妇女都被剥夺了最基本的公民资格权,仅被允许有限地参与市场活动,除此之外,妇女还被剥夺了获得权力、尊严和尊重的机会。妇女主要承担着提供为维持家庭生活所必需的个人及家务服务。妇女在家庭中的工作几乎得不到承认,更不用说得到重视了。排斥了女性的经济和性自治的制度化安排确保家庭负担主要由妇女来承担。尽管不是一贯如此,但这些制度安排常常是以法律形式表达出来的。"[20] 这是一篇社会主义女权主义法学的论文。斯奇尼德就是一位社会主义女权主义法学家。父权制社会形成了男主外女主内的性别分工格局。女性被排除在公共领域之外,被禁锢在私人家庭领域。陶伯和斯奇尼德在文章中列举了许多例子证明法律对妇女的压迫。在1873年的布兰德维尔诉伊利诺伊州案[21]中,美国联邦最高法院支持了伊利诺伊州法院的判决,该判决因为马拉·布兰德维尔是一名女性而拒绝她进入伊利诺伊州律师协会。布拉德利(Joseph P. Bradley)大法官认为妇女所担负的重大的任务是完成妻子和母亲的高贵和仁慈的使命。而1908年的穆勒诉俄勒冈州案[22]支持了一系列保护性的劳工法律,允许各州限制妇女的工作时间。美国联邦最高法院认为妇女是需要特别照顾的人,她们的权利可能被保留。最高法院把关注点放在了妇女的身体状况上,模糊了工人受剥削的普遍事实,也模糊了把全日理家的责任强加于妇女的社会歧视。公共领域对女性最明显的排斥是剥夺她们的选举权。美国女性直到1920年宪法第十九修正案获批才被赋予选举权。

---

[19] [美]帕特里夏·史密斯:《女权主义法理学》,载[美]丹尼斯·帕特森编:《布莱克维尔法哲学和法律理论指南》,王庆华、魏双娟等译,上海人民出版社2013年版,第311页。

[20] [美]纳蒂尼·陶伯、伊丽莎白·M. 斯奇尼德:《妇女的屈从地位和法律的作用》,载[美]戴维·凯瑞斯编:《法律中的政治——一个进步性批评》,信春鹰译,中国政法大学出版社2008年版,第233页。

[21] *Bradwell v. Illinois*, 83 U. S. 130 (1873).

[22] *Muller v. Oregon*, 208 U. S. 412 (1908).

美国法律给女性就业设置了重重障碍。针对女性的就业歧视依然盛行。比如,1977年美国联邦最高法院裁定女性不能担任最高安全级别监狱的警卫,因为女警卫容易引起罪犯的性攻击。后新政时期,社会保险立法拒绝女性享有男性同等的附加福利,社会福利和工作计划在工作安排和培训上,都赋予男性优先权。商业部门拒绝给妇女提供信贷和工作,工会和行业协会阻止女性进入需要技术的职业,公共旅馆和商务俱乐部不允许女性进入。而在私人领域,法律又不在场。侵权法也被认为不适用于家庭成员之间的伤害。许多州的法律将丈夫对妻子的强行性交排除在强奸之外。殴打妻子最初也不包括在刑事伤害定义之内,理由是丈夫有权训诫妻子。"法律在建构和保持女性屈从地位上发挥着举足轻重的作用,尽管不是唯一的作用。法律直接和明确地阻碍女性争取自我支持和在公共领域的影响,由此强化着女性对男性的依附。与此同时,法律在划定给妇女的私人领域的持续缺失不仅使妇女个人得不到正式救济,而且贬低和毁损了作为一个群体的妇女。"[23]

三、通过改革法律实现妇女解放

从理论阵营来讲,女权主义法学属于批判法理学。批判法理学主要关注正义的实现,而不是主要关注真的理解。女权主义法学持续地关注改革提议、通过立法或司法行为改变法律的方式,这将消除这个法律体系或社会中被人们视为不正义的现象。[24] 女权主义法学家认为资本主义社会现有的法律对女性不公平,她们致力于改革法律以实现妇女的解放。在1960年代的美国,自由主义女权主义者致力于改变法律、废除性别歧视、重塑法律职业。她们付出了大量的努力为妇女争取与男性平等的权利,于是形成了女权主义法学的形式平等理论。文化女权主义法学的出现很大程度上是由理解怀孕和母亲的女性经验形塑的。比如,联邦最高法院曾经没能处理好怀孕之于性别平等问题的重要性,这对妇女的生活和法律造成了巨大的影响。1978年的怀孕歧视法案将怀孕歧视界定为性别歧视的一种,这才让人们重新认识到不同语境中的"差异"概念。凯瑟琳·麦金农(Catharine A. MacKinnon)的统治女权主义法学对家庭暴力、强奸、性骚扰和色情等问题提出了真知灼见。因为

---

[23] [美]纳蒂尼·陶伯、伊丽莎白·M. 斯奇尼德:《妇女的屈从地位和法律的作用》,第238页。
[24] [美]布赖恩·比克斯:《法理学:理论与语境》,邱昭继译,法律出版社2008年版,第267页。

形式平等理论不足以分析这些针对妇女的伤害,因为它无法处理权力的父权结构。统治理论抓住了男性支配并在这些领域享有特权的经验和现实。后现代女权主义法学表达了不同种族、阶级、性取向、年龄、国籍和残疾人女性的不同体验和需求。例如,她们批评女权主义法律理论没能反映亚裔美国女性被强奸的经历,就业歧视法没有抓住性别和种族导致的歧视问题。[25]

女权主义法学家积极地推动法律变革以实现妇女的解放。她们代理女性的维权案件,参与立法的起草,并将女权主义法律理论融入司法和立法之中,努力消除针对妇女的法律歧视。麦金农在这方面堪称典范。麦金农对性骚扰、强奸、色情文艺的重新界定深刻地影响了美国的司法实践。1979年麦金农的第一本著作《工作女性的性骚扰》(Sexual Harassment of Working Women)出版,该书反映了在工作场所针对女性的性骚扰伤害,这种伤害当时就被女性团体和女性杂志所讨论。麦金农认为,根据当时的法律理论,女性无法指控这类伤害。职场性骚扰并不满足故意侵权的要素,因为故意侵权是根据男性的经验界定的。麦金农提出了一种新的法律理论,她认为性骚扰是对女性的虐待、压迫、剥削和羞辱,也是一种就业的性别歧视,因而工作场所的性骚扰违反了《民权法案》第七章的条款和宪法第十四修正案的平等保护条款。这样一来遭受性骚扰就可以提出法律救济了。[26] 根据麦金农的界定,性骚扰将纳入平等就业机会委员会(Equal Employment Opportunity Commission)的管辖之下,这个机构负责实施针对就业歧视的法规。最终,美国联邦最高法院在1986年的美驰储蓄银行诉文森案[27]中采纳了麦金农关于性骚扰的界定。最高法院认定,不受欢迎的求爱制造了一个令人不快的敌视工作环境,当上司性骚扰下属时,上司构成了基于性的歧视,雇主对因为性骚扰造成的敌视环境负有严格的责任。[28] 此案之后,女权主义法律人将性骚扰法适用于不同主体之间的性骚扰以及针对同性的性骚扰。女权主义法学家关于性骚扰的讨论在1991年进入了公众的视野。事情的起因是克拉伦斯·托马斯(Clarence Thomas)被提名为联邦最高法院的大法官,其曾任职的平等就业机

---

[25] Cynthia Grant Bowman & Elizabeth M. Schneider, "Feminist Legal Theory, Feminist Lawmaking, and the Legal Profession," *Fordham Law Review*, vol. 67, no. 2 (Nov. 1998), pp. 249-271.
[26] 见,Catharine A. MacKinnon, *Sexual Harassment of Working Women: A Case of Sex Discrimination*, New Haven: Yale University Press, 1979, p. 6。
[27] *Meritor Savings Bank v. Vinson*, 477 U. S. 57 (1986).
[28] Cynthia Grant Bowman, Laura A. Rosenbury, Deborah Tuerkheimer & Kimberly A. Yuracko, *Feminist Jurisprudence: Cases and Materials*, 4th ed., St. Paul: West Academic Publishing, 2011, pp. 882-883.

会委员会的助手安妮塔·希尔(Anita F. Hill)在国会听证会上指控托马斯对她有过性骚扰。电视台播放听证会时邀请了女权主义法学家解释新的性骚扰理论。这一事件让公众明白了性骚扰原来是违法行为,后来关于性骚扰的研究也如雨后春笋般地爆发。

麦金农等女权主义者关于色情文艺的研究也极大地推动了法律的变革。在1973年的米勒诉加利福尼亚州案[29]中,伯格(Warren E. Burger)大法官界定了"淫秽"的内涵:如果普通人以当前地方的社会标准,总体上考察某物品能引起人们的色情淫欲,而无严肃的文学、艺术、政治或科学的价值的材料。淫秽出版物在美国不受法律保护。女权主义者认为淫秽不同于色情文艺。淫秽是一种道德观念,色情文艺是一种政治实践。淫秽是抽象的,色情文艺是具体的。"反淫秽法是从男性的观点来看待道德的,即男性统治的立场。相比之下,女权主义对色情文艺的批评是基于女性的观点,即强调女性对男性从属状态的立场。"[30]反淫秽法解决不了色情文艺的性压迫和性剥削问题。麦金农等女权主义者对色情文艺进行了新的界定,进而影响到法律的制定。1983年,安德丽娅·德沃金(Andrea R. Dworkin)和麦金农起草了一项反色情文艺的民权法令,同年12月30日明尼阿波利斯市议会采纳了这个法令,认定色情文艺违反妇女的公民权利。此后,类似的反色情文艺法令在美国的多个城市以及瑞典、德国、新西兰和菲律宾等地获准通过。[31] 德沃金和麦金农将色情文艺界定为"通过图片和(或)言词赤裸裸地展示女性屈从地位的图文材料"[32]。色情是以性为基础的针对妇女的体系性的剥削和压迫的实践,色情对女性的伤害表现为人格侮辱、性剥削、强迫的性关系、强制卖淫、身体伤害以及性恐吓等。女权主义法学家弗朗西斯·奥尔森把反色情提议放在更一般的女权主义分析的语境中进行考察,她把麦金农的分析概括为:"男人剥夺了女人的性,色情增加了女人附属地位的性魅力,女人的附属地位创造了我们对性别差异的感知和体验。她认为,色情是女人附属地位的关键,色情使

---

[29] *Miller v. California*, 413 U. S. 15 (1973).
[30] [美]凯瑟琳·A.麦金农:《迈向女性主义的国家理论》,曲广娣译,中国政法大学出版社2007年版,第288页。
[31] 见, Cynthia Grant Bowman, Laura A. Rosenbury, Deborah Tuerkheimer & Kimberly A. Yuracko, *Feminist Jurisprudence:Cases and Materials*, p. 384。
[32] 见, Andrea Dworkin and Catharine A. MacKinnon, *Pornography & Civil Rights:A New Day for Women's Equality*, Mishawaka:Organizing Against Pornography, 1988, *quoted in* Cynthia Grant Bowman, Laura A. Rosenbury, Deborah Tuerkheimer & Kimberly A. Yuracko, *Feminist Jurisprudence:Cases and Materials*, p. 384。

得女人的附属地位具有了性的吸引力,并且不断地强化附属领域,并让附属领域充满色情。规制色情的要点不是让生命变得无趣,而是从根本上扭转男人和女人的关系。"[33]"色情文艺是强迫的性、性政治的实践和性别不平等的制度表现。"[34]根据德沃金和麦金农对色情文艺的重新界定,色情文艺被界定为性别歧视,因而违反《民权法案》。从此,遭受色情文艺伤害的女性便可以通过一纸诉状起诉那些制作、发行和销售色情文艺的人和公司了。麦金农近十年来转向国际法的研究,她认为强奸在战争中变成一种系统性的战争武器,她作为这些地方女性的代表,将曾经性侵犯她们的人告上了国际刑事法院,在国际法上开创了承认强奸是种族灭绝行为的先例。

结语

女权主义法学继承并发扬了马克思主义法学的批判和解放精神。马克思对资本主义法律进行了无情的批判,这是马克思对资本主义进行总体批判的一部分。马克思之所以批判资本主义法律是因为这些法律在工业资本主义时期沦为压迫人控制人的工具。马克思心目中真正的法律应是人民自由的圣经。在马克思看来,法律应当致力于实现人的解放,即实现人的自由、自主、平等与尊严。马克思认为资本主义法律宣称的自由、平等和人权等价值理想是虚伪的,因为这些价值专属于资产阶级,与无产阶级无缘。女权主义法学家高扬马克思主义法学的批判大旗。她们认为自由主义法治所宣称的法律的中立性、客观性和确定性都是虚假的。男性主导着法律的制定、适用和执行。在立法、司法和执法的过程中处处反映了大男子主义倾向。男性通过法律巩固了他们在社会中的主宰地位,并实现对女性的压迫和控制。女权主义法学家深刻地批判了资本主义法律的大男子主义特征,进而号召广大妇女与资本主义和父权制作斗争,消除资本主义法律对女性的不公平限制。妇女的解放离不开法律的保障,消除针对女性的不合理不公平的法律并建构合理公平的法律是妇女解放的重要内容。

(责任编辑:刘熊擎天)

---

[33] 见, Frances Olsen, "Feminist Theory in Grand Style," *Columbia Law Review*, vol. 89, no. 5 (Jun. 1989), pp. 1147-1178。

[34] 见, Catharine A. MacKinnon, *Feminism Unmodified*, Cambridge: Harvard University Press, 1987, p. 148。

论 文

精神的不同向度:韦伯的宗教法与马克思的批判法

张薇薇*

摘　要: 从对世俗化和理性化的世界精神气质和法律品质的关注出发,马克斯·韦伯和卡尔·马克思的学术与思想范式,成为重要的比照性研究资源。本文将韦伯和马克思的人格类型和法律类型进行比勘,即前者是理论大师,后者带有诗学气质,他们分别代表了某种可以称之为宗教法范式和批判法范式的思维范式。韦伯和马克思的不同精神路向,即宗教决定论还是物质决定论,也对法律类型和价值判断产生了本质的影响。宗教比较和法律比较形成对应,即有宗教法和批判法的理想型之分殊。在针对现代性及其超越的维度上,根据韦伯和马克思的理论关怀和启蒙,尝试提出天主教宗教伦理对于现代性和法律的意义。

关键词: 宗教法　批判法　宗教伦理　精神类型

导言

世俗化(secularization)是西方文化的应有之义,世俗化问题产生的肇因是什么?《圣经》中也不是没有经济伦理之教化,作为入世苦行的新教,是否直接推动了资本主义精神?资本主义精神与天主教伦理精神之间,难道就与新教和资本主义之间判若鸿沟?

---

* 张薇薇,苏州大学王健法学院法理学副教授,法学博士。

世俗化,是相对于宗教而言的。韦伯(Max Weber)对新教伦理与资本主义精神所作的考察表明:世俗性(secularity)是了解近代欧洲基督宗教生活的基本概念。[1] 世俗化问题的产生,是由于什么呢?启蒙?商业行为的理性维度?物质与精神在宗教领域的改革,如宗教改革、科学技术等?

无疑,理性化是理解西方的一条重要(甚至中心的)脉络。世俗与神圣的变奏、唯物与唯心的辩证,对立统一的哲学,就是一种辩证法;启蒙辩证法,就是信仰与启蒙的悖论。[2] 理性与世俗的悖论,体现为精神本体的自我反对、彼此博弈、主奴的逻辑、人对自然的主客两分等。启蒙世俗化以后的世界理性的问题,也进入法学的视野和讨论范围之中。

世俗化和理性化的发展趋势,也导致了形式理性与经济理性。世俗化、现代化的最重要维度,就是商业或经济理性的观察维度。经济领域拥有其特定的最近目标和特殊的本质,因此也就拥有相对的独立性和不依赖性。这就是说,被确定下来的是经济和经济活动的相对独立目标。经济必须获取资源以满足人类需要,而且是以经济合理的、符合理性的方式。从基督教立场来看也是如此。据此,在上帝的世界计划中,经济被设想成第二原因,作为手段而被要求,即以其由上帝预先确定的、人类能够实现的目标的特性而被要求。可以这么说,人类应该继续上帝的活动,人类有义务协助自然。为了实现他们的最高目的,个体和整个民族应该谋得必要的资源。"为了实现造物主所要求的目标,一切必要的东西在伦理上同时也必然是被许可和允许的。为保持善所必需的那种东西,自身不能是恶。"[3] 而法律之世俗化趋势之产生,其宗教根源亦值得深探——其究竟是根源于实证主义、宗教改革(韦伯)、纯理性主义的康德意义上的,还是在整一个祛魅的"现代性"的大传统之下?

韦伯和马克思都有论及现代资本主义经济的起源,但韦伯"形而上学"式

---

[1] 参见[美]哈特穆特·莱曼:《韦伯的新教伦理:由来、根据和背景》,阎克文译,辽宁教育出版社2001年版;转引自张宪:《基督宗教、马克思主义和历史终结——以解放神学为例串起的历史分析》,《现代哲学》2003年第3期,第42页。世俗化概念在韦伯那里,有时用理性化(rationalitaet, rationalization)、"祛幻"(Entzaberung, Disenchantment),有时用知识化(intellectualization)。

[2] 参见[法]马克斯·霍克海默、西奥多·阿道尔诺:《启蒙辩证法:哲学断片》,渠敬东等译,上海人民出版社2006年版。这种启蒙的问题,唯独对于中国来说,似乎从精神深处格外地难以理解——理性与世俗的悖论,信仰与启蒙的悖论。也有学者曾提出可以与西方相依照和借鉴的中国的文艺复兴论说(比如民国学人胡适之先生,曾主张"中国的文艺复兴论",比如他在1928—1948年间有关"中国的文艺复兴"主旨的多种论著和演讲中所表达的观点)。

[3] [德]席林:《天主教经济伦理学》,顾仁民译,中国人民大学出版社2003年版,第8—9页。

地取法于宗教决定论,而马克思则形而下学式地为我们所熟知地进行剩余劳动力、剩余价值和资本扩大再生产的纯政治经济学的内部分析,而在精神起源问题上几乎是完全回避——在人类的精神起源问题上,一体地采用经济基础决定上层建筑论。

作为基督宗教衍生意义的近代自然法权的财产权,曾被古典自由主义思想家认为是人格权的一部分;这种观念来自人的生命是一种宝贵的财产,是上帝的财产的宗教意识——因此,作为上帝财产的人类,并没有处置自己生命的权利,只能按照理性来保持自身的生存,即是在帮助上帝保护自己的财产;人类因此也就有了保护和维持自己生命的权利——由此衍生而来就形成了自由的权利,亦即自由地获取物品来保护和维持自己的生命的权利。

所谓"财产"(property),是指公民个人所拥有的能够自主支配的物质财产。这是狭义上对财产的理解。广义的财产,还应包括人的生命和自由,甚至还包括人的劳动及行为规范,它是个人所有的东西的总和,包括身心和物质两个方面的内容,或者说无形和有形之两种状态。因此,在资产阶级的观念中,私有制是人格的一部分,资产也是人格的定义之一,这也充分体现了社会经济权的积极意义。这是西方主流的理性主义法权传统的观念,也是为古典自由主义、西方保守主义的经典教义、法哲学和社会哲学等予以捍卫的神圣的"圣经"天赋权利和正当性。这些理论在现代政治哲学理论家约翰·洛克和以赛亚·伯林那里可以看得很清楚。

而研究解放神学问题、马克思主义与基督宗教的内在精神关系的国内哲学家张宪教授认为:马克思主义,恰恰是犹太——基督教宗教用自己丰盈的精神母乳喂大的一个强大的思想对立物,两者都隐藏着一个共同的叙事结构:第一,对世界作一种包罗万有的统一的描述;第二,有一个完整的关于人类的堕落与拯救的"故事";第三,有一个着眼于未来的"终末论"形态和弥赛亚信念;第四,强调精神生活与肉体生活、理论与实践的统一。马克思主义用"颠倒"的方式,表达了基督宗教的精神价值。因此,只有理解基督宗教,才能真正地把握马克思主义的思想实质和终极诉求;而反过来,只有理解了马克思主义,才能真正理解基督宗教信仰的精神价值。基于对人类未来美好生活热切追求的真诚态度,马克思主义者和基督徒可以通过相互追问,各自从对方身上发现自己要表达的那种终极的精神价值[4],以及终极价值的奇妙的对

---

[4] 参见张宪:《马克思主义与基督宗教的精神价值》,《现代哲学》2011年第1期,第31页。

应性的倒置或"颠倒"[5]。

而韦伯作为精神(宗教)决定论的政治、法律和经济模式之思想特点——则可以集中地体现在他的《新教伦理与资本主义精神》这部非常有个性的专著之中,以及他对于世界诸大宗教和政治经济之比较研究的宏观视野之中。

一、作为妄想者-诗人,极具大师气质的马克斯·韦伯

(一)韦伯对于精神气质和精神类型的倚重:从《新教伦理与资本主义精神》的研读出发

韦伯对于精神与经济因素、新教伦理问题和法律制度的关联,堪称具有先知型和大师型之研究风范。[6] 当韦伯论及法律行为之时,他也将资本主义精神理解为入世苦行的一种宗教的精神。[7]

韦伯在《新教伦理与资本主义精神》一书中指出,西方在近代还发展了一种极其不同的资本主义形式——这种资本主义在其他地方还从未出现过,这就是(在形式上的)自由劳动之理性的资本主义组织方式。[8] 韦伯认为,中心的问题毋宁是:以其自由劳动的理性组织方式为特征的这种有节制的资产阶级的资本主义起源问题。或从文化史角度来说就是:西方资产阶级的起源及其特点问题;这个问题与资本主义劳动组织方式的起源问题肯定有着密切的关系,但又不完全是一回事。因为资产阶级作为一个阶级,在资本主义独特的近代形态发展以前就已经存在了,虽然它确实只不过是在西半球存在着。理性的工业组织只与固定的市场相协调,而不是和政治的或非理性的投

---

[5] 同上,第33—35页。
[6] 我在博士一年级时曾对于韦伯的新教伦理学说写过一篇书评(2003年未刊稿)。我的博士论文《中世纪西欧商人兴起与法律:11—16世纪》的第一章"商业与宗教的捏合与冲突",也是希望体现这样一种曾经作为韦伯思想的学生和信众之思路,即精神与经济因素、法律制度,具有本质的内在联系,但我更希望这样一种精神气质的解读——不一定学术化、概念化为某一个历史肇因或动力原因——而比如新教伦理的现代商业精神起源说,我以为,可能是韦伯的学术强化和强调所致,其不一定具有真实的、自然的因果关系。
[7] 法兰克福学派的西美尔[即格奥尔格·齐美尔(Georg Simmel,1858—1918)德国社会学家、哲学家],曾在他的《货币哲学》中提出过商业的货币理性与现代社会精神的关系。
[8] 参见[德]马克斯·韦伯:《新教伦理与资本主义精神》,于晓、陈维纲译,生活·读书·新知三联书店1987年版,第11页。

资营利活动相适应的;这种理性的工业组织并非西方资本主义的唯一特点。资本主义企业的现代理性组织在其发展过程中如若没有其他两个重要因素就是不可能的,而这两个因素就是把事务与家庭分离开来,以及与之密切相关的合乎理性的簿记方式。[9] 这种独立性之不可或缺的前提,即我们理性的商业簿记方式以及我们的公有财产与私有财产在法律上之分离,精确地核算与筹划(这是其他一切事情的基础)只是在自由劳动的基础上才是可能的。[10] 而《新教伦理与资本主义精神》则提出了这种推测:在以苦修来世、禁欲主义、宗教虔诚为一方,以身体力行资本主义的获取为另一方的所谓冲突中,最终将表明,双方实际上具有极其密切的关系。[11] 笃信宗教的生活方式和非同寻常的经商手腕结合了起来。[12] 基督宗教的财富观,尊重自由和个体私有,也催生了这样的理念,可以说后者是基督宗教的核心人格理念和社会 – 政治道德理念。以基督教的眼光来看,个人主义和财产权之间,是一种宗教天然认可的结构和内在的彼此承认。[13] 有关个人财产权制度的基督教哲学基础,私人财产权(private property)应为实体法所规定和设计。财产权(property)从某种派生的意义上说,的确是一种自然权利;甚至在自然权利之中亦有这样一种价值之序阶。从重要性上言之,它也许未尝如生命与自由有同等高度之可贵。生命与自由,是终极的价值,而对财产权的尊重,却仅是一种工具性的价值(an instrumental value)。

基督宗教虽然以人类之始恶为叙事之原点,但并未对于人性之私性完全不予以重视。恶和私性,有一定的联系,而财产却是私性和人格所必需的,同时财产在《圣经》哲学层面上,也是上帝造人造物并创世之应有之义——即将人类作为统领万物的一个表率,作为上帝对于被造的尘世的一个必要的成本要求:生产、生活和经营。圣托马斯也曾论证过私有财产权制度,其并非通过自然法之命令,而是借着经验而来的对于后果之思考。托马斯·阿奎那认

---

[9] 同上,第12页。
[10] 同上。
[11] 同上,第28页。
[12] 同上,第30页。
[13] "作为每一个个体的人(individual),从基督宗教之理念看,皆依上帝之形象所造,个体本身就蕴含着终极的目的——而在此种意义之上,寓其谓之'人格主义'(personalism)。"吴经熊:《正义之源泉:自然法研究》,张薇薇译,法律出版社2015年版,第182页。在宗教神学的谱系之中,财产权这种权利和权能,其实是位格性的、人格性的,因此也是符合正当性和天然性的。参见吴经熊:《正义之源泉:自然法研究》,张薇薇译,法律出版社2015年版,第68—69页。

为:"有两种因素进入到人的能力中以支配外在事物——管领(administration)与歆享/享有(enjoyment)。"每个人都知道代管者、看管人(stewardship)这一概念或者信托(trust)这个理念在整个普通法体系之中占据了多么重要的地位。国家本身被视作公共财富之受托人,我们没有理由不将所有的私人财产所有权委以公共利益之一种信托来考虑。法学家吴经熊博士认为,这是一种关于私有财产权之基督宗教哲学。

理性的(rational)或理性化,是韦伯最基本的术语之一。韦伯所谓的"理性",实际上颇相当于德国古典哲学中所谓之"理智"即"知性",或韦伯所提到的希腊才智,即理性精神。[14] 而东方缺乏那种对于一切艺术都具有经典意义的理性化(rationalization)之类型气质。韦伯也曾谈到了经济的理性与政治和权力(行政官僚系统)的理性化之密不可分的关系。[15] 韦伯认为,现代文明或者说西方问题之总枢纽,乃是在于理性的问题。韦伯所提到的世俗化,亦和理性化之间相伴而生。资本主义的法和制度,也产生于经济活动的一种理性化之需要。资本主义法的特质和货币的属性,具有内在的关系。[16]

而经济的理性和宗教的理性如何关联呢?韦伯的逻辑,似乎比较直接、直觉化,看上去有些粗糙,也显得比较感性(因此而具有先知般之感受力?)——"虽然经济理性主义的发展部分地依赖理性的技术和理性的法律,但与此同时,采取某些类型的实际的理性行为却要取决于人的能力和气

---

[14] 参见[德]马克斯·韦伯:《新教伦理与资本主义精神》,于晓、陈维纲译,生活·读书·新知三联书店1987年版,第4页注释;另参见陈维纲的译者注。

[15] 在这些方面中具有毋庸置疑的重要性的是法律和行政机关的理性结构。因为,近代的理性资本主义不仅需要生产的技术手段,而且需要一个可靠的法律制度和按照形式的规章办事的行政机关。没有它,可以有冒险性的和投机性的资本主义以及各种受政治制约的资本主义,但是,绝不可能有个人创办的、具有固定资本和确定核算的理性企业。这样一种法律制度和这样的行政机关只有在西方才处于一种相对来说合法的和形式上完善的状态,从而一直有利于经济活动。参见,同上,第14—15页。

[16] "这也同样适用于我们现代生活中最决定命运的力量——资本主义。获利的欲望、对营利、金钱(并且是最大可能数额的金钱)的追求,这本身与资本主义并不相干。这样的欲望存在于并且一直存在于所有的人身上,侍者、车夫、艺术家、妓女、贪官、士兵、贵族、十字军战士、赌徒、乞丐均不例外。可以说,尘世中一切国家、一切时代的所有的人,不管其实现这种欲望的客观可能性如何,全都具有这种欲望。……对财富的贪欲,根本就不等同于资本主义,更不是资本主义的精神。倒不如说……资本主义更多地是对这种非理性(irrational)欲望的一种抑制或至少是一种理性的缓解。不过,资本主义确实等同于靠持续的、理性的、资本主义方式的企业活动来追求利润并且是不断再生的……利润。因为一个个别的资本主义企业若不利用各种机会去获取利润,那就注定要完蛋。"参见,同上,第7页。

质。如果这些理性行为的类型受到精神障碍的妨害,那么,理性的经济行为的发展势必会遭到严重的、内在的阻滞。各种神秘的和宗教的力量,以及以它们为基础的关于责任的伦理观念,在以往一直都对行为发生着至关重要的和决定性的影响。"[17] 我们所关心的往往都是宗教生活中非常浅薄、粗俗的方面。然而,正因为外在的浅薄粗俗,才经常是最深刻地影响着世俗的行为。[18]

韦伯认为,商业资本主义精神是理性的,但商人资本家的伦理表达却是深刻的(宗教般的)"非理性",这是赚钱的虔诚,这也是不断扩大生产和牟利的信仰,就是马克思所批评的"拜物教"——"人竟被赚钱动机所左右,把获利作为人生的最终目的,在经济上获利不再从属于人满足自己物质需要的手段了。这种对我们所认为的自然关系的颠倒,从一种朴素的观点来看是极其非理性的,但它却显然是资本主义的一条首要原则,正如对于没有受到资本主义影响的诸民族来说这条原则是闻所未闻的一样确定无疑。与此同时,它又表达了一种与某些宗教观念密切相关的情绪。"[19]

而韦伯不像马克思那样是一个批判者和革命者,他作为一个具有理论气质的学者先知,始终忠诚于自己的社会基础和历史主流话语、保守的土地贵族情绪——去看待商人这个新鲜的事物,包括韦伯非常看好商业伦理、商人伦理这个前所未有的新事物、"新人类",世界历史的精神的世俗化、物欲化的始作俑者——韦伯以最初的原始积累资本家的形象和代言人富兰克林这个商人,作为资本主义精神,特别是商人伦理的一个例子。[20] "富兰克林所宣扬的,不单是发迹的方法,他宣扬的是一种奇特的伦理,违犯其规范被认为是忘记责任,而不是愚蠢的表现。这就是它的实质。它不仅仅是从商的精明(精明是世间再普遍不过的事),它是一种精神气质。"[21] 富兰克林所有的道德观念都带有功利主义的色彩。诚实有用,因为诚实能带来信誉;守时、勤奋、节俭都有用,所以都是美德。[22] 而这种东西,这种精神特质,韦伯认为,是唯独出现在欧洲,后来是在美国的一种商业资本主义的性格、人格和理想型。"具

---

[17] 同上,第150页,注释1。
[18] 同上,第24页。
[19] 同上,第37页。
[20] 同上,第36页。
[21] 同上,第3页。
[22] 同上,第37页。

有伦理色彩的劝世格言,就是指后一种意义的资本主义精神……我们这里所论述的只是西欧和美国的资本主义。资本主义在中国、印度、巴比伦,在古代的希腊和罗马以及在中世纪都曾存在过。但我们将会看到,那里的资本主义缺乏这种独特的精神气质。"[23]

(二)韦伯之病——理性化及其牢笼

美国作家和学者苏姗·桑塔格(Susan Sontag)讲到了现代性的"疾病"的问题。社会学大师米歇尔·福柯(Michel Foucault)也是以病理学、性学、精神病史来分析政治社会史。而作为大学者的韦伯本身是一个带有现代性的特征的病人[24],可以作为揭示现代性的一个典型案例。虽然韦伯的心理疾病有可能来自家庭的矛盾。[25]

韦伯在他的《新教伦理与资本主义精神》一书中高看新教伦理,但它也是一剂猛药;新教伦理之后的资本主义世界的理性化的牢笼,是韦伯的断言,但这种理性化的自我束缚和难以治愈,是否也是牵连韦伯终生的慢性疾病和心理疾病的某种征兆。

理性有诸元或诸端,理性在现代性之中是分裂的,比如工具理性、价值理性、目的理性等。当技术理性一维畸形发展,就会影响到价值理性的维度,在法律的领域亦然。例如,《圣经》中的法律专家(法利赛人)受到耶稣基督的诟病,不是没有道理的;又如,现代的理性主义,也许从犹太律法观之预设中,就可能在形成了。这一点,在韦伯"专家没有灵魂,纵欲者没有心肝"的断言之中,亦被先知式地予以概括了。

法律,是具有公共性的集体意志和理性予以理解和合作的产物。法的属人的目的不可失落。律法精神的理性和公意,也可以从《圣经》信仰之中得到一些普适性的理解。但法律的唯理化的生命,也会导致现代社会和现代人的"疾病",诚如韦伯之痛,这可能还是全方位的而难以根治之精神疾患。

---

[23] 同上,第37页。
[24] 这是笔者的论断。从有关于韦伯的传记中可以获知,比如[德]迪尔克·克斯勒:《马克斯·韦伯的生平、著述及影响》,郭锋译,法律出版社2004年版。
[25] 同上,第40—43页。

二、作为理想狂 – 诗人,极具先知气质的卡尔·马克思

(一)作为隐秘的宗教论者和理想主义者的马克思

马克思与解放神学的关系,曾有学者专门作过研究。[26] 哲学家张宪教授的研究认为,借着解放神学的启示,马克思主义与基督宗教的对话,是一个非常重要和重大的课题。马克思的无神论,是否是基督宗教末世论的世俗版?也许正是基督宗教的末世论,将使我们既理解又从根本上质疑马克思的无神论纲领。

马克思的思想本源,与对西方基督宗教的理解和领会密不可分。经济学家熊彼特就将马克思主义视为一种宗教形式:其带有终极性(包含一些绝对的标准),且暗含着救赎的计划和对于人类的恶的隐喻,或者说是只有一部分人可以被拯救、一部分人被消灭这样的宗教思维。[27] 马克思带有天才和先知的气质。[28] 按照熊彼特的理解,天才和先知,通常并不会在专业领域怎样的出色,他们的原创力(originality)恰恰削弱了专业性。[29] 张宪教授认为,这种"先知式的"预见,它的真正语境从严格意义上来说却是无神论的。马克思的无神论采纳一种纯粹现世世界之视角,毫不涉及那个拯救的上帝——而从基督宗教的观点来看,正是这个上帝被期待通过在地上建立他的王国来更新人性。[30] 这种纯现世世界定位的仿宗教设计,又可以是一种革命语境,甚至从普遍伦理之一维儒家伦理的唯心主义和天人合一的哲学以及气论的超凡性来看,与非基督宗教的其他文明和文化的存在和信赖语境相比,也是非常激进的。在

---

[26] 随着基督宗教的世俗化进程,20 世纪 70 年代出现了解放神学——使得基督宗教与马克思主义在特定历史境况中达成的一种联姻。双方都共同认为:人类的解放首先是要摆脱资本主义社会政治和经济的奴役,其次是在历史中了解真正自由的含义,由此确立人的主体性。但也有不同点:马克思主义者相信人类从阶级社会向无阶级社会的过渡中,无产阶级专政是历史的必然;而解放神学则强调人类的获救完全是出自上帝的礼物,人不过是响应上帝救赎的呼召,因而,人类在灵性上对自己罪性的认识,用爱来创造新的存在,这才是人类解放历史的最终结局。参见张宪教授对于解放神学的介绍,以及对于解放神学和马克思主义的关联研究。参见张宪:《基督宗教、马克思主义和历史终结——以解放神学为例串起的历史分析》,《现代哲学》2003 年第 3 期,第 42 页。

[27] 见,Joseph A. Schumpeter,*Capitalism, Socialism & Democracy*,Taylor & Francis e-Library,2003,p. 5。

[28] 同上,第 21 页。

[29] 同上。

[30] 参见[比利时]Georges De Shrijver:《解放神学与马克思主义》,江小苏译,《现代哲学》2009 年第 5 期,第 26 页。

神学家保罗·梯利希（Paul Tillich）看来，马克思对人及其历史的看法，有两个决定性的基本思想，其中与基督宗教对人和历史的解释有相当吻合的一面，亦有不尽一致的一面。[31] 比如，马克思与基督宗教所谓的未来世界大不相同，但有一个共同点：就是历史在未来的某个阶段会达到顶点，以后就是永恒的大同世界了；马克思关于人从异化状态走向自由状态之理想以及其中蕴含的伦理观念，则是基督徒无须舍弃自己的信仰或伦理，一般都可以同意接受的。

《所谓的知识分子》[32]一书的作者约翰逊认为，马克思有三种分身，即诗人、记者与道德家，每一种都很重要。可以说，理性的科学家或社会科学学术之要求，在马克思的人格特征和智慧特征之中显得较弱，但他却拥有"末世论"的宗教笔触和想象——"比如，马克思的历史预测之所以如此戏剧性、对那些相信资本主义之灭亡与审判即将到来的激进读者们有这么大吸引力，当然是诗意元素使然。诗人的天赋不时在马克思的文章中显现，留下一些令人难忘的章节。就此而论，马克思凭借的是直觉，而非推理或计算的能力，他终究是个诗人。"[33]马克思看似以严格的黑格尔学派用语来表达，把德国哲学术语的可观资源全都用上，尽管其背后显然是道德性冲动，而最终的想象（末日危机）依然是诗意的。又如将无产阶级视为救世主的形象，等等——"一个若不从其他一切领域解放出来就不能解放自己的领域，简言之，这个领域就是人的完全丧失，只有通过人的完全救赎才能救赎自身。这个社会解体的结果，作为一个特定阶级来说，就是无产阶级。"[34]马克思似乎是在说，无产阶级，这个不是阶级的阶级，这个各阶级的溶剂，是一种没有历史的救赎力量，无视于历史定律且最后要终结历史。这种说法本身就是一种非常犹太式的口吻，无产阶级成了弥赛亚、救世主，有这样的庄严美感和宗教气质。

灵魂和肉体的区分，是共产主义物质观之彻底性的前提，也就是将某种属于肉体的、必要的甚至是伦理的私有制的财产物质，绝对化为灵魂的对立面。灵魂之丰盛，可以代言物质，这似乎是"士大夫无恒产而有恒心"之观念。

---

[31] 转引自张宪：《自由的存在与感恩——马克思人观与基督宗教人观之比较》，中国社会科学院基督教研究中心于2001年10月在北京举行的"基督宗教人学研究"学术研讨会论文。爱思想网：http://www.aisixiang.com/data/16236-3.html，访问日期：2018年9月20日。
[32] 参见[英]保罗·约翰逊：《所谓的知识分子》，杨正润等译，究竟出版社2002年版，第三章"马克思——披上科学外衣的诗人革命家"。
[33] 同上，第92页。
[34] 同上，第96页。

马克思的强烈的反精神和西方传统中的理念本质的倾向,在于他以社会属性和社会行动来批判黑格尔的理念和精神的个体差异性,而主张社会地位所带来的个体差异性。[35]

(二)拥有批判法精神的批判者:马克思

马克思与基督教和资本主义,究竟是什么关系?马克思的思想,按照有些学者的研究,是一种颠倒的基督宗教伦理。[36] 马克思所提出的共产主义的原初的思想资源是什么?虽然,作为上帝道成肉身的显现——耶稣基督,口口声声并不主张财富,只是驳斥了贪婪,只是将前者与求道、证道的真生命的价值相比照,但并不真正反对人的个体性、生存性的存在。赏罚的观念依然具有物质性,这一点在宗教祭仪和向神献祭上就可以看到。物质的要求,是人神共存的。宗教精神的神贫和拒绝贪婪,影响了马克思。马克思对于商业和资本之恶的发现,也许会是一种圣经式的思维,也就是极端的信仰崇拜、对极化的二元思维,以及人和神之间的不可逾越的悖论性。马克思的家族虽然具有犹太血统,但马克思却反对犹太人,敌视自己的所属和种族,敌视那种游离于欧洲传统贵族道德的现代道德和经济理性。

有关现代性所导致的人和法律的异化,本就是一个批判法学之语汇。在西方新马克思主义法学的著述里面,我们也可以看到对于马克思的批判法思想的多个维度的系统阐述。[37]

三、天主教伦理的价值梯度

按照韦伯说的,《圣经》中的经济伦理很重要,直接影响到了教派,成为资本主义精神的母体;《圣经》中的苦行、禁欲的概念,也可能对后世的物质积累

---

[35] 参见[德]马克思:《马克思早期政治著作选》,中国政法大学出版社2003年版,第7页。
[36] "基督教采用的是'从上而下'的神启方式,而马克思主义则是'从下而上'的革命话语表达。""马克思思想体系中的两个'颠倒':一个是把黑格尔'头足倒置'的辩证法'颠倒'过来——确切地说,是对黑格尔'颠倒'的'再颠倒';另一个是对犹太-基督宗教诉诸彼岸超越的'终末论'(eschatology)的'颠倒'。"参见张宪:《马克思主义与基督宗教的精神价值》,《现代哲学》2011年第1期,第31,33—35页。
[37] 参见[英]休·柯林斯:《马克思主义与法律》,邱昭继译,法律出版社2012年版;以及西方马克思主义法学经典译丛的一些著述,如《法律自然主义》《私法的制度及其社会功能》;还有对于当今的马克思主义的分析法学派之研究,参见邱昭继:《分析的马克思主义法哲学的思想方法与理论贡献》,《哲学研究》2016年第9期。

和世俗化带来根本的精神动力。

而对于新教伦理的补充和对于价值虚无主义予以批评的天主教经济伦理,究竟是一种疗治还是轻敷? 中世纪的禁欲主义,意味着什么? 天主宗教的普适性和普适伦理,又意味着什么? 韦伯认为天主教伦理,依然是一种传统伦理,是一种属于前现代精神气质的事物;而工商界领导人、资本占有者、近代企业中的高级技术工人尤其是受过高等技术培训和商业培训的管理人员,绝大多数都是新教徒。[38] 天主教徒较少参与德国的近代经济生活这一事实更为令人惊诧,因为它与任何时候(包括现在)都可以观察到的一种趋势恰好相反。[39] 天主教更注重来世,其最高理想更具禁欲苦行色彩,这无疑会将其信徒培养得对现世的利益无动于衷。[40] 天主教更为恬静,更少攫取欲;天主教徒宁愿过一辈子收入不高但尽可能安稳的生活,也不愿过有机会名利双收但惊心动魄、担当风险的生活。[41] 然而,天主教经济伦理和资本主义的起源,是否毫无本质的关联?[42]

虽说在韦伯眼中基督新教和天主宗教精神气质完全不同——毕竟前者催生了资本主义精神,但后者也并不是反对或压制资本和法律的扩张,甚至天主宗教还可以在现代和后现代的时空,与普适伦理的讨论结合在一起,而将一种由新教所催发的资本主义精神,使之更符合于后现代的道德要求和交往处境。并且,天主教比新教保存了一定的美感和非世俗的结构。

而天主教在物质和财富问题上,虽然提出了伦理的维度——宗教,作为道德典范的集仪,必然要求更高的道德标准,和财富相魍魉的贪婪,必然要戒除和教诫——但这样一种对于贪婪的教诫,并非是要取缔资本主义之内在伦理,即牟利、竞争、自由经济、平等、民主和自由主义。天主教也并不反对个人私有制,而认为是自然法的一部分。

宗教和资本主义经济的融合,也产生了必要的伦理精神和人道主义——这和马克思主义的解放和颠覆的进路不同,是经济内生的伦理,是一种自生自发的秩序和自生自发的伦理关怀,可以说也是民主的伦理、民生的伦理。

---

[38] 参见[德]马克斯·韦伯:《新教伦理与资本主义精神》,于晓、陈维纲译,生活·读书·新知三联书店1987年版,第23页。
[39] 同上,第26页。
[40] 同上,第26—27页。
[41] 同上,第27页。
[42] 有关这种关联性的探讨和问题意识,请参见张薇薇:《中世纪西欧商人兴起与法律》(北京大学2005年博士学位论文)之第一章;以及张薇薇:《"抑商"观念在中西方教义中的渊源与分野——以宗教和政治因素的考察为路径》,《制度经济学研究》2003年第2辑。

基督宗教伦理关怀下的经济伦理和商业行为（以及相伴生之法律行为），因此具有极大的普遍性和普世性，成为一个带有平等要求的经济民主时代之内在伦理要求。比如，基督宗教对待邻人的一种观念[43]，打破血缘孝道崇拜的一种法权先于伦理的崇拜，有助于商业精神的内在要求。或许，我们也可以说，基督宗教是内蕴今天真正的全球化和商业发展要求的，是一种商业的世界主义。商精神与法伦理之间的关系如何？有研究将今天的全球化的法精神，理解为仍然是一种古典匿名的商人法的一种现代的新样态罢了。[44]

我们从德国天主教神学家席林（O. Schilling）的天主教伦理学的研究中了解到，一种超验的、形而上学的结构，是如何说明经济现象和社会行动的合理性的根源的。席林认为："经济伦理学知识和规范的直接源泉是自然法。绝大部分的经济伦理规范取自自然法。自然法是自然道德律的一部分。这个道德律本身不是别的，就是对永恒法则、对理性和对由理性安排的上帝意志的参与。这种参与体现和表现在人类清楚的认识能力和自然的喜爱中。自然道德律包括这样的明确规范，它们对人类与自身、与他人和与上帝的行为——鉴于最终目的——进行理性地整理和调整。自然法包括这样的明确规范，它们直接来源于人类和事物的本质——正如上帝创造它们那样——也就是来源于上帝期望的存在；它们要求对每个人给予和留下他的东西。"[45]天主教教皇所颁布的《新事》通谕（*Rerum Novarum*）以及《四十年》通谕（*Quadragesimo Anno*），是针对经济现实的天主教伦理规范，也体现了人道主义关怀和现代新经院自然法的结合。[46]

---

[43] 如同使徒（Apostle）所云：惟爱人者能完成律法也。（吴经熊译新经全集·圣葆乐致罗马人书13:8）[因为谁爱别人，就满全了法律。（思高版罗马人书13:8）]圣若望书一（3:17）之所云，若有人拥有斯世之财富，见其兄弟有急，而闭塞其同情之心，则安得有天主之爱德，存于其衷乎。（新经全集·圣若望书一3:17）[谁若有今世的财物，看见自己的弟兄有急难，却对他关闭自己怜悯的心肠，天主的爱怎能存在他内？（思高版若望一书3:17）］如是，则律法使得人们习惯于乐意施与，所以，圣葆乐致蒂茂德书一（6:18）要求富者慷慨为怀，博施济众（新经全集·圣葆乐致蒂茂德书一6:18）[甘心施舍，乐意通财（思高版弟茂德前书6:18）］。

[44] 参见鲁楠：《匿名的商人法——全球化时代法律移植的新动向》，载高鸿钧主编：《清华法治论衡》第14辑，清华大学出版社2011年版。

[45] ［德］席林：《天主教经济伦理学》，顾仁民译，中国人民大学出版社2003年版，第24页。

[46] 《新事》通谕或劳工通谕为教皇利奥十三世（Leo XIII）于1891年颁布，天主教有史以来第一个有关社会问题的，名叫新事物的通谕，讨论了劳工的生存条件等问题；《四十年》通谕为教皇庇护十一世（Pius XI）于1931年颁布，主要讨论了社会经济秩序的伦理问题。天主教法学家吴经熊先生曾在他的《正义之源泉：自然法研究》一书之中，谈到了天主教的应对现代性之经济伦理规范及其劳动和商事的法哲学。参见吴经熊：《正义之源泉：自然法研究》，张薇薇译，法律出版社2015年版，第十四章。

对于现代性的经济理性有天主教徒般的田园反思的法学家如卡尔·施米特(Carl Schmitt),就曾以天主教的价值代表制与资本主义或现代物质观念相比照。施米特认为,现代的经济思维,仅仅是一种形式,也即技术的精确性,而无法推出一种代表的理念(the idea of representation)。施米特主张还原智性传统(价值代表制、神学),实现对于经济理性的超越。而通常现代社会的经济思考的无神论,往往会导致我们不能理解天主教政治法权理念的那种反对经济思维的客观、整合(integrity)和理性的宗教精神与反思情怀。[47] 施米特认为,罗马天主教会的理性主义,德性地包容了人的心理和社会天性(sociological nature of man),而不似工业和技术。[48]

与韦伯偏执于新教伦理不同,施米特认为,也许马克斯·韦伯已认识到这种普遍伦理的理性主义,依靠罗马天主教会内部,这种价值代表制战胜了狄奥尼索斯式的神秘祭仪(Dionysian cults)、迷狂(ecstasies)以及理性沉沦的危机。施米特认为,罗马天主教会的最伟大之处,在于使其教士阶层转变为一种职能和职责(the priesthood into an office)。[49] 耶稣基督,是非常重要的中介,由此,上帝得以历史性地道成肉身。施米特还认为,天主教的论证是一种特殊的思维方式,即天主教逻辑,是一种特殊的司法逻辑(juridical logic)之确证,且其对于经济利益的关注,在于对人们社会生活的规范化引导。[50] 因此可能潜在地具有超越时代经济思维的一种伦理优势。

所以从法的价值观和法的价值理性这样的维度来看,的确,若对于天主教的职业伦理和经济伦理加以重新认识,将对韦伯理论产生补充与挑战;而马克思的批判理论,其实是一种对于西方的文化保守主义和传统主义的激烈批判和反抗。宗教精神的世俗化,虽然是对现世商业精神之妥协,是对人类异化到新的精神向度的承认,但在不同的场合之中,仍然可能是自我纠正异化的道德力量和情感信仰力量——比如现代版的天主教伦理和商业社会伦理,这种力量使人类不仅可能直面未来,还会拥有理智天赋的柔韧性、传统性和现实性。

(责任编辑:王 进)

---

[47] Carl Schmitt, *Roman Catholicism and Political Form*, Greenwood Press, 1996, p. 13.
[48] 同上。
[49] 同上,第 19 页。
[50] 同上,第 12 页。

葛兰西法律意识形态领导权理论探析

任岳鹏[*]

摘　要：作为西方马克思主义的奠基人，葛兰西的法律思想服务于其意识形态领导权理论，因而可概称为法律意识形态领导权理论。意识形态领导权理论认为"国家＝专政＋领导权"，而领导权的建构场域是市民社会，建构战略是阵地战，建构主体是有机知识分子，建构目标是社会认同。国家作为"教育者"，法律就是实现其意识形态领导权的工具，旨在创立和维护某种类型的文明和公民。立法能力最大限度的实现，不仅要依靠专业的立法者，更要依靠社会大众每个人特别是政党作为"立法者"作用的发挥。葛兰西法律意识形态领导权理论开创了西方马克思主义法学"强制与同意"论题，确立了西方马克思主义法学理论走向，对于"中国特色社会主义法治"建设具有极强的启示价值。

关键词：葛兰西　意识形态领导权　法的概念　立法者

安东尼奥·葛兰西（Antonio Gramsci，1891—1937），意大利无产阶级革命家和理论家，意共创始人之一，欧洲共产主义奠基者，西方马克思主义早期代表人物。葛兰西于1926年11月被墨索里尼法西斯政府逮捕。1937年4月27日，在被提前释放3天后，他在罗马逝世，年仅46岁。10年囹圄生活是葛兰西从一名鼓动家、政治家发展成为马克思主义理论家的时期，在此期间，他写下了集中体现其马克思主义思想的《狱中札记》（共2848页，约100万字）。

---

[*] 任岳鹏，天津财经大学法学院副教授，法学博士。

《狱中札记》内容涉及哲学、政治、法律等多个领域,其思想对后来的西方马克思主义以及英美新左派运动产生了巨大影响。冷战结束后直到今天,作为"后马克思主义"的重要理论资源,葛兰西的哲学、政治学等思想仍在学术界不断发酵,但其法律思想却未得到应有的关注,这不利于马克思主义法学的丰富和发展。本文认为,葛兰西的法律思想主旨可概称为"法律意识形态理论",其内容主要涉及对法律的概念和功能以及社会民众在法的实施过程中的"立法者"角色之探讨。葛兰西法律意识形态理论对西方马克思主义法学产生了重要影响,"中国特色社会主义法治"建设也应从中汲取必要的营养。

一、法的概念和作用:意识形态工具

葛兰西的法律思想,根植于其国家和社会观,服务于其意识形态领导权理论。因此,要探究葛兰西的法律思想,必须先了解其"意识形态领导权[1]"理论。

葛兰西"意识形态领导权"理论源于他对意大利以及其他西方国家无产阶级革命失败的深刻反思。他的基本看法是:在发达资本主义国家中,资产阶级已经牢固地取得了市民社会文化领导权即意识形态领导权(下同),这是十月革命后西方国家无产阶级革命未能取得成功的根本原因。因此,革命的任务就是夺取市民社会文化领导权。葛兰西指出了西方国家与革命前俄国在社会结构即国家与社会关系方面的差异。在高度集权的俄国,国家就是一切,市民社会处于原始混沌状态;而在西方,国家与市民社会之间关系适当,当国家动摇时,市民社会的坚固结构就会立即显现。发达资本主义社会的国家只是如同战场中的外围壕沟,其市民社会则是屹立在壕沟后面的强大的堡垒工事系统。[2] 总之,在西方国家,市民社会已经成为一种非常复杂的结构,能够对抗经济因素的突发的灾难性袭击(如经济危机、经济萧条等)。[3]

发达资本主义社会国家与市民社会之间的特殊关系,尤其是市民社会的强大以及相对于政治社会(即政治国家或国家)的重要作用,使葛兰西得出了

---

[1] 领导权,对应的英文是 hegemony,也可以翻译成霸权。本文选择用领导权这个表述,意在突出"意识形态"所具有的同化、认同功能和色彩,避免"霸权"表述所隐含的斗争、冲突、强制意味。

[2] 见, Edited and translated by Quintin Hoare and Geoffrey Nowell Smith: *Selections from the Prison Notebooks of Antonio Gramsci*, Lawrence & Wishart, 1971, p. 238。

[3] 同上,第 235 页。

"国家=政治社会+市民社会"公式[4]。葛兰西认为,国家概念不应被理解为通常所指的政治社会(专政、强制机构),而应该理解成是政治社会与市民社会的一种平衡,国家的一般概念应包含那些原来属于市民社会概念的因素。[5] 这样,在葛兰西那里,市民社会就不再是黑格尔和马克思所说的经济领域,而成为上层建筑的组成部分。同时,国家也具有了广义(整体意义上)和狭义之分。整体意义上的国家包括政治社会和市民社会两个领域;狭义的国家仅指政治社会。

在整体意义的国家中,政治社会和市民社会分别承担着不同的功能。他说:"目前我们可以确定上层建筑的两个主要层面:一个可被称作'市民社会',即通常所说的私人性的社会组织的总和;另一个则是'政治社会'或'国家'。这两个层面,一个对应着统治集团通过社会所行使的'领导权'功能,另一个则对应着通过国家和合法政府所行使的'直接统治'或'命令'功能。这两种功能在一个国家内部是有精准安排并且相互联系的。"[6] 国家就是由"强制"盔甲保护的领导权,它通过所谓的私人机构如教会、工会、学校等来行使。[7] 换言之,国家就是专政加上领导权。市民社会担负着国家领导权功能,是一个国家领导权的基础和实在;政治社会担负的则是强制统治功能,对领导权起着盔甲一样的外部保护作用。

葛兰西把国家的领导权定位于由教会、工会、学校、报社、出版社等私人机构所组成的市民社会,并把市民社会上升为文化/意识形态上层建筑领域,反映了他对发达资本主义国家中市民社会所起的重要作用的认识。那么,无产阶级要在发达资本主义国家取得革命成功,就不能仅仅着眼于对其国家机器的摧毁和争夺,而必须致力于市民社会文化领导权的建设和争夺。为此,葛兰西提出了从"运动战"转变为"阵地战"的革命战略。所谓"运动战",指的是在不发达国家中,对国家进行正面攻击,摧毁专政的国家机器,夺取国家政权;所谓"阵地战",则是指在资产阶级已经取得文化/意识形态领导权的发达资本主义国家里,无产阶级通过坚守自己的文化/意识形态阵地,建立自己的文化组织和文化团体,教育人民大众,对支撑资产阶级政权的文化/意识形态阵地进行进攻和争夺,直到最后夺取整个国家。在葛兰西看来,采取对发

---

[4]　同上,第263页。
[5]　同上。
[6]　同上,第12页。
[7]　同上,第263页。

达资本主义国家进行正面攻击的"运动战"只能消除战场上的外围壕沟,取胜的革命力量马上就会发现自己要面对的是大量的已经被资本主义文化/意识形态所同化的民众。因此,只有采取"阵地战",攻克其市民社会机构,瓦解其文化/意识形态,也即夺取文化/意识形态阵地,才能最终取得国家领导权(即政权)。无产阶级革命的任务就是用自己先进的文化/意识形态去占领市民社会阵地。[8]

葛兰西的意识形态领导权理论,一方面是对列宁所主张的对国家进行正面攻击的"暴力革命"战略的发展,另一方面也是对第二国际和第三国际中存在的庸俗、机械"经济决定论"的批判。同时,这一理论也不能被误解为要求国家对社会进行全面控制的国家主义。葛兰西强调,他的国家观,对于认为国家将逐步走向消亡并纳入被调整了的社会的国家学说,具有根本意义。在他看来,国家的强制因素将随着被调整了的社会(伦理国家或市民社会)因素的日趋明显而逐渐消亡。[9]

葛兰西的意识形态领导权理论,不仅开启了认识资本主义社会的文化/意识形态向度,也开启了认识法律的文化/意识形态向度,这首先体现在他对法的概念(本质)的认识上。葛兰西强调,对于法的概念,必须从根本上进行更新,不应完全沿袭任何一种既存学说:既不应认同拒绝在法律中引入道德观念和道德考量的实证法学派观点,特别是恩里科·费里的刑罚理论[10];也必须摆脱一切超验论和绝对论的残渣,克服实践中存在的一切道德狂热。[11]在他看来,法律应当是国家创立一定形式的文明,维护公民的工具。他说:"任何国家,如果想要创立和维护一定形式的文明和公民(从而创立和维护一定形式的集体生活和人与人之间的关系),想要根除一定的习惯和看法,传播另外的习惯和看法,那么(除了教育机构以及其他机构的活动),法律就是它赖以达到目的的工具。"[12]葛兰西把国家定义为"教育者",其目的是创造一

---

[8] 当然,讲"阵地战"并不是不讲"运动战"以及其他战术。在葛兰西看来,只有当市民社会中一个又一个阵地的夺取,足以使国家无法充分调动其全部领导权手段时,运动战才能奏效;而当决定性的阵地处于危急之中时,就得转向包围战。当然,后者是一种收缩而困难的局面,需要足够的耐心和高超的创造性才能。同上,第239页。

[9] 同上,第263页。

[10] 费里认为,刑罚即威慑,量刑时不应加入任何道德惩罚观念。

[11] 见, Edited and translated by Quintin Hoare and Geoffrey Nowell Smith: *Selections from the Prison Notebooks of Antonio Gramsci*, Lawrence & Wishart, 1971, p. 246。

[12] 《葛兰西文选(1916—1935)》,国际共运史研究所编译,人民出版社1992年版,第428页。

种新型的更高级的文明,也就是使广大人民群众的文明程度和道德水平适应不断发展的经济生产机构的需要,从而发展出一代新人(甚至是体质上)。但怎样使每个个体人融为集体人呢？如何使教育压力施加到每个人身上,从而获得其同意和合作,变必须和强制为"自由"呢？也即如何实现国家的意识形态功能呢？这就需要把"法"的概念扩大,即把现今"不归法律管"而属于市民社会领域的那些活动也即通常所称的道德和风俗习惯,也包含在法的概念中。在葛兰西看来,法律活动从总体上讲要比纯粹的国家和政府活动宽泛,市民社会领域的那些活动虽不受法律"裁制",也不是强制性"义务",但却以历史习惯、思维和行为方式、道德等形式,对个体人施加一种集体性压力并产生客观的效果。[13]

葛兰西之所以把法律的概念扩大,是基于他对资产阶级国家和法律相较于之前统治阶级所起的变化的认识。他说:"资产阶级在法的概念以及国家职能上所带来的变革,特别地表现在统一的意志(因而是法律和国家的伦理性)。先前的统治阶级根本上是保守的,因为他们不打算建构一个使其他阶级进入他们内部的有机通道,也就是从技术上和意识形态上扩大其阶级范围:他们是一种封闭的等级观念。资产阶级把自己看作是不断发展的有机体,能够吸收整个社会力量,并把他们同化到其文化和经济层面。国家的整体职能已经发生改变；国家已经变成'教育者',等等。"[14]由此,葛兰西明确指出,国家和社会中的法律的作用,就是使统治集团"同质化",并力求创制出一种有利于统治集团发展方向的社会统一性。全部的法律问题,就是把全体大众同化到其最先进的那一部分人中去的问题。这是一个教育大众,使他们符合国家要实现的目标需要的问题；从而也就是要形成一种"传统",也即一种有机的、不断发展的连续性。在法律实践中,这是一个使法律规定与每个个体的认可之间、每个人的行为与社会必要目标之间保持一种"自发的和自由接受的"一致的问题。这种一致,在专家所称的实证法领域是强制性的,而在道德和习惯领域则是自发的和自由的——其"强制性"不再是一种国家事务,而是依靠公众舆论、道德风气等来实施。[15]

可以看出,葛兰西对法的概念和作用的认识是对传统马克思主义法学的

---

[13] 见, Edited and translated by Quintin Hoare and Geoffrey Nowell Smith: *Selections from the Prison Notebooks of Antonio Gramsci*, Lawrence & Wishart, 1971, pp. 242, 195。

[14] 同上,第 260 页。

[15] 同上,第 195—196 页。

批判和发展。传统马克思主义法学把法定义为阶级社会中统治阶级的统治工具,强调法的镇压、强制功能以及经济基础对作为上层建筑的法律的决定作用。葛兰西则把法定义为社会文明建构和发展工具,强调法的同化和教育功能即意识形态功能,认为一个国家的法律政治形式对市场结构具有决定和支配作用。[16] 同时,在葛兰西那里,法律的意识形态功能与国家的其他意识形态活动又具有不同的特性,"法律是与国家所采取的全部积极的、教育的活动同时并存的消极的、镇压的一面"[17]。作为一个伦理国家和文化国家,起着积极的教育功能的学校活动和起着镇压性的、消极的教育功能的法院活动,就是其最重要的活动。[18]

法律虽然整体上是以消极的方式起着教化作用,但这并不妨碍增加其正面教化因素。葛兰西强调应在法的概念中加入对个体和群体的嘉奖活动等。他指出,正如犯罪行为应该受到处罚一样,值得称赞的行为也应该得到奖赏。而且即使是处罚,其方法也可以创新,比如说"舆论"制裁等。[19]

二、法的实施与实现:人人皆是立法者

除了强调要对法的概念和功能进行重新界定和认识之外,葛兰西还对如何实现法的效果进行了思考。他认为,法律必须不断发展和完善,以便符合上述法律的定位和目标,从而最大限度地产生积极效果。[20] 那么,哪些人能够承担此种使命呢?这就涉及对"立法者"概念的认识。

葛兰西指出,"立法者"除了有其正式的、精确的法律含义之外,也可以有别的含义。前者即是指那些由法律授权制定法律的人,而且在一般人的意识里,"立法者"总是不可避免地与"政客"相等同。不过,在葛兰西看来,社会中的每个人都应该是"立法者",因为每个人都是"政治人"。就此,他具体论述道:"任何一个人,只要他具有活动能力,就有助于改善他赖以生存发展的社会环境(改变某些特点或者保持另外一些特点)。换句话说,他就是试图在建

---

[16] [意]萨尔沃·马斯泰罗内主编:《一个未完成的政治思索:葛兰西的〈狱中札记〉》,黄华光、徐力源译,社会科学文献出版社2000年版,第188页。

[17] 见, Edited and translated by Quintin Hoare and Geoffrey Nowell Smith: *Selections from the Prison Notebooks of Antonio Gramsci*, Lawrence & Wishart, 1971, p. 247。

[18] 同上,第258页。

[19] 同上,第247页。

[20] 同上,第246页。

立'规范',即生活和行为的规则。一个人的活动范围可能有大有小,一个人对其行为和目标的认识程度也可能有大有小。进一步讲,代表性权力可能有大有小,因而在规范意义上其实现的程度也有大有小,这会由'被代表者'系统地表现出来。"[21] 葛兰西还形象地拿父亲和子女的关系进行举例说明。在他看来,一名父亲就是其子女的立法者。不过,对父亲权威的认识程度、服从程度,在不同家庭或同一家庭的不同子女身上却可能有所不同。另外,作为接受别人命令的"接受者"是否就一定不是"立法者"从而不具有"立法"功能和使命呢?葛兰西的观点是否定的。在他看来,一个接受他人命令的人,如果能执行这些命令并确信别人也能执行这些命令,理解法令的精神并积极宣传,从而使这些法令成为适用于某个生活领域的专有规则,那么他仍然是一个立法者。[22]

不过,普通人作为立法者毕竟不同于专门的立法者。葛兰西正确指出,其区别就在于,后者不仅制定能够成为其他人行为规范的法令,而且同时创制使这些法令得以实施的工具,并由这些工具表明法令的强制执行力。就专门的立法者讲,其中最大的立法权属于国家立法人员(选举的和职业的官员),他们拥有国家合法强制权力。但葛兰西同时又指出,这并不意味着私人组织和机构的领导就一定不掌握某种强制制裁形式甚至是死刑手段。[23]

葛兰西把立法者概念从专门的国家工作人员扩大到社会大众,其旨意就是要扩大国家的立法能力和限度。那么,如何判断一个国家是否实现了其最大立法能力和限度了呢?或者说,一个实现了最大立法能力和限度的社会是什么样子的呢?他认为,此种状态是指:本身制定得完美的法令,匹配有完美的执行和监督机制,并且进行了充分的准备,使大众能够自发同意这些法令,按照这些法令来生活并调整他们自己的习惯、意志和认识,以合乎这些法令以及他们想要实现的目标。[24]

葛兰西要求每个人作为"立法者"来活动显然具有理想色彩,不过这也正是他对如何在资本主义法律意识形态已经占据"强势地位"的社会背景下建立新的社会文明样式的思考,他的基本思想倾向就是反对"经济决定论",强调人的"主体性"和文化认同。实际上,葛兰西对所谓的民众"立法者"并不是

---

[21] 同上,第265—266页。
[22] 同上,第266页。
[23] 同上。
[24] 同上。

没有区分没有特指的,他更强调的是一个社会中的有机知识分子特别是政党的"立法者"作用。如上所述,"阵地战"战略要求的是一个教育人民大众并培育新文化的"多数人的革命",这就必然要求重视"知识分子"的作用。葛兰西从一个人在社会上所行使的职能而不是掌握的知识和技能的类型来界定知识分子,从而把知识分子扩大到社会一切领域包括生产领域、政治和文化领域中起组织作用的所有人。在广义的知识分子定义中,葛兰西又分出"有机知识分子"和"传统知识分子"两类。所谓有机知识分子,指的是与其所代表的集团出身一致的知识分子,在现代语境下可理解为国家主流意识形态的传播者与组织者。所谓传统知识分子,指的是那些已经被取代或正在被取代的生产方式中的有机知识分子。[25] 新的阶级就是要创造、完善自己的有机知识分子,并同化传统知识分子。在葛兰西看来,知识分子是统治集团的"代理人",是国家、政党与大众之间的中介,发挥着建构新文化,对大众进行教育和启蒙并使之形成无产阶级集体意志的作用。[26] 而就政党与大众的关系来讲,政党在市民社会中行使着与国家在政治社会相同的职能,负责把某一集团(居于统治地位的集团)的有机知识分子和传统知识分子结合在一起。[27] 工人阶级需要完全不同于资产阶级知识分子的新的知识分子,而革命政党必须起到作为工人阶级的有机知识分子的主要作用,每一个党员应当被认为是一个知识分子。[28] 那么,应如何评价政党的领导权表现?政党在法律调整中的行为要求是什么?葛兰西说:"政党所行使的领导权或者说政治领导功能,可以从政党内部生活的变化进行评价。如果说国家代表着法律调整的强制和惩罚力量,那么政党就代表着社会精英对这种法律调整的自觉遵守,而且应该是教育全体社会大众去过的一种集体生活样式。政党内部具体生活必须表明,他们已经把国家的法律义务规则上升为行为的道德原则。"[29] 总之,作为社会精英的"知识分子"和革命政党,在新的社会(法律)文明建构和形塑中,应从自身行为做起,率先垂范,展现"主体性"。

---

[25] 参见毛韵泽:《葛兰西:政治家、囚徒和理论家》,求实出版社 1987 年版,第 207—211 页。
[26] 参见和磊:《葛兰西与文化研究》,中国社会科学出版社 2011 年版,第 260 页。
[27] 见, Edited and translated by Quintin Hoare and Geoffrey Nowell Smith: *Selections from the Prison Notebooks of Antonio Gramsci*, Lawrence & Wishart, 1971, p. 15。
[28] 参见毛韵泽:《葛兰西:政治家、囚徒和理论家》,求实出版社 1987 年版,第 210 页。
[29] 见, Edited and translated by Quintin Hoare and Geoffrey Nowell Smith: *Selections from the Prison Notebooks of Antonio Gramsci*, Lawrence & Wishart, 1971, p. 267。

三、影响与启示

葛兰西的法律意识形态理论开启了西方马克思主义法学的大门,确立了西方马克思主义法学"强制与同意"论题,其后的西方马克思主义者的法律思想都或多或少、或明或暗地烙有葛兰西思想的印记。如结构主义马克思主义奠基人阿尔都塞提出,国家机器可以分为镇压性国家机器和意识形态国家机器两类,葛兰西所说的市民社会属于意识形态国家机器,而法律则既属于镇压性国家机器又属于意识形态国家机器。意识形态的功能就在于使个体成为接受现实、承认现状的主体。另一名结构主义马克思主义代表普兰查斯提出了"法是社会各种力量的黏合剂"论断,认为法不仅具有镇压功能,也具有建构社会同意功能。具有普适性、抽象性、形式性特征的资产阶级的法,一方面使社会主体变得个体化、原子化、碎片化,另一方面又成为社会统一的凝聚和组织系统。而作为法兰克福学派第二代代表人物之一的哈贝马斯,其巨著《在事实与规范之间》所探讨的主题"法律的事实有效性和规范有效性",可以看成是对法的"强制与同意"论题的发展。法律的事实有效性即法律本身的国家强制性,法律的规范有效性即法律的合法性,也即法律获得了守法者的同意。哈贝马斯认为,在高度分化、多元并走向世俗化的现代社会,作为社会整合媒介之一的法律,单凭暴力以及通过合法途径制定无法保证其"合法性"。法律不仅能够要求人们遵守,还必须获得守法者的认可和同意,因而协商对话的民主程序机制建设至关重要。[30]

葛兰西的法律意识形态理论对于当下"中国特色社会主义法治"建设具有重要启示。第一,当下中国的法治建设,离不开对西方法治文明成果的借鉴,然而,作为一个坚持走社会主义道路的中国,其法治建设必然面临着如何与资本主义法治相区分的问题,或者说如何与资本主义法治相竞争的问题。不能不看到,资本主义国家的法治模式在当今世界仍处于强势地位,在不少人心目中,西方法治模式就是"法治"的代名词。因此,中国特色"社会主义"法治理论就面临着艰巨的意识形态(即社会认同,下同)任务。第二,我国的法治建设是以马克思主义为基本指导思想,因而,对马克思主义的认识和理解也是我国法治建设取得意识形态成功的重要内容。马克思主义本身经历

---

[30] 关于葛兰西所开创的"强制与同意"论题对阿尔都塞、普兰查斯和哈贝马斯等人的影响,参见任岳鹏:《哈贝马斯法律合法性思想与西方马克思主义传统之关联》,《北方法学》2016年第6期。

了一个发展过程而且仍在发展,马克思主义传统大致可以分为马克思恩格斯本人的思想、苏联时期的马克思主义、发达资本主义国家的马克思主义即西方马克思主义和中国共产党所发展的马克思主义四个部分。那么,中国的法治建设,就必须处理和回答中国共产党所发展的马克思主义与另外三个部分之间的关系,用鲜活事实示人,用比较论证服人,用价值共识凝聚人。第三,中国的法治建设要取得意识形态的成功,还需要处理与中国传统社会治理模式以及传统文化的关系。如果我们认为中国传统的社会治理模式是"人治"而不是"法治",那就要从机理上回答当下的法治建设如何优于过去的"人治",儒家文化和传统到底应该如何与当下的法治建设相结合,此即"'以德治国'与'依法治国'相结合"背后的问题。

  以上三个方面概括地说明了"中国特色社会主义法治"取得意识形态领导权的主要问题和困难,那么出路何在? 葛兰西的法律意识形态领导权理论告诉我们,首先应重新定位并"扩大"法律的概念。法律被定义为建构新型社会文明和形塑新型公民的工具,而不是阶级斗争的工具,契合中国社会转型的时代要求,更容易拉近法律与人民的距离,更容易取得社会共识。而要做到这一点,就需要"扩大"法律的概念,使法律走向社会,使更多的社会规范如道德、伦理、风俗习惯等进入法律的视野。换句话说,就是应该使法律更多地吸纳"民间法"的内容,使法律更接"地气",更接近人民群众,从而增强法律的社会调控能力和社会凝聚能力。其次,当下的法治建设要想取得意识形态领域的成功,不仅需要"法律"概念的更新以及法律本身内容的"民主化",更需要社会民众特别是"有机知识分子"的身体力行即"立法"活动。"徒法不足以自行",中国特色社会主义法治体系要获得社会认同,不能寄希望于他人的行为或者疾风暴雨式的社会突变(也可以说是"运动战"),而是要靠每个人自身在社会中一言一行、一点一滴的努力。每个人有意识的"守法"行为就是一种"立法"行为,就是在为身边的人和事"立法",就是在为最大限度地实现"法治"而努力。当然,正如葛兰西所认识的那样,这里更应强调"有机知识分子"的引领和示范作用。联系中国现实,特别应强调法律职业人员、政府公职人员、社会公众人物尤其是中国共产党自身的"立法"行为。在这个意义上,我国当前的"全面从严治党"以及"反腐"举措,就是在要求"党员"发挥自身"立法"作用,从而促使"中国特色社会主义法治"得到最大限度的社会认同。

(责任编辑:王 进)

改造构境论:监狱学语境中的哲学话语

——与张一兵"构境"的他性对话

朱启惠*

摘 要:作为一种有别于西方范式的东方式监狱学批判理论——改造构境论,其构境缘起于对张一兵原创的构境论思想的批判性指向的追问。而如果把追问方式从批判性张力在哪里转换为怎样产生,那么它将透视出一种"不可见的到场性批判",并且构境本身即是更为激进的批判。同时,通过对监狱学语境中的罪犯教育话语事件场与犯情分析认知场的构境式分析,笔者发现反—存在是构境突现的另一个隐性支撑点,并与存在—构境构成"警—囚"构境矢量关涉场(矢量三角的关涉场境)。而作为矢量合力的艺术事件则为反—存在层级之上构境突现的批判性超越提供了可能。

关键词:构境 反—存在规训 矢量关涉场 艺术事件

长期以来,监狱学理论研究在刑事法学中一直处于一种边缘地带,尤其在基础理论研究中甚为薄弱,在很多方面存在着理论空白。截至目前,监狱学基础理论中面向内部主体向度的罪犯主观世界研究的论著有吴宗宪的《罪犯改造论》[1]、陈士涵的《人格改造论》[2];而面向外部客体向度的监狱场运行机制研究的论著有张晶的系列作品《中国监狱制度从传统走向现代》《正义

---

* 朱启惠,上海市白茅岭监狱五监区警官。
[1] 吴宗宪:《罪犯改造论》,中国人民公安大学出版社2007年版。
[2] 陈士涵:《人格改造论》(第二版),学林出版社2012年版。

实验》《走向启蒙》《深读矫正》[3]、于荣中的《监狱安全论》[4]、刘崇亮的《范畴与立场：监狱惩罚的限制》[5]和叶春弟的《监狱功能的边界》[6]等比较具有代表性的理论研究成果。笔者作为一名长期在监狱基层工作的民警，通过对现实工作实践中一些问题与现象的不断追问，试图以南京大学张一兵的"构境"（situating）这一原创的核心哲学范式与福柯话语的斜视为切入点整合主客体向度，并在关涉性场境存在基础上提出一种监狱学批判理论——改造构境论的构想。这一理论构想的构境缘起于以下几个反思性构境激活点：其一，在一次罪犯心理矫治个案督导工作例会上，监狱基层监区民警、心理督导专家、监狱职能科室领导面对同一个案例文本，对于所涉罪犯为何会有完全不同的观点？其二，我们在犯情分析会上经常会说，"对于罪犯要能透过现象看本质"，但是，我们看到的真的是罪犯的本质吗？其三，监狱理论研究中叙事研究的理论合法性何在？（这是基于对贾洛川教授关于《监狱理论研究方法——对监狱叙事研究的思考》一文相关理论中的构境突现。[7]）其四，什么是管教气质？为什么同样一句话，不同民警的教育谈话，罪犯的反应却大相径庭？改造工作要靠悟性，这个悟是怎么回事？（在日常工作实践中，在与监区领导的业务工作讨论中的构境突现。）那么，"改造"与"构境"是怎样生成监狱学批判理论构想的呢？笔者将借助"构境"理论与福柯的相关理论从以下几个方面来布展本文的思之构境。

一、改造构境论："科学认识罪犯"到"回到罪犯本身"

"构境"是张一兵在 2007 年提出的核心哲学范式，其概念被表述为关于人的历史存在论的一个东方式看法，它不涉及传统基础本体论的终极本原问题，而只是讨论人的历史性存在的最高构成层级和高峰体验状态。[8] 正是在

---

[3] 张晶：《中国监狱制度从传统走向现代》，海潮出版社 2001 年版；《正义实验》，法律出版社 2005 年版；《走向启蒙》，法律出版社 2008 年版；《深读矫正》，江苏人民出版社 2013 年版。
[4] 于荣中：《监狱安全论》，东南大学出版社 2012 年版。
[5] 刘崇亮：《范畴与立场：监狱惩罚的限制》，中国法制出版社 2015 年版。
[6] 叶春弟：《监狱功能的边界》，中国长安出版社 2016 年版。
[7] 贾洛川：《守望与超越：变革时代下监狱理论与实践探析》，北京大学出版社 2016 年版，第 314 页。
[8] 张一兵：《劳动塑形、关系构式、生产创序、结构筑模——关于构境理论与历史唯物主义的一种逻辑承袭》，《哲学研究》2009 年第 11 期，第 9 页。

关于历史唯物主义的当代重写中,张一兵区分了社会生活空间中的物性塑形[9]、关系构式[10]、创序驱动[11]和功能性的筑模[12]之上的人的不同生存层级,以及与这些不同生存状态和意识体认可能达及的不同生活情境,我将主体存在的最高层级界定为自由的存在性生活构境。构境之存在就是当下主体发生的建构与解构性,情境之下不存留,只是每每辛苦地重建;当然,在现实历史事实中,构境存在通常是与他性镜像[13]与伪构境(幻象)[14]同体共在的。而与上述社会历史构境同构的思想构境是一种基于社会历史场境存在之上的意识瞬间突现建构论,其主张所有的理论活动都是当下建构与解构的现实思想活动,我们的任何一次研究、任何一次认识,都不过是我们基于既有

---

[9] 塑形(formating)即人类劳动活动为我性地改变物性对象存在形式的生产与再生产过程。物质是不能创造的,但劳动生产却不断地改变物质存在的社会历史形式。人的劳动在生产中并不创造物质本身,而是使自然物获得某种为我性(一定的社会历史需要)的社会存在形式。参见张一兵:《劳动塑形、关系构式、生产创序、结构筑模》,《哲学研究》2009年第11期,第4页。

[10] 构式(configurating)是指人与物、人与人主体际的客观关系系列及其重构(再生产)。这是人类生存超拔出动物生存最重要的场境关系存在论基础。与有目的、有意图的主体性的"劳动塑形"不同,"关系构式"往往呈现为一种受动性的结构化的客观结果。它既是社会生活的场存在形式,又是社会空间的建构。参见张一兵:《劳动塑形、关系构式、生产创序、结构筑模》,《哲学研究》2009年第11期,第5页。

[11] 创序(ordering)即为构序,其与马克思历史唯物主义中的物质生产力概念同义。与主体性的"劳动塑形"活动和客观的主体活动关系、塑形物的链接构式不同,"生产创序"是整个社会生产过程中活生生表现出来的特定组织编码和功能有序性,或者叫作保持社会存在、消除其内部时刻发生的坠回到自然存在的无序性熵增力量的有序性负熵源。社会历史存在中的创序能力是由"劳动塑形"所主导的整合性的社会创造能力,这种创序能力随着社会生产的日益复杂化而丰富起来。参见张一兵:《劳动塑形、关系构式、生产创序、结构筑模》,《哲学研究》2009年第11期,第7页。

[12] "结构筑模"(modeling)是历史唯物主义中最核心的生产方式概念的一种现代重写。在马克思那里,社会历史发展中人对自然的有序关系(生产力)和人的生产主体际有序关系(生产关系)的特定构式是历史的本质结构。其中,生产力创序与生产关系构式都不是孤立的物质实体,而是人们在实践中的客观性的创序能力和功能性有序结构。从皮克林那里挪用的筑模一语来指认生产方式,是更贴切的。因为当下地、功能性的生成一种模式,可以更精准地呈现马克思生产方式观念的意思。参见张一兵:《劳动塑形、关系构式、生产创序、结构筑模》,《哲学研究》2009年第11期,第7页。

[13] 他性理论镜像:他性是拉康意义上的支配性误认,这主要是指一个思考主体依附于他者观念时形成的结构化思考方式。参见张一兵:《劳动塑形、关系构式、生产创序、结构筑模》,《哲学研究》2009年第11期,第9页。

[14] 关于伪构境问题,拉康的大小他者理论、阿尔都塞的意识形态理论和鲍德里亚的拟真理论中都有十分深入的谈论。而我在此处借喻和重新建构的伪构境观念,除去拉康、阿尔都塞和鲍德里亚意义上的反指性意识形态质询关系以外,还指涉一种历史性的思想环节,即一个时期中被人们假定为存在真谛和真理的东西,在新的存在层级和认知阶段上被重识为伪构境现象。参见张一兵:《劳动塑形、关系构式、生产创序、结构筑模》,《哲学研究》2009年第11期,第9页。

的一些学术立足点和学术记忆点而激活起来和当下发生的认识活动过程。[15] 与现代性的结构主义逻辑不同,构境理论不再是留在某一种线性关系系统的统摄、先在理念支配构架之中,思想构境即是完整的意识现象突现,它表明一个人、一个思潮历史性生成的复杂性样态和建构性本质。

从其理论特质来分析,接近于海德格尔式的存在——本有论:其一,最重要的起始性转换为在现象学的基础上提出从现成对象的"什么"(Was)转向功能性的"怎样"(Wie),这是一种重要的方法论自觉。[16] 其二,其受到格式塔突现的场境论思想影响较深。其三,构境论的"境"是对东方体知文化的最重要的一个重构,"境"是中国文化中最重要的一个范式性概念。[17] 东方文化是情境化、意境化、诗境化的。[18] "构境"中的"构",实际上就是成境时的那个突现场境发生。[19] 从层级上来说,塑形、构式、构序都只是构境的前期物性场境存在,境是最后在人的最高存在层面出现的突现状况,以及精神层面和艺术感知层面构境,构境不过是人的存在层面的一个最高点。[20] 由此,本有与构境在一种消解西方理性逻辑的意蕴上深深地相遇了。

(一)"构境"之马克思历史现象学追问:不可见的到场性批判

基于此,笔者试图尝试提出一种有别于西方监狱学理论范式的东方范式。而这种东方范式的构境突现缘起于对张一兵构境论的批判性指向的追问。其对于构境论的批判性张力在"什么"地方产生了一些困惑,而笔者认为如果把追问方式转换为"怎样"产生批判性张力,可能会找到批判性的"何所向"。也就是说,构境论作为一种"怎样"的二阶运思,本身是包容的,没有明确指向,而只有当其与某一特定社会历史领域相结合,才能生成一种批判性张力场境突现——"不可见的到场性批判"。这里笔者将通过多重递进追问来做一个深入的构境布展:

第一,其不能通过对象性的"看"来直达,而只有深入特定社会历史领域中才能被透视性"到场";张一兵在此似乎也陷入了其所批判的"存在"之遗

---

[15] 张一兵:《回到海德格尔》,商务印书馆2014年版,第3页。
[16] 张一兵:《构境论:不以他人的名义言说》,北京师范大学出版社2016年版,第2页。
[17] 同上,第55页。
[18] 同上。
[19] 同上,第57页。
[20] 同上,第64页。

忘中。

第二,只有在塑形、构序、构式、筑模、事件之异质性思境,情境的生成、复构、转换、断裂、差异、争执、冲突、抵抗、破碎、透视、症候之中构境才会突现"到场",而这种突现就是一种微观批判机制。更深层的构境为:一是,从塑形、构式、构序到筑模依照不同功能层级构形了构境布展的逻辑拓扑网络,而无意识发生的"事件"这一逻辑射线的介入则成为这种思想、理论生产方式格式塔转换的动力学机制。二是,入境即重新构境,其本质为构境的逆向逻辑模拟建构,这是一个复杂的过程。构境突现是基于一种由下而上的塑形、构式、构序、筑模的格式塔转换,而入境则是当下通过直达式把捉曾经可能发生的构境突现的这一存在高点所产生的高峰体验状态,进而由上而下地透视出其上述前期物性场境存在的逻辑建构拐点。这一超越西方理性逻辑的直达式把捉就是东方式的"悟"。因此,构境式解读对于个人有更高的要求。

第三,突现"怎样"地生成批判了呢?这里可以借助于高等数学中二阶导数的数理运算逻辑,在与不同功能层级构形的社会生活空间同构的抽象的思想、理论逻辑中构建空间场境存在的基础之上,构境"怎样"突现的历史性生成过程作一个更为精准、深入的构境式分析。如果把"怎样"之思看成思"什么"对历史性生成的一阶导数,那么,构境即为"怎样"之思对历史性突现的二阶导数,此处的历史性即为非物理概念的时间。由此,在思想、理论逻辑回路这一曲线运动的历史性生成过程中,当某一逻辑(切)射线穿越曲线上的某一点并导致曲线的凹凸性(逻辑凹点与凸状质性)发生突变时,这个点即为拐点。进而,拐点出现的同时——构境突现,也就是说,当"思"的二阶导数为"0"时,这个"0"即为构境,表征了人的精神层面最高层级的非实存的范畴,也就是老庄哲学中的境之空无。从更深层次上说,当一个构境域、面、层之中存在更微分层级时,也就是"思"的二阶导数为"0",而三阶甚至更高阶导数不为"0"时,则可以对"思"本身的历史性生成过程作高阶求导,以把捉更微分层级的构境。例如,其一,"塑形"并非凝固的刚性结构,而是一个功能性的当下建构与解构的动态情境,这一过程可以看作特定区间曲线的运动轨迹;而当事件这一逻辑射(切)线穿越并显现那个曲线"拐点"的瞬间——构境突现,也就是说掠过"拐点"的那个微分运动瞬间就是构境,其为瞬间的建构与解构。在这一"再活化"的特殊过程中,塑形活动本身即为事件(逻辑切/射线),而曲线运动(思想、理论逻辑回路)的发生学"原点"即为"拐点",在"拐点"前后的曲线凹凸性即为认知意义上的逻辑凸状与逻辑凹点转换关系。这是张一兵指认的存在论顶层构件——高点,并是比海德格尔、德里达更为激进之处。此处需要注意的是,高点并不同于拐点,而只是在格式塔转换过程中的一种瞬间叠合;并且,高点关涉生命本身,而拐点只是抽象逻辑建构凹凸性的突变。其二,当把"塑形"这一动态情境本身在一种格式塔式的筑模转换突现过程看作一个曲线运动时,那个掠过"拐点"的瞬间同样即为构境突现。话语塑形中的抵抗、词语塑形的格式塔转换中,张一兵对转译学术关键词的重新塑形与海德格尔的构词赋义法即是明证。

第四,笔者认为此时张一兵没有进一步透视这个"更为激进之处"——构境本身即是批判。这种批判就来自构境与伪构境(幻象)同体共在的复杂互指关系中:一方面,曾经的构境在新的存在层级和认知阶段上被重识为伪构境现象,这是张一兵指认的;另一方面,笔者认为从更深层次地反向思考来看,存在着伪构境(幻象)本身是构境,而重新认识的构境却是伪构境(幻象)的可能性;构境与伪构境并不是简单地存在层级的线性递进,而是存在着反复性、偶然性、复调性,甚至可能异轨式的在反—存在层级产生"反—构境"(黑暗构境),这样一种存在与认识的复杂性即为"怎样"地批判之所在:批判不仅仅是否定,而且还包括理解、深化、对话争鸣甚至于异轨式突变,进而,每一次的构境即是对前一次构境的批判,也是后一次构境批判的可能性前提;构境群现,批判不止。

此外,笔者认为,与伪构境同体共在的他性镜像中的"镜像"可以进一步深化为内居性的"境象";具体来说,其一,张一兵此处将从拉康原创思想构境中借喻而来的"他性镜像"指认为自我意识(主体性)对于他性学术思想逻辑的一种无意识现象自居(认同),其本质为虚假性(为拉康所否定)的对象性关系认同。其二,由此可见,这一刚性的关系认同并非情境化的关涉性内居融合;更深一层分析,拉康意义上的"镜像"作为一种本体逻辑上的哲学隐喻,意象性地实现了一个自欺性的格式塔转换想象场,这个新的建构物就是他者(即他性)。[21] 故而,他性镜像作为自欺性的想象场境存在是为与塑形、构式、构序等构境的前期物性场境存在处于同一位阶,进而,与构境、伪构境处于不同位阶。其三,当"镜像"深化为"境象"时,此中的"境"则更为精准地表征了想象场境格式塔转换的突现瞬间状况;正所谓"境生象外",由此,"象"即为塑形、构序、构式、筑模、事件等功能性情境之不同构形的抽象一般,一种东

---

[21] 张一兵:《不可能的存在之真:拉康哲学映像》,商务印书馆2006年版,第136页。

方文化的范畴表征。例如,《乐记》专门设有《乐象篇》以探讨音乐立象的问题。"声者,乐之象也。"这里的"声"指构成乐象的基本要素,即五声、六律;五声是在"观物取象"的思维方式下,通过观察自然现象、模拟自然声响而获得,经过有序的组合而成有序的乐象,营造出一个个美妙的乐境。[22] 可见,对于特定社会历史存在之上人的生活构境与思想构境以及特定思潮的历史构境的把捉是极其困难的。

(二)狭义改造构境论:"警—囚"关系构式中的异托邦构境之解构

那么,监狱工作实践中的"改造"是"怎样"与"构境"生成一种深层的逻辑构式构境呢?笔者将从以下几层构境布展来阐述分析:第一,改造就是要改变一个人的思想意识,而更为复杂特殊的罪犯改造则是要在反—存在层级之上实现其思想意识的转变。第二,要实现罪犯思想意识的转变,首要的就在于把捉其"怎样"思考、言说的深层(反)逻辑筑模(生产方式),而这一过程其实就是民警通过谈话、分析等中介手段当下发生的对于罪犯曾经可能存在的历史性突现的生活构境、犯罪构境的重新模拟建构活动。第三,在民警对罪犯思想的重新构境基础上引导其实现反—存在层级的翻转,进而在一种存在的高峰体验状态中实现其思想意识的异轨式突变。在此意义上,"改"为解构,"造"为建构,改造就是意识瞬间的建构与解构,由此,改造即为构境。

基于此,尝试将构境论置入监狱学领域生成一种东方式监狱学批判理论——改造构境论。与此同时,同样处于海德格尔式存在论意义中的福柯理论话语作为一种侧目斜视成为改造构境论的另一个重要学术背景。改造构境论分为广义与狭义两个构境圈层:

其一,广义改造构境论主要关涉范围为更加基始性的监狱生命治安场内部运行机制、监狱场与刑事司法和立法场的一体化运行机制、监狱场与其他社会实践场的交互作用发生机制等等,笔者将作另文展开。其二,狭义改造构境论主要关涉范围为监狱场内部及与其他各种社会实践场交互作用的场境存在基础之上,"警—囚"关系构式中的思之构境,或者一种监狱学理论的历史性生成的复杂性样态与建构性本质。

现就狭义改造构境论的理论质点作一初步的阐述:其一,入境的基始性

---

[22] 王海铝:《"意境"的发生学阐释》,《哈尔滨工业大学学报(社会科学版)》2005年第3期,第114页。

构境:从"什么"转换为"怎样"的方法论自觉。这里存在着两个构境层:第一层为将对象性表象认识论深化为内居性构境论;前者对应于我们通常所说的罪犯"矫正",就是把罪犯看作一个对象性的个人实体,并针对其本质上独立客观自在的"犯因性缺陷"这一表象因素开展改造活动;或者其演变为更为复杂的,基于"主—客"二元关系式的哲学本体逻辑座架的罪犯"循证矫正",即为强调在矫正工作者、研究者与罪犯的测量评估(互动关系)中生产(建构)最佳矫正证据(意义),并以此来对罪犯开展改造活动。由此,当我们把罪犯个体作为认知对象通过科学认识将其抽象为一些具有"犯因性缺陷"因素或最佳矫正证据之类的数据、评价、措施的表象逻辑集合体的石化存在者(什么)的时候,恰恰遗忘了更加基始性的罪犯生命个体存在之"怎样"。而后者则成为一种东方式"体知"罪犯(监禁)生活构境和思想构境的可能性路径,换句话说,就是"警"内居于"囚"之生命活动中,并拟复构"囚"之(监禁)生活构境与思想构境之"怎样"的生成。第二层为对于自身"怎样"言说、思考与写作的话语塑形方式、价值立场要有自觉性内省。

其二,入境(读):何以"回到罪犯本身"。这里可以分为两个递进式构境层:第一层为异托邦构境的逻辑凹点反射。福柯意义上的"异托邦"[23]作为一个反向存在论的观念,是现实的颠倒性存在,对现实构成威胁的一种他性空间。借助于拉康镜像理论中的小他者[24]的投射关系,异托邦的深层构境意义可透视为:在我现实存在的身体上,我无法直接看到自己(面容),我只能在镜像这一他性虚拟空间中重新建构自己的形象。[25] 真实,总是通过虚拟的他性空间反向建构起来。同时,这种作为他性空间的异托邦并不仅仅是物理意义上的三维存在,更是一种社会生活"关系网"式的关系构式物。监狱场境存在即为这样的一种异托邦空间,而"囚"即为一种反向存在。由此,入境必然是通过一种复杂的逻辑反向拆解来进入,这是"警—囚"对话发生的导引性构境。第二层为"警—囚"思之构境的完全还原之不可能。罪犯原初的生活构境与思想构境是客观存在的,但是这里的"客观存在"是极其复杂的,其并非

---

[23] 张一兵:《回到福柯》,上海人民出版社2016年版,第315页。
[24] 小他者(other),拉康哲学术语,意指一个人在其成长的初始阶段中,由外部镜像反向建构的虚假心理自我。在拉康看来,在镜像阶段中,幼小的个人心理最初建构自我,只不过是借助镜像(小他者Ⅰ形象)而无意识获得的一种先行性篡位的反射性凝滞幻觉,进而,他人之面容(小他者Ⅱ意象)强制性地建构出个人自我深一层的关系构架中的无意识现象自居(认同)。同上,导论,第9页。
[25] 同上,第316页。

一种简单线性的锁定、封闭的一义性的客观立场,而是一种多义的、有着多重复杂性的历史性突现。第一,站在"囚"之主体视位:当其突现一种原境后,该构境在建构的同时瞬间就解构了。而当"囚"在立足于当下的生活情境来复构曾经存在过的构境时,这一重新构境就会与原境产生一定的间距。同时,"囚"在监狱权力场境存在中还会将其主观心理意图衍射为表演性、表现性、现身性、秘密性这四种类型[26]的话语(文本)。此外,甚至还有一些思境是连"囚"本身都没有察觉的,但却是无意识发生的,需要经过透视性中介才能显现。第二,站在"警"之主体视位:则是通过两个层次来"入境"(读)囚。一是直接去"读"。在这一过程中我们要对自己的思想逻辑筑模、学术认知构式、社会生活情境、价值立场等有自觉的内省,由此,在"警—囚"对话构境中"警"也会因自身的主观心理意图生成上述四种类型的话语(文本);二是经过"警"(自己与他人)之思(理解、思想、理论、授课、培训等)的中介来"读",这将是一个更为复杂的多重构境—拟构/复构过程。尤其需要注意的是,这一过程并不同一于"囚"之客观存在的原初思境,而只是民警重构的理解之境。因此,入境(读)不是一种逼近式假想还原,而是显现了意义的生产性即为"囚"之思境转变与反思及"警"之于监狱学研究的深入,这也是监狱场域认知生产的构境缘起。

其三,"警—囚"思之构境历史性突现的复杂机制。在对张一兵指认的一个原创性思想家的思想构境转换的历史性生成过程中,笔者发现,在"警—囚"思之构境中竟然也存在着相似的构序:第一,"警—囚"呈现为一种双向并行的思想构境转换与互动,并围绕着对于规训话语塑形(以及深化版生命政治话语)的"认同"与"抵抗"的争执性展开的。第二,"警"之思想构境的转换为:在对监狱工作经验丰富的带教民警或者监狱学及相关领域专家学者的他性镜像认同中试图打开"囚"之思境,然后通过对监狱权力场和学术治安场的自觉内省的争执性抵抗中逐步突现自己的自主性思境,并在最后可能产生自己的创造性思境。第三,"囚"之思想构境的转换为:在经"警"中介受动性入境后,从对规训话语塑形的伪装认同到争执性抵抗,然后深化为对于规训话语塑形抵抗中的超越,进而批判性的艺术构境则为这种超越提供了可能性。

---

[26] 表演性、表现性、现身性、秘密性等四类文本为张一兵在研究海德格尔时所指认其不同的主观意图:表演性为非本真的面具式的表面顺从的生存;表现性为在学术治安场与旧形而上学范式之间的明暗争执;现身性为自己真实思想的表露;秘密性为未被别人发现的自己的本真思想。笔者在此作为一种借喻旨在说明人的思想主观意图表达的复杂性。同上,第10—18页。

这种构境星丛[27]的密集汇聚与消散主要发生在罪犯教育话语事件场和犯情分析认知场中。

二、教育塑形：当下构境发生的话语事件场

教育塑形的过程本质上就是"警—囚"关系构式中的思之构境发生的复杂机制。从其具体表现形式来说，主要是通过"警—囚"之间的言说、书写等言传身教的中介物性手段以达到教化（塑形）罪犯（逻辑筑模）之目的。但是，在实际的教育过程中却并非可以直接达及，因为，我们可能并不理解他们的言说。尽管每个字、词、句我们都认识，但是当生成语句、段落时，我们会认为这是匪夷所思、不可理喻、不知所云；显然，我们不可能直接进入罪犯的思想构境，而是要通过"怎样"言说的方式入境。这种"怎样"言说的方式即为福柯意义上的"话语事件"。在青年福柯看来，话语的核心不是一种连续的语言系统，而是一个言说事件的突现式场境发生。话语言说事件发生于写作和语句生成的瞬间构境之中。[28] 话语言说事件只是在自身的活动"有序、对应关系、位置、功能、转换"中生成的话语的塑形。[29] 话语塑形指向的不是一个凝固化的刚性结构，而是在话语实践中的"布展的系统"中当下建构和解构的动态功能情境。[30] 下面，笔者就教育塑形中几种具体的教育类型的构境发生机制作进一步深入的阐述分析：

（一）个别教育：规训话语塑形之"认同—抵抗"复调构境

罪犯个别教育是我们主要运用的教育改造方法，其本质为在"警—囚"关系构式这一监狱规训场境中存在基础之上，以观念性的规训话语实践的策略塑形布展为对话构境支点的复杂机制。福柯对于"权力"的认识完全是在运用海德格尔式的现象学发出追问，即追问从"什么"向"怎样"的转换。[31] 他

---

[27] 星丛：阿多诺无调哲学的核心概念。所谓星丛，即关注异质性的非同一性，是阿多诺否定的辩证法所主张的一种承认矛盾、承认差别的新型的存在与思想关系。笔者借喻为思想构境密集突现之间的关系。参见张一兵：《文本的深度耕犁》第 2 卷，中国人民大学出版社 2008 年版，第 38 页。
[28] 张一兵：《回到福柯》，上海人民出版社 2016 年版，第 255 页。
[29] ［法］福柯：《知识考古学》，谢强等译，第 37 页。转引自张一兵：《回到福柯》，上海人民出版社 2016 年版，第 256 页。
[30] 张一兵：《回到福柯》，上海人民出版社 2016 年版，第 257 页。
[31] 同上，第 446 页。

说，在"在权力是什么？"这个问题上，千万不要将权力视为一种可以直接占有的东西，像"拥有财产一样"占有它，这是因为资产阶级的政治权力可能只是一种在其怎样的发生作用的具体"机制、效力和关系"中存在的部署；它只是"在行动中存在"的场境突现，这是一种看不见的"力量关系"。[32] 在监狱场境存在中，规训权力即为"警—囚"在规训机制作用下的场境突现，一种看不见的"警—囚"规训权力关系构式。规训机制主要由三个环节构成：层级监视、规范化裁决以及把这两项技术结合起来实施的检查机制。而个别教育则是监狱场域中"警—囚"规训权力关系构式的一种观念性映照与话语塑形呈现方式：首先，这一呈现方式就是话语实践，在福柯看来，"这种'实践'，应当被理解为一种怎样行动与思考方式"[33]。其次，话语实践塑形了一种全新的对这些当下塑形和解构话语事件的支配方式——这就是话语实践中发生的隐性策略塑形。[34] 最后，策略是话语塑形关系系统中的客观布展，并且它恰恰生成于不同话语运作的分歧点。[35] 这一塑形系统是一张动态社会中自我生成的"复杂关系网络"，它制约着话语事件的系统与其他事件、转换、变化和过程的系统连接原则和"沟通模式"；塑形系统的活动性表现在建构起关系的各成分的层次上发生着作用，与此同时，话语实践反过来也在改变这些关系。[36] 由此，个别教育在规训话语实践的策略塑形布展中发生了复杂的对话构境——"认同—抵抗"之复调构境。下面，笔者将从"警—囚"之双向主体视位分别展开构境式分析。

首先，"囚"之主体视位思境的批判性透视。其一，"囚"之认同分为本真性与伪性认同。其中，伪性认同又可细分为伪性认同Ⅰ和Ⅱ。前者为对规训话语塑形的同一性表象误认，后者为表演性功利认同。其中，这里更深一层的构境意义为：第一，伪性认同Ⅰ为对于表象性规训话语祛序的伪构境的他性镜像认同。例如，很多现役部队、武警转业及警校毕业生在教育罪犯过程中，会有爆粗口的习惯，但是罪犯却非常"吃"这一套，比较服气。这里其实存

---

[32] [法]福柯：《必须保卫社会》，钱翰译，第12—13页；转引自张一兵：《回到福柯》，上海人民出版社2016年版，第447页。
[33] Michel Foucault, Foucault, Dits et ecrits 1976-1988, Paris, Gallimard, 1994, p.1454；转引自张一兵：《回到福柯》，上海人民出版社2016年版，第259页。
[34] 张一兵：《回到福柯》，上海人民出版社2016年版，第262页。
[35] 同上，第265页。
[36] 同上，第265—266页。

在着非常复杂的构境层:一是,对话语的"陈述"[37]作一个理论阐述,作为话语原子的"陈述"是话语中的功能性构序,它是当下发生与突现的,任何对陈述的记录都是那个建构功能的僵尸。陈述不是一种独立出现的话语功能,而是一个个功能性的有序性凸显出来的复杂的织。二是,这些爆粗口的话表达了一种没有教养、不遵守纪律的意义(反规训的表象),而这种表达恰恰是规训话语"陈述"构序的一种反向袪序。而罪犯作为反存在,恰恰认同的即是这样一种存在中的伪构境(幻象),所以比较服民警的教育。第二,本真性认同和伪性认同Ⅱ之构境缘起竟然就是规训话语塑形本身。前者是对规训话语塑形的他性镜像(拉康镜像理论中小他者Ⅱ意义上的)认同,但其本质上是"无思"。而后者是对规训话语塑形的内省性否定后的表演性认同。这里存在着更深层次的批判性透视构境:表演性话语本身"怎样"的陈述就是与规训话语同构的体现。这一与"规训"的同构性的关系意义为:这是为你好,如果不这样做的话,你就会受到处罚;如果表现好的话,你能获得应有的司法及行政奖励。规训话语本身构序了罪犯的伪性认同Ⅱ。似乎这就是我们称之为对罪犯教育谈话效果好的标准,真是无奈与悲哀。

其二,为"囚"之抵抗。从本质上来说,抵抗本身就是规训话语布展的策略塑形,其恰恰是通过不可直观的衍射的方式来实现自身的布展的,尤其是,这种布展越受阻碍就越会通过弯曲和变形实现传播。[38] 这种从物理光学中借喻而来的衍射点将"囚"之抵抗的主观意图分为表演性功利、现身性本真、表现性争执三种类型的构境分层。第一类抵抗:是为了"只要达到在狱内过的舒服点,享受较高分级处遇的目的,我就不闹事"。这里,话语中陈述的功能性构序关系发生一次倒置,但仍然同构于规训话语构序。第二类抵抗:例如,有些罪犯会说:"为什么我要履行财产刑才能上报司法奖励,这个不就是用钱来换减刑假释吗?太功利了吧!"还有罪犯在描述自己抢劫罪犯罪事实的时候说:"趁一个女人开车门时候坐入车内并向其借钱,那个女人到银行取款机取钱后把钱借给了我。"此时,话语中陈述的功能性构序关系发生一次对法理逻辑的颠覆、反向破解,对他们而言这倒是真话。其中,需要注意的是存在一个更隐性的构境层:关于"用钱换减刑"的表达正是"时间就是金钱"这一规训话语的陈述构序,这样的一种抵抗我们竟然无法去反驳:抵抗法律话语

---

[37] 同上,第267—268页。
[38] 同上,第263页。

中的刑事责任履行的伪构境竟然道出了批判性的资本关系(财产刑履行)对于自由时间的支配构境。第三类抵抗:话语中陈述的功能性构序关系发生多重倒置与颠覆、反向破解之间的转换、重叠、并行,这种类型抵抗是最多的,也是最为细密而复杂的构境星丛。

其次,"警"之主体视位思境的批判性透视。同样,民警自身对于规训话语塑形有着"认同—抵抗"的复调思境。一般来说,刚参加监管工作的新民警对于规训话语处于他性镜像认同阶段,基本上就是按部就班按照带教民警或者领导的意图来对罪犯开展一种无思的教育,通常情况下此类"警—囚"对话构境是伪构境(幻象)。这里笔者想主要分析的是对规训话语塑形有自觉抵抗和批判间距的民警教育谈话中的构境发生机制,即为"警"之主体视位思想腹语的争执性构境分层。其一,在自觉抵抗规训话语塑形过程中,对其话语陈述构序关系做了解构性的反向拆解,这是非常复杂且重要的导引性构境。在此,笔者做过一个思想构境实验,对罪犯说的反规训话语塑形的真话予以了正面肯定:虽然你不认罪,但是有一点是值得肯定的,你说了真话。此时,罪犯无意识的表情、动作、言说会赞同的表达,他的反—构境裂隙被打开了,这是"警—囚"对话构境的真正缘起。其二,在反向拆解的基础上,做有抑制性的正向复构。由于人的历史性生成的复杂性样态与建构性本质决定了罪犯并非完全处于反—存在层级,其存在与反—存在的界限是模糊的。故而,作为民警要善于把捉罪犯曾经发生的构境布展线索,重新激活其存在层级的思想构境突现的主导性因素,唤起其生存高峰体验。由此,罪犯才可能受动性的实现一种从反—构境到构境的异轨式突现,这种对于规训话语塑形抵抗中的争执性认同才可能"改造"罪犯的思想意识。

(二)集体教育:"不在场的在场"的规训权力构式之构境突现

和对罪犯的个别教育不同的是,集体教育本质上是一种格式塔式规训情境突现瞬间同构突现的复调构境意蕴;规训情境[39]是指规训场境的存在状态,是在现实权力关系中建构起来的弥散式的支配情境,被支配、被控制的人恰恰是无法确知权力的发射源。具体来说,集体教育这一规训情境可以被透视为以下几层构境布展:其一,构境突现之发生学意义为经由"警"中介的主动导引性构境,而不是被动遭遇。其二,这一构境突现是由构境意蕴的导引

---

[39] 同上,第402页。

性构境、显性构境激活点、隐性构境激活点构成的构境突现环顾功能链。其三,若将这一海德格尔存在论意义上的环顾功能链转换为马克思历史唯物主义构境,则表现为"警—囚"规训权力构式。从类型区分来看,集体教育主要可细分为亲情(帮教)、民警讲评两种教育构式。

一是亲情(帮教)教育构式。其中,显性激活点为父母或相关亲属,包括其寄语、面容、动作、表情、身体状况等。隐性激活点为民警的警戒守卫、囚犯的囚服标识、亲情会见的时间限制、改造表现公示、监狱的物理建筑的区隔空间、监狱指挥中心视音频监控等,这些是权力构式待激活的构境点。导引性构境为民警的规训话语塑形、导引仪式等构成。当这一环顾功能链激活后,"警—囚"规训权力构式之上的复调构境突现。这一突现构境层较为复杂:其一,显性构境点被激活后,"囚"与其亲人之间存在着一种关涉性交道,这种交道会使得一种生活构式突现。例如,在一个"亲情对视一分钟"的活动中,"囚"会突现看到亲人年纪大了、鱼尾纹爬上来了,父母为了自己曾经的生活付出了很多心血,以往的生活构式会被囚犯重新构境。其二,进而隐性构境点将日常改造生活中囚犯不可见的权力构式给激活突现了;此时,在上述活动中,囚犯会体知到自己处于不可见的规训权力构式的支配中,不能感恩亲人、见面时间受限制且很短暂,甚至重新构境曾经被自己所伤害的被害人及犯罪情境。其三,在生活与权力构式双重作用之下导致的内心冲突中,囚犯会突现一种感恩—悔罪的复调构境意蕴。笔者也曾经被这样的情境所触动并突现共鸣构境。

二是民警讲评教育构式。这也是规训权力构式之上同构发生的构境突现。其存在着以下几重构境布展:

其一,当民警进入一个规训意识较差、相对无序的犯群空间场境存在,一种无序的散漫的状态在瞬间或者短暂延异性的过程中,迅速回到规训性构序的有序状态;究其原因,可能存在着以下几个微分构境层级:首先,在"警—囚"规训权力场境存在基础之上日复一日地、当下地通过"警"之操持功能性(导引性)的规训权力话语来强制性、同一性地塑形"囚"之思想逻辑筑模(逻辑建构的生产方式),进而规训权力话语作为询唤建构"囚"之规训主体的大写他者(拉康术语)以一种无意识的方式持存着。其次,当"警"进入这一空间场境存在,"警—囚"规训权力关系构式再次被激活(再生产)。也就是说,在"囚"遭遇"警"之权力情境突现的一刹那,无意识发生的这一规训话语事件触发犯群中每一个体主体相互之间关涉的原本散漫、祛序的空间场境格式塔式的转换到一种构序状态。因此,在这种"不在场的在场"的隐性话语塑形中罪犯也会产生构境突现。

其二,更深层次地说,在这一"警—囚"规训权力关系构式中,同样存在着"认同—抵抗"之复调构境意蕴。具体来说可以分为以下几个可能的构境域:首先,基于"警"之操持规训话语之强制,在多数情境中"囚"之认同思境为伪构境,而在此意义上的集体讲评教育在本质上是一种被灌输式的无思。因此,需要将这样一种趋于凝固的关系构式"再活化"。也就是说,在集体讲评教育方式上要加强"警"与"囚"、"囚"与"囚"之间关系的重构(再生产),要能使"警"内居于"囚"之一定的、具体的生命情境中去体知;这样,集体讲评的内容才能引起"囚"之情境共鸣进而真正触发其构境反思。其次,还存在一些较为特殊的规训话语事件——"警"与"囚"之间的眼神、表情、肢体动作的交道。当"警"在罪犯生活、劳动、教育空间场域巡查的过程中,层级监视的"看"并非一种对象性表象的"看",而是要通过与"囚"之眼神、表情之遭遇重新构境出其背后深层的症候细节:当你"看"过去的时候,他回避了你的眼神,或者与你眼神对峙,或者眼神飘忽不定地来回张望;又或许面无表情、表情异常丰富、出现无意识的肢体动作;等等。这些都需要我们敏锐地进行构境布展之把捉。同时,"警"之自我规训的细节情境作为一种"不在场的在场"的隐性话语塑形方式也影响着"囚"之思境。例如,"警"以其严肃的警容风纪、规范执法、文明用语等对于"囚"产生潜移默化的言传身教作用。

(三)拟(亚)文本[40]性教育:规训话语档案的重新构境

其与一般性个别教育谈话的构境发生机制基本相似,但也存在着一些细微的差别:

一是前者为当下发生的话语事件,而后者为对不在场的话语事件的物性遗存——档案重新构境为另一个话语事件。要在档案的因素中面对话语事件,就不能将之直接当作事实记录,而应视其为已经不在场的话语事件的遗迹;遗迹如果不能重新激活话语事件场的重现,那么它就没有任何意义。[41]

---

[40] 亚文本是指至少有明确观点和思想意向的笔记、心得和札记类的文本。拟文本为一种批注式文献,通常,阅读批注是资料性摘录笔记和思想心得笔记的前提,它尚没有形成一般文本结构中的意义逻辑构架、完整的话语系统以及表达文字的结构。参见张一兵:《回到列宁》,江苏人民出版社2008年版,第131页。
[41] 张一兵:《回到福柯》,上海人民出版社2016年版,第199页。

二是档案是以拟(亚)文本性话语生成的,比较能真实表征罪犯思想构境的生成性与在场性,其主要形式为学习笔记、周记、思想汇报、情况汇报、认罪悔罪书、忏悔信、与家人的往来书信;其中,最隐秘、也最接近罪犯思想原境的秘密文本比较重要,其包括秘密日记、囚诗、地下文学小说等,一般很难发现。而民警与其的对话构境主要在阅读、批注(激活)这些文本(话语)过程中构境突现。

三是在规训权力情境支配下,拟(亚)文本性话语事件的重新激活布展为多重视位的复杂转换构境层:

其一,基于"警"与"囚"之主体视位转换,其历史性生成的文本(话语)档案可能突现为以下三个微分构境层级:首先,从历时性关系看,当文本(话语)突现出一个"症候"即"不在场"的"空白"事件时,此时,"警"显然不能通过对象性的"读"来直观地把捉到罪犯曾经突现之构境,而只能通过重新构境其当下发生的改造生活情境与文本(话语)前后语境来"读"出"空白"背后的罪犯思想构境。例如,在一次对罪犯开展危险度评估的认识活动过程中,该名罪犯在填写相关人格测评问卷或接受民警访谈时,其所填写的罪名基本信息与判决书的实际罪名不一致甚至于不填写,通常情况下我们认为这是不负责任地乱写进而简单地判断其认罪悔罪态度较差;但是,有没有可能存在这样一种"症候"即罪名填写的错误、缺失恰恰存在着一种不在场的逻辑"空白"?这或许才是罪犯真实突现的思想构境布展。其次,从共时性关系看,多个文本(话语)之间也可能存在某种同一性,其多为一种伪性激活,而构境突现即为伪构境或者无境;其中呈现的批判性构境为规训话语本身塑形了同一性无思的话语档案——千篇一律,根本看不到罪犯真实的思想构境。此外,有一种较为特殊、例外的话语事件是值得"警"为之重视的,即连续性出现书写之"空白"事件,这可能并不是无思的千篇一律,而可能是存在更为复杂的思想构境。最后,更多的情境是通过文本(话语)的历时性与共时性关系的复杂结合,生成"认同—抵抗"的复调构境。

其二,基于"警—囚"规训权力关系构式之上的拟(亚)文本性话语构境突现,其可分为以下两个微分构境层级:首先,要能敏锐地把捉"症候"之空白、失误、沉默、缺失等方式构形的话语事件场的格式塔转换构境,并通过"警"之批注书写(话语)触发"囚"产生被理解、被认同的共鸣情境。其次,在规训权力情境的支配下,"警"与"囚"分别衍射出不同的构境意向;进而,"警"之导引性构境与"囚"之受动性构境之间的争执与冲突张力才是"认同—抵抗"复调构境突现的动力学机制。其中,需要值得注意的是,"警"之导引性构境是起到生产与再生产的主导作用的,若其之思为伪构境、无境,那么"警—囚"关系构式也呈现为一种伪性激活。比如,民警在批阅罪犯周记、学习笔记过程中,只追求无思地完成工作任务;那么,这一批阅将不会产生任何真正的思想活动,从而也导致罪犯不会在书写的过程中形成真正的反思。

综上所述,通过对以上几种类型的教育塑形方式的批判性反思,主要存在以下几个构境层:一是反复性。教育塑形作为当下构境发生的话语事件场,罪犯的思想构境在民警的导引性构境中介中突现,但这一构境突现是独一无二的,当下的构境意向也并非是上一次构境意向的连续性线性平滑延伸。每一次的构境突现可能是同向,也可能是反向,甚至是无思的,而且在更加微分的构境层面,一个话语事件中甚至可能产生复调构境、叠境、伪构境、无境等等。由此可见,罪犯思境的突现、转换是一个非线性进步的复杂性样态;也就是说,一方面,罪犯的一次转变不代表思想意识的完全转变,这当中存在着一定的反复性、偶然性。另一方面,反过来说,即使向顽危犯这样的思想意识比较难以转变的群体,也是存在思想变化的可能性。在此意义上,其实解构了监狱个别教育能手的罪犯改造神话。二是情境性。之所以罪犯的思境意向存在各种可能性,是因为当下发生的构境突现所基于的情境存在不同所致,这种情境的拟构正是笔者后面批判性艺术构境之缘起。这也就是罪犯在狱内和狱外会产生不同思境的原因,有的在服刑期间表现较好,而出去后又走上犯罪道路。三是内居性。教育塑形的几种构境发生机制往往不是单独存在的,而是呈现出交互作用。在集体教育的构境发生机制中会内居性存在着个别教育的构境发生机制,而拟(亚)文本性话语教育构境发生机制也会内居于个别教育的构境发生机制中。四是内省性。其一,书写权力的检查机制对于"警—囚"思之构境存在着消极遮蔽。一方面,录音之下的谈话都是尽义务的表演性话语,即为"警—囚"双方都能"默契"的配合而不讲真话;另一方面,把教育中"怎样"的认知变成了"什么"的道德、普法、心理的知识点并以考试的形式予以评价。此外,从更深层次上分析,对于这些"石化的存在者式"的考试目的论式的设置了"598"的标准(5门基础教育课程的合格率必须达到98%)。显然,其既不考虑罪犯本身认知构式客观存在一定的祛序性,也不考虑"怎样"在重构"警—囚"关系构式的基础之上转换基础教育课程的授课方式,进而促使"警"内居于"囚"之当下、具体的生活情境并触发其构境反思。其二,我们应该真正去激活曾经发生的话语事件档案,重新构境话语事件发生瞬间的"警—囚"复调思境,并能形成一种思之边注的记录;尤其是

"警"能导引"囚"对其曾经突现的思境进行重新构境。五是生产性。正是在上述的思境重构的基础上,才可能形成民警个教及心理案例、心得札记、学术论文等话语事件场中的学术构境突现。

三、犯情构序:非话语实践场的多重复杂构境

对这里所指的"犯情分析"首先作一个特设性说明。即其不仅仅是指民警在工作中开展的犯情分析会,还包括个案会诊、罪犯心理咨询个案督导、各类监狱学学术理论研讨会等,这是一个泛化的概念。因此,此处的犯情分析是由民警、专家围绕某些在现实监狱工作中发现的问题而进行的实践探索与理论对话。从本质上说,作为犯情分析认知场,其反映了在"警"之于"囚"的规训话语档案考古与"警"之于"警"的话语权力关系构式的共同作用下,历史性生成的犯情分析研判活动过程中所体现的实践功能水平与逻辑建构有序性,即犯情构序。而其"怎样"运行的机制即为福柯意义上的"非话语实践"。非话语实践的构境论解读可有两个可能的构境面:一个可能是指在直接的主导性话语塑形之外的其他话语活动。[42] 在犯情分析活动中虽然占主导的是规训话语塑形,但也可能是更为深化的中国式在场的生命政治话语(安全稳定为天),或者是与心理学、医学话语等共同发生作用。另一个可能是指并非话语实践的现实社会实践。[43] 而犯情分析活动本身就是现实监狱工作实践中最为重要的组成部分,其对于罪犯教育中的话语实践也具有策略塑形作用。由此,我们应该将犯情分析"什么"转换为"怎样"开展犯情分析,这里有两个构境层:一是,激活话语档案时的构境突现;二是,多方研讨时的多重构境突现——角斗——融合并可能产生新思境。下面,笔者将从以下两个方面进行构境布展。

(一)规训档案考古:话语构序—构式之构境布展

这里存在着几个微分构境层级:一是话语档案的生成。首先,"囚"之主客观情境之场境存在突现。其类型划分为个体的自我关系构式与群体的"囚—囚"关系构式;个体主要表征为生理、心理、行为共同作用突现的罪犯主

---

[42] 同上,第264页。
[43] 同上。

观情境的感知场;而群体主要表征为犯群整体在特定的具体情境中突现的主要思想倾向与行为冲突过程,即罪犯群体的思想构境记忆场和群体违纪突发的事件场。此处需要注意的是,个体与群体的主客观情境并不是我们通过对象性的"看"而直观感知到的表象情景。例如,当犯群之间突发违纪冲突时,通过监控视频直接或复盘看到的整个事件过程并不是一个突发的违纪事件场;而只有当我们穿透表象情景之后,才能把捉到当下突现的监狱规训权力场这一特定社会历史场境转换的构境物(Sache),即某一特定的"囚—囚"规训性构序空间场境格式塔转换为一个抵抗规训的祛序情境空间。其次,"警"之于"囚"的主、客观情境的场境突现的重新构境。这些曾经发生过的场境突现是客观存在的,但"警"在对其重新构境中会因自身话语塑形的筑模、生活构式、心理感知、伦理价值立场等因素而与原来的客观场境存在产生一定的间距。因此,规训话语档案即为基于"囚"之突现场境与"警"之于"囚"的重新构境的双重构境转换而塑形的物性持存。

二是与上述双重构境转换相对应,石化档案这一物性持存的激活"怎样"构境为曾经可能突现的罪犯感知场、记忆场、事件场。第一,从教育塑形这一当下发生的话语事件场中去尽可能地把捉——曾经置身于某一特定场境存在之中的——罪犯突现的思想原境。也就是说,规训话语实践反过来作用于规训档案考古活动这一话语构序的构式。第二,要能对参与规训档案考古活动的民警自身的话语构序支配有批判性构境内省。一类为评论原则。评论[44]即是话语意识形态构境,它操持着话语的生杀大权;简言之,一边是无数的次等话语被删除和忘却,另一边则是不停地建构出所谓的原创性经典文本;评论中的不断重复,制造经典和成就话语构序。比如在我们的刑事法学学术文章中,自由主义哲学方法论座架下西方主流资产阶级法学、刑罚学、监狱学理论话语等他性理论镜像让人目不暇接。而与此同时,在马克思主义理论指导下的毛泽东罪犯改造理论、苏联的劳动改造学说却日渐式微,没有被我们批判性地继承与发展,更遑论要在当下构建监狱学批判理论了。因此,我们需要对此保持一个批判的间距。一类为话语净化[45]原则,也即作者或同质性唯真原则。这里的批判性透视构境为:把罪犯看成一个同质化的个体,而忽视了罪犯个体思想构境历史性突现的复杂性,在这种简单化的惯性思维

---

[44] 同上,第279页。
[45] 同上,第280页。

中,容易对犯情产生误判。另一类为学科原则。这是犯情分析活动中话语支配构序的最重要原则。它是一种科学话语塑形的无名系统,并且如果要使自己始终处于真理的主导位置上,它就必须建构一种话语治安构序,话语治安即是让自己的统治合法化、日常化,并且在每一次的话语实践中让它反复地再活化;再活化即是话语从"档案"石化状态中的重新构境和突现。[46] 这正是犯情分析认知场中多重复杂构境突现之主导性缘起。

三是互文性(复线)耳目话语。这是狱内侦查中较为常用的秘侦技术手段。其本质为利用罪犯群体中的某些个体去获取其他罪犯相对较为真实的思想原境,以达到促使监狱生命治安场有序运行的目的。作为同样是反—存在层级的罪犯,似乎他们的话语更能逼近式还原真实的思想原境,甚至于我们还为了印证这一话语的真实性而启动了复线耳目来作为互文性参照。但这里的批判性透视构境为:(复线)耳目会根据自己的主观意图衍射为四种类型的话语,这也使得罪犯思想原境受到遮蔽。第一类,表演性话语。其为了达到自己的特定目的或利益而无中生有、颠倒黑白、蓄意歪曲,或者在故意迎合或揣摩民警主观心理意图中说些民警想听的话。对于这样的耳目话语需要引起我们的高度警惕,在质询过程中把捉其逻辑构境的自相矛盾之处,同时加强与复线耳目话语的相互印证来作出较为准确的质性判断。第二类,表现性话语;其所反映的相关罪犯思想原境与客观情境基本相符,但仍会为了自己的特定目的或者利益将其效应做一些不影响质性判断的量化扩大或缩小的变形。第三类,现身性话语。此类本真性话语较少,需要仔细甄别。第四类,秘密性话语。有一些涉及罪犯思想原境的话语,但由于其可能迫于某种压力、威胁、顾忌等现实改造生活情境而未能说出;这就需要民警能重新构境出其之所以不能说出是出于"怎样"的症候情境,从而拟构其未说出之"空白",这对于民警研判犯情的水平有比较高的思考要求。

(二)"警—警"话语权力关系构式之"再活化":构境星丛的闪烁

从更深层次上来说,基于马克思历史现象学之分析,规训话语档案考古这一特定认知"物"(Sache)生成之场境存在即透视为"警—警"话语权力关系构式。具体来说,可以分为以下几个构境域:

一是双重差异构境。这种差异缘起于"警"之于己的话语构序内省与否,

---

[46] 同上,第281—282页。

若"警"之间受到不同话语构序的支配,则会生成更深层次的位阶混乱。此时,对话构境将会呈现出更为复杂的歧义、误认,犹如堂吉诃德与大风车作战一般。

二是三重转换构境。也就是说,对上述那种产生深层次混乱的歧义性构境、伪构境作一种构境式的三重转换,这是一个较为复杂的思想构境。第一重转换为复构,即为重新构境自己曾经突现的歧义性构境、伪构境,时刻保持对自身话语构序的内省,知道自己是以"怎样"的方式入境(读);第二重转换为拟构,即为模拟构建他人曾经突现的思想构境,把握其"怎样"言说的方式,并内省其言说位阶的差异,并通过抑制性的构境分层分别在对等位阶上与对方展开对话;第三重转换为通过复构—拟构使对话构境能归基到不同话语运作分歧点的同一层面上。

三是话语权争执性构境。在不同话语实践的策略塑形布展中必然会因分歧点产生话语权力的争夺。首先是仪规[47],是指言说个体在进入话语场时所必须具备的某种资格和条件,这些资格和条件使某些人获得高高在上的话语权或权力话语。特殊的位置往往决定了不同话语圈层中的权力关系[48],例如,监狱、监区的处科职领导、罪犯心理矫治专家、驻监检察官、资历经验丰富的业务骨干、新入职民警会构成不同话语圈层的权力关系。同时,犯情分析认知场作为一种特定情境的话语构序—构式也存在不同科层的权力关系,可分为局级、监狱级、监区级三个层级,不同位置的民警主体基本对应相应的层级。

这里的批判性透视构境为:首先,似乎话语权力关系圈层级别越高,越容易突现思想构境,思考就越深,但其实这是一个伪构境。因为,监狱生命治安场与监狱学学术治安场与一般的高等院校、科研机构学术治安场是不同的,其是要深入监狱基层工作实践才能"体知"罪犯的思想原境。因此,随着权力关系圈层级别的上升,很多比较深的思想构境反而被权力话语的暴力性栅栏给袪除和遮蔽了。例如,处于话语权力圈层较低位置的基层监区民警由于参与罪犯直接管理,故而对特定的犯情研判较为准确,但由于这一研判质性有可能突现了监狱刑罚执行过程中存在的执法瑕疵、管理失范之症候。如果在犯情分析会上以现身性话语来构序的话,将会影响处于话语权力圈层位置较

---

[47] 同上,第283页。
[48] 同上。

高的监狱领导的能力水平与话语权威,所以,只能做一些流于浅表性的抑制性话语表达,而不达及现象深处的本质,从而直接影响到整个犯情构序水平。

其次,似乎资历经验越丰富的民警,就一定有较为深入的思想构境,这同样是一个伪构境。因为,其被绝对化了,资历经验丰富有时候只是工作年限长而已,在他的工作中无意识积累的经验可能一直停留在他性镜像认同阶段,缺乏自主性、原创性的深入思考,大部分时候只是无思的挪用与伪性激活。因此,笔者认为,在这样一种逐步凝固化的权力关系圈层中,话语实践这样一种当下建构与解构的功能情境反而会趋于弱化;而只有通过一种"事件"式的打破,即实现权力关系中不同圈层与不同位置的颠覆、翻转、冲突、再活化,通过这样一种衍射式抵抗才有可能强化话语实践的构境布展。此时,对话构境才会产生更为密集的突现并可能形成构境星丛。由此,不同圈层、不同位置的民警才会在这样一种认同与争执中形成新的思想构境。

四、艺术事件:构境矢量关涉场中的批判性超越

通过对上述罪犯教育话语事件场与犯情分析认知场的构境式分析,体知到监狱规训权力场这一异托邦空间的反向建构场境存在是为构成构境突现的另一个隐性支撑点。例如,在上述教育塑形的分析中,让笔者产生共鸣情境的就是亲情教育中那种格式塔式的场境突现。这种来自罪犯对重构的生活构式与突现的权力构式所引起的内省冲突导致了其感恩—悔罪复调构境意蕴的突现。在此过程中发生了双重构境式转换:第一重为在对规训权力构式抵抗的争执性认同中进而突现悔罪构境;个别教育的构境发生机制与其相类似。第二重为在对曾经发生过的生活构式重新构境的过程中会升华为一种感恩构境;由此,从反—存在到存在层级的格式塔转换中复调构境突现。那么,反—存在层级作为另一个隐性支撑点是"怎样"与存在层级发生构境转换关系的呢?

(一)构境矢量关涉场:"囚"之日常改造意识中的资本拜物教幻象批判

具体的逻辑构境布展为:一是在"警"之导引性构境突现的瞬间,其对"囚"在自我关系构式从反存在—存在的格式塔式筑模转换中产生了一种"何所向"的矢量性塑形作用;反之,在"囚"之自我关系构式中,其将在"警"之教育塑形的筑模内居认同的过程中与自身反向建构的逻辑筑模形成了一种争

执性冲突并突现构境。故而,在"警"与"囚"的主体际视位转换关系中,反存在—存在—构境突现形成了两条同构的矢量性逻辑射线。二是还存在另外一条道路即为隐性的反存在—反构境(黑暗构境)异轨式构式为反存在—构境的矢量性逻辑射线;由此,构成反存在—存在—构境突现的"警—囚"构境矢量关涉场。而这条异轨式道路即为艺术事件对于规训抵抗可能的批判性超越,这同时也是"警"内居于"囚"的体知和导引过程。笔者认为尤其需要注意的是,在这一复杂的关涉场境存在中,异轨式道路发生的前提和基础是反存在—存在—构境突现这两条逻辑射线能形成矢量合力。三是基于反存在层级上的反—构境(黑暗构境),本来在存在层级之上的构境与伪构境(幻象)发生了颠倒,即本来的构境变为伪构境,而本来的伪构境则成为构境,这就是存在与认识的复杂性所在。此处需要透视的是,更为深层次的构境层为这一构境与伪构境的颠倒关系本身即具有批判性指向。因为,当代社会逐利性、同一性的"规训"话语必然内含着资本逻辑的展开,而教育塑形过程中突现的争执性认同,抑或是艺术事件这一异轨式道路对于监狱规训权力场的抵抗,必然都孕育着击碎在罪犯日常改造意识中产生的资本拜物教幻象的力量,并为实现"自在"向"自为"意识转换提供一种批判性超越的可能。

(二)浸入式戏剧:艺术事件的批判性构境探索

浸入式戏剧作为近年来逐步兴起的先锋艺术表达形式,彻底颠覆了传统戏剧中空间、文本及观演之间的关系,这似乎为罪犯的艺术体知打开了一条探索的可能性路径。笔者从以下几个方面来展开构境式分析:第一,浸入式戏剧本身作为一个艺术事件,其自身的展开就意味对于监狱规训权力场的一种打破,这一打破为在对规训的抵抗中实现一种批判性超越提供了一种可能性。第二,拟构戏剧文本。这个拟构的过程需要"警"与"囚"的共同参与,需要复构曾经发生的各类情境,这些情境可以是生活情境、权力情境甚至是曾经出现的(反存在的)犯罪情境;在这一过程中就有可能突现构境。此外,文本也是开放、非锁定的,只规定了必要的场景设置、结构与原则,而没有具体的内容,所有的内容都是"囚"所熟悉或亲身经历的,这为处于观众与演员位置的"囚"之思境重构提供了无限的可能性。第三,这里的戏剧空间并不仅仅是监狱本身的物理空间,更是一种"警—囚"构境矢量关涉场境的突现;其为一个拓扑构式的关涉网络,每一个体都可以在每一个分叉点自由选择场境空间的建构与解构;同时,空间在使用文本上是做了加法,而"表演"(角色)则做了减法,表演减去了文本,剩下形体;减去情节,剩下情节点。[49] 因此,并非通过言语来表达,而主要是通过肢体动作、舞蹈、音乐、声音来演绎自身情绪冲突、抵抗,并且场境空间随着戏剧本身的表演进程而不断转换;在这种情境的复构与转换中就有可能产生构境突现从而使情绪达到一种高峰体验状态。第四,主—客二元的观演关系构式被彻底重构。观众与演员的这种主体视位的切换是任意的,这种切换会导致多重构境的突现。这里尤其需要关注的是,民警的导引性构境是非常重要的,在整个戏剧展开推进的过程中,要善于发现能够使罪犯突现构境的冲突点并进行适当的调度。

五、改造筑模:一个东方式监狱学批判理论的构境实验

"改造"作为监狱学语境中的权力话语,始终是理论逻辑建构的核心支撑点。而"改造"与"构境"的深层构式链接则展开了一场建构东方式监狱学批判理论——"改造构境论"的思想实验。具体来说,可以分为以下几层构境布展:其一,通过对"构境"展开马克思历史现象学的递进式追问,透视出其"不可见的到场性批判"的微观发生机制并进一步深化了构境理论。其二,在此基础上,通过对"科学认识罪犯"转换到"回到罪犯本身"的构境式分析,尝试构建广义与狭义的改造构境论;其中,广义改造构境论主要关涉范围为更加基始性的监狱生命治安场内部运行机制,监狱场与刑事司法、立法场的一体化运行机制,监狱场与其他社会实践场的交互作用发生机制等;而狭义改造构境论主要关涉范围为监狱场内部及其与其他各种社会实践场交互作用的场境存在基础之上,"警—囚"关系构式中的思之构境,或者一种监狱学理论思想的历史性生成的复杂性样态与建构性本质。其三,对狭义改造构境论展开深入的理论逻辑建构:一是,阐述了监狱这一"异托邦"空间场境存在之上的思想构境发生机制;二是,阐述分析了"警—囚"关系构式之上的主体际思想构境的历史性变化规律。其四,进一步通过对狭义改造构境论的理论逻辑建构空间构形的三个不同功能层级——教育塑形、犯情构序以及作为上述两个物性场境存在基础的"警—囚"关系构式——构境式分析,透视出反—存在层级是为构境突现的另一个隐性支撑点,并试图通过引入艺术事件(艺术矫治)突现具有批判性指向的"警—囚"构境矢量关涉场。其五,更深层次地分

---

[49] 周泉:《浸入式剧场:以〈不再入眠〉为例》,《戏剧》2013 年第 6 期,第 112 页。

析,基于狭义改造构境论这一理论逻辑建构空间构形的不同功能层级划分,支配教育塑形、犯情构序、"警—囚"关系构式的深层动力结构即为功能性的改造筑模(改造理论的生产方式)。进一步来说,其作为对马克思历史唯物主义的当代重写在特定社会历史情境的分析,必然内含着隐性的政治经济学批判:一方面,透视出罪犯日常改造意识中的资本(观念)拜物教幻象;另一方面,也为下一步深入更为基始性的监狱生命治安场境运行机制去建构广义改造构境论树立一种方法论自觉,并拓展相应的理论逻辑建构空间。

(责任编辑:王金霞)

卡尔·伦纳与(知识性)财产

——认知理论如何丰富当代版权的法律社会学分析*

斯特凡·拉尔森**

摘　要：当代认知理论包含各种概念隐喻及其意象，鉴于此，需要通过重新阐释卡尔·伦纳的经典著作，来讨论面对与数字化有关的剧烈社会变迁时的版权规则。从认知理论的角度看，我关注的观点是：法律规范只是看似并未改变，因为伦纳对形式和功能进行了区分。一般而言，这种观点包括社会规范、技术发展以及社会结构变迁，并建构出一种社会化的、认知性的法律解释方法。因此，需要分析如今将版权视为财产的强烈要求，不仅涉及了历史视野中将版权视为财产的主张，也涉及了实际为应对数字化挑战而进行的知识产权法律修改。伦纳将财产描述为"支配和控

---

* 拉尔森副教授写作时，虽然参考了 1949 年版的《私法的制度及其社会功能》(Karl Renner, *The Institutions of Private Law and Their Social Functions*, A. Schwarzschild trans., O. Kahn Freund ed., London: Routledge & Kegan Paul Limited, 1949)，但引证时使用的却是 2010 年版的《私法的制度及其社会功能》(Karl Renner, *The Institutions of Private Law and Their Social Functions*, A. Schwarzschild trans., O. Kahn Freund ed., with a new introduction by A. Javier Treviño, New Jersey: Transaction Publishers, 2010)。——译者注

** 斯特凡·拉尔森(Stefan Larsson)，瑞典隆德大学互联网研究所所长，主要从事数字和互联网领域内的概念、法律以及社会变迁的交叉研究。本文原载于 *Law & Society Review*, vol. 48, no. 3 (2014), pp. 3-32。
本文由刘熊擎天翻译、杨静哲校对。刘熊擎天，中南财经政法大学法学院宪法学与行政法学专业博士研究生。杨静哲，华侨大学法学院讲师，法学博士。本译文获得斯特凡·拉尔森副教授的授权，特此致谢。译事之难，有经验者亦时常喟叹。虽不免于纰漏、谬误，但文责不免，亦当自负。

制制度",而这具有非常特别的分析意义,因为为实现控制而增设的手段被以版权之名添加在了数字语境之中。

关键词:卡尔·伦纳 知识产权 法律社会学

引言:在形式和功能之间

卡尔·伦纳,奥地利-马克思主义学派代表人物,法律社会学研究早期奠基者,曾为奥地利第二共和国第一任总统,致力于研究西欧社会变迁时期财产与契约制度的作用。在20世纪初期,他就用柯罗诺斯这样颇为强烈的隐喻来描述财产制度的发展,并指出"财产制度的演进从未停止,它如同吞噬他人孩子的柯罗诺斯一样"[1]。就此而言,我也会关注财产制度的内涵及其在不同时期的不同主张。深受同时期马克思主义理论的影响,卡尔·伦纳的理论检验包含了一种社会的概念,即社会是上层建筑和经济基础的辩证统一[2]。可见,依据马克思主义的理论,伦纳建构出自己的法律社会学理论[3]。其研究的主要旨趣在于,将法律制度同其社会功能进行分离分析——用托·卡恩-弗洛因德的话来表述,法律制度的社会功能是"适用法律制度所得的实际结果"[4]。伦纳认为法律基础的变化并没驱使法律发生改变,例如,"经济变化并不直接以及自然地导致法律变化"[5]。

正因伦纳如此明确强调变化,那么我们特别关注的是,其如何界定变化,如何界定法律和法律规范不变?伦纳提出了这样一种观点:即便在变迁的时代,法律在形式上也应保持稳定,而与此同时,其内容或功能会发生相当大的改变。因此,本文从当代认知科学的视角入手,来说明法律概念的内涵如何

---

[1] 我们不得而知地是,为何伦纳在此重复了一个颇为常见的困惑,即混淆了吞噬他人孩童的泰坦·克洛诺斯(Titan Cronus/Cronos/Kronos)以及前苏格拉底时代的时间之神柯罗诺斯。Karl Renner, *The Institutions of Private Law and Their Social Functions*, A. Schwarzschild trans., O. Kahn Freund ed., with a new introduction by A. Javier Treviño, New Jersey: Transaction Publishers, 2010, p. 110.

[2] 见,Clive Grace & Philip Wilkinson, *Sociological Inquiry and Legal Phenomena*, New York: St. Martin's Press, 1978, p. 94。

[3] 见,A. Javier Treviño, *The Sociology of Law: Classical and Contemporary Perspectives*, New Jersey: Transaction Publishers, 2008, p. 119。

[4] 见,Otto Kahn-Freund, "Introduction," in Karl Renner, *The Institutions of Private Law and Their Social Functions*, pp. 8-16。

[5] Karl Renner, *The Institutions of Private Law and Their Social Functions*, p. 252.

随着我们塑造其意义的语境而改变。如一个评论者曾言,伦纳对财产规范功能变化的经验研究证明了"法律的非立法发展之意义",也进一步指明了"法律发生变化前后以立法参与"协商的潜在可能性。[6]

一、伦纳与(知识性)财产

具体而言,本文讨论面对与数字化有关的剧烈社会变迁时的版权规则,并将其看作不断发展的(知识性)财产在数字内容领域进行拓展时而提出的殖民要求。如前文所述,鉴于当代认知理论中的概念隐喻及其意象,我通过重新阐释伦纳的经典著作予以说明。第一,我疑惑于伦纳的财产理论,在何种程度上可以作为当代知识产权的分析工具;第二,我疑惑于(扮演概念隐喻理论分析所必须的)知识产权作为一种数字语境中的概念,在何种意义上进行着概念上的拓展,且疑惑于这一分析如何与伦纳的理论相关联并受助于其理论;第三,我疑惑于数字内容在何种方式下会被界定为物质的、有形的物,这种界定的意义何在;第四,基于伦纳的论证——控制制度随财产而来,我疑惑于这种控制的观点,在何种程度上也与数字社会中知识产权问题有关。从规范物理现象到同等规范数字现象的过程中,在诸多方面强调了版权和知识产权,就此而言,以上四个方面显得尤为重要。正如我下文中将深入阐释的,本文的核心观点是,说明数字环境如何与知识产权支持者所主张的控制相关,而这实际上却瓦解了传统支持者的主张,即区分获取、使用和复制或拷贝成果。正如奥尔特发表于《华尔街日报》上的《你的电子书正在阅读你》一文所敏锐阐释[7],或者由数字版权管理(Digital Rights Management)和版权锁定(copy-locks)所界定,抑或是被看作"声破天"(Spotify)这类流媒体服务的架构设定,无论是否与阅读的方式有关,这种发展清楚地表明:版权的主张在数字领域内不断拓展。在以数据为导向的决策过程中,为控制数字产品的使用,基于互联网的合资企业建立起一种工具,虽然这带来了令人兴奋的方法论的可能性。例如,可以测量人们媒体使用情况,但此处的关注点是其所引起的控制,即源于类似财产的版权规则在一种完全崭新的非物质环境中的运行。

---

[6] 见,Jim J. McManus,"The Emergence and Non-Emergence of Legislation," *British Journal of Law and Society*,vol. 5,no. 2(Jan. 1978),pp. 185-201。

[7] 见,Alexandra Alter,"Your E-Book Is Reading You," *The Wall Street Journal*,2012-6-29。

在伦纳的著作《私法的制度及其社会功能》(*Die Rechtsinstitutedes Privatrechtsundihresoziale Funktion*)首次出版后的近一百年里,没得到持续的使用和阐释,但当该书在 1949 年被译成英文,由卡恩-弗洛因德撰写新的引言[8],并在 20 世纪 70 年代再版以后,其理论得以再次流行[9]。在涉及共享权和财产权时[10],特别是有关于土地法的法律社会学研究时[11],伦纳的观点常常被引用。在 1977 年,彼得·罗伯森写出有关伦纳的尽人皆知的文章,并强调"在研究财产和社会问题时,伦纳的观点在如今依然是合适的。虽然财产制度在表面形式上出现变化的情况已经发生,但其作为支配和控制制度的功能却一直存在"[12]。就财产制度、契约制度与社会核心功能相关的控制问题而言,我们不难发现伦纳理论至少部分适用于当代。与此一致,特别是从一个美国人视角来看,当今关于知识产权的争论似乎是对版权产业宣称主张的不断关注,即知识产权应该变得更像财产。这也符合在数字社会中,将版权不断巩固为一种"支配和控制制度"的大趋势。而我稍后回到这一话题。

伦纳曾为我们提供了经典的论述,即财产制度如何在一段时期内发生社会功能转变而非形式方面,因此,数字世界中财产制度的作用自然也不难想象。而且,伦纳的论述也可以用于相关分析。罗伯森曾提出的"社会的变化

---

[8] 见,R. A. Kann, "Karl Renner (December 14, 1870-December 31, 1950)," *The Journal of Modern History*, vol. 23, no. 3 (Sep. 1951), pp. 243-249; Harold J. Laski, "Review of Karl Renner's The Institutions of Private Law," *The Modern Law Review*, vol. 13, no. 3 (Jul. 1950), pp. 389-392。

[9] 见,Carl A. Auerbach, "The Relation of Legal Systems to Social Change," *Wisconsin Law Review*, vol. 1980, no. 6 (Dec. 1980), pp. 1227-1340; Tom Bottomore & Patrick Goode, *Austro-Marxism*, Bottomore & Goode trans. & eds., with an introduction by Bottomore, Oxford: Clarendon Press, 1978; Richard Kinsey, "Karl Renner on Socialist Legality," in D. Sugarman ed., *Legality, Ideology, and the State*, London: Academic Press, 1983, pp. 27-35; Roderick A. MacDonald, "Social and Economic Control through Law-A Review of Karl Renner's the Institutions of Private Law and Their Social Functions," *Chitty's Law Journal*, vol. 25, no. 1 (Mar. 1977), pp. 7-18; Peter Robson, "Renner Revisited," in Elspeth Attwooll ed., *Perspectives in Jurisprudence*, Glasgow: University of Glasgow Press, 1977, pp. 221-235; Pat Shannon, "Book Review: The Institutions of Private Law and Their Social Functions Karl Renner," *Journal of Sociology*, vol. 13, no. 3 (Jan. 1977), p. 264, 比较 A. Javier Treviño, "Introduction to the Transaction Edition," in Karl Renner, *The Institutions of Private Law and Their Social Functions*, pp. ix-xxvi。

[10] 见,Sheldon Leader, "Participation and Property Rights," *Journal of Business Ethics*, vol. 21, no. 2 (Sep. 1999), pp. 97-109。

[11] 见,Lisa Whitehouse, "Making the Case for Socio-Legal Research in Land Law: Renner and the Law of Mortgage," *Journal of Law and Society*, vol. 37, no. 4 (Dec. 2010), p. 545。

[12] Peter Robson, "Renner Revisited," pp. 221-235.

既改变了财产制度的形式,也改变了其功能"[13],而我认为当今社会也存在相关的类似情形。此外,作为本文的作者,我需要借助伦纳所提供的工具来挖掘更多细节。为此,我补充使用关于概念隐喻的认知理论,来丰富即将开展的法律概念变化的研究。既然法律在字面上未曾改变,但其内涵却发生了变化,那么这可以通过其依赖的语境以及其解释的社会相关性来评价。

从法律社会学的视角来看,正如在我之前的诸多学者所认为的,研究不同时期内法律语言内涵以及建立起这样的理论是十分重要的。本文从语言学、认知科学以及概念变化的视角强调这种依赖关系。美国律师大卫·梅林科夫曾写道"法律是由专业的语词构成"[14],并以此来强调语言在法律中的绝对核心作用。这不仅强调了理解语言、内涵以及思维建构方式的重要性,也关系到更广泛的法学研究、立法变化以及与社会或社会语境有关的法律论证。[15] 有些涉及认知理论的研究是为了理解和分析法律场域,例如,用以探寻法院如何适用选择性字义的解释方法(selective literalism)[16],或者即使(概念意义上的)盲人如何"识别种族",因为对种族血统的理解是基于社会化的人际关系以及制度,而非凭借视觉要素[17]。

正如一些法律学者所强调的,法律的沿革通常是保守的,因而需要时常回顾。由于可预见性这一主要原则,法律中嵌入的价值才得以长久延续。[18] 这被描述和理解为法律的"路径依赖"。[19] 法律论证具有自己的方式,其以范畴化(categorization)为核心和惯常的美德。诚如斯蒂文·L. 温特所言:

---

[13] 同上。
[14] David Mellinkoff, *The Language of the Law*, Boston: Little, Brown & Company, 1963, p. vi.
[15] 比较 Anthony G. Amsterdam & Jerome S. Bruner, *Minding the Law: How Courts Rely on Storytelling, and How Their Stories Change the Ways We Understand the Law and Ourselves*, Cambridge: Harvard University Press, 2000。
[16] 见, Peter M. Tiersma & Lawrence M. Solan, "Cops and Robbers: Selective Literalism in American Criminal Law," *Law & Society Review*, vol. 38, no. 2 (August 2004), pp. 229-266。
[17] 见, Osagie K. Obasogie, "Do Blind People See Race? Social, Legal, and Theoretical Considerations," *Law & Society Review*, vol. 44, no. 3/4 (Sep. / Dec. 2010), pp. 585-616。
[18] 见, Vilhelm Aubert, *Continuity and Development in Law and Society*. Oslo: Norwegian University Press, 1989, p. 62; Niklas Luhmann, *Rechtssoziologie*. Reinbek bei Hamburg: Rowohlt, 1972, S. 31ff; Alexander Peczenik, *Vad Är Rätt? Om Demokrati, Rättssäkerhet, Etik Och Juridisk Argumentation*, Stockholm: Fritzes, 1995, S. 89-90。
[19] 见, Stefan Larsson, "Den Stigberoende Upphovsrätten: Om Konsekvenserna Av Rättslig Inlåsning I En Digital Tid," *Retfærd: Nordic Journal of Law and Justice*, vol. 34, no. 4 (Dec. 2011), pp. 122-146; Stefan Larsson, "The Path Dependence of European Copyright," *Scripted*, vol. 8, no. 1 (Apr. 2011), pp. 8-31。

法律论证的结构在本质上具有相似性:其力图将复杂问题简化为一个政策、原则、命题规则或者另一套必要且充分的准则。在理论上,这些明确的准则将使得专业人士可以用更加精准的方法去阐述法律的范畴,可以描绘出细致的区别,然后作出正确的决策。[20]

但温特、马克·约翰逊(Mark Johnson)都曾指出,法律论证很难解释法律如何变化、如何适应新的社会环境这样的问题。[21] 这是老生常谈的问题。例如,霍菲尔德就曾抱怨道:"就法律专业术语而言,问题大部分源于我们最初常用的诸多词汇仅仅针对有形事物;因此,严格来讲,当其在法律关系中使用时,则带有象征意义和虚构色彩。"[22] 这说明形成和创造以语言为基础的法律"工具"的困难性,这种工具既要预测和可信,又要在变化的社会语境中对其进行不断的解释。

伦纳分析了财产和契约制度的法律概念与西方社会资本主义发展过程中的社会变迁模式之间的关系。其最为突出的贡献即为上文中所提到的《私法的制度及其社会功能》一书。该书原版为德文版,于1904年出版,后在1949年被史瓦兹齐德(A. Schwarzschild)译为英文,并由卡恩-弗洛因德增加引言和大量的评注。[23] 在书中,伦纳认为法律可以适应已经发生变化的社会环境,而不需要改变其形式或结构。如科特威尔所言,伦纳认为"法律概念可以保持形式上的不变,但其社会功能却发生了根本性的改变"[24],这也被卡恩-弗洛因德称为"不变的规范的功能转变"[25]。在伦纳看来,在19世纪的西欧,财产制度的法律"基础"("社会下层结构")已经完全变革。而这与法律调整必须可知的事实相左:

我们以主要的事实为起点:财产法律制度并未发生改变。法国民法典、普鲁士土地法、奥地利民法典等为声明财产规范之胜利而编纂法典所包含的规范如今依旧有效。德国新的民法典中的财产

---

[20] Steven L. Winter, "Re-embodying Law," *Mercer Law Review*, vol. 58, no. 3 (Mar. 2007), pp. 869-897.
[21] 见,"Mind, Metaphor, Law," 58 *Mercer Law Rev.* 845-68。
[22] Wesley Newcomb Hohfeld, "Some Fundamental Legal Conceptions as Applied in Judicial Reasoning," *Yale Law Journal*, vol. 23, no. 1 (Nov. 1913), pp. 16-59.
[23] 见, Otto Kahn-Freund, "Introduction," in Karl Renner, *The Institutions of Private Law and Their Social Functions*, pp. 8-16。
[24] Roger Cotterrell, *The Sociology of Law: An Introduction*, 2nd ed., London: Butterworths, 1992, p. 49.
[25] Karl Renner, *The Institutions of Private Law and Their Social Functions*, p. 6.

规范在某些程度上比先前编纂的法典更加严格,但却并没改变这些规范。[26]

而令人震惊的事实是,这虽然发生在经济和社会出现剧烈变迁的时代,却丝毫不能归因于工业化的影响。法律如何在形式上不变而也能调整一个根本上不同的社会呢?伦纳的分析不仅涉及了特殊的案例,也和法律概念在总体上的发展有关,即这种发展可能与社会发生急剧转型具有特别的关系。在伦纳著作的英文版出版一年后,哈罗德·J. 拉斯基曾在法律期刊评论过该书。除了赞扬卡恩-弗洛因德的评注外,拉斯基所强调法律规范的变化体现在其"功能性内容"和"内在本质"方面。

由于社会时常变动,在那些通常被视为永恒不变的规范背后,一种功能性内容渗透进其形式表面,而这在发展道路的每个节点上都改变了规范的内在本质。[27]

并非只关注法律规范在内在本质方面出现的本体论问题[28],我们此处的关注点是依赖于从认知视角所观察到的,强调以语言为基础的法律之本质如何发生变化。以伦纳的研究为基础,拉斯基解释了"法律规范仅是表面上不变;有时,它们不仅必须在其制定者未曾预见的意图方面加以解释,但是应该尽可能地避免如此,还会被一个不接受其所涵原本意图的社会中的公民所颠覆"[29]。

由于"法律可以适应多种方式的改变,而这些方式并不立即显现于法律教义之表面"[30],所以以明确的语言形式为表达的方法有助于进行法律表面结构的详细研究,而且此方法有可能揭示潜在的思维结构,而此思维结构支配着一种特殊的法律解释。所以,这有可能说明那些保持不变的特殊概念在

---

[26] 同上,第87页。

[27] Harold J. Laski, "Review of Karl Renner's The Institutions of Private Law," pp. 389-392.

[28] 斯文森(Svensson)与我在2012年合作完成的文章以及斯文森在2013年完成的文章都已涉及该问题,可见 Måns Svensson & Stefan Larsson, "Intellectual Property Law Compliance in Europe: Illegal File Sharing and the Role of Social Norms," *New Media & Society*, vol. 14, no. 7 (Jan. 2012), pp. 1147-1163; Måns Svensson, "Norms in Law and Society," in M. Baier ed., *Social and Legal Norms: Towards A Socio-Legal Understanding of Normativity*, Surrey: Ashgate Publishing, 2013, pp. 39-52。

[29] 见, Harold J. Laski, "Review of Karl Renner's The Institutions of Private Law," pp. 389-392; 也见, Vilhelm Aubert, *Rättssociologi*, Stockholm: Aldus/Bonnier, 1972, S. 87f; Roderick A. MacDonald, "Social and Economic Control through Law-A Review of Karl Renner's the Institutions of Private Law and Their Social Functions," pp. 7-18; Pat Shannon, "Book Review: The Institutions of Private Law and Their Social Functions Karl Renner," p. 264。

[30] Roger Cotterrell, *The Sociology of Law: An Introduction*, p. 49.

何处发生了内涵变化。[31] 我认为,这开辟了一条达致互补性、理论性贡献的路径,而此种贡献可以从认知理论,特别是从概念隐喻理论的研究结果中汲取。将隐喻理论和法律分析进行关联之关键在于,理解语言表达和隐喻如何与潜在的概念相联系,以及我们的思维如何被业已固化的、限制或操控精神过程的隐喻所建构和控制。[32] 因而,我认为,认知语言学对法律研究意义重大。重要的研究结果不仅考量了这一事实,即较于以传统方式认知法律的理论,隐喻在个人思维和语言中发挥着愈发基础的作用[33],也关系着概念和隐喻方面的构造[34]。因此,这需要借助隐喻的意象化过程来进一步强调,即借助法律过程。[35] 简而言之,即法律需要被具体转化才能用于交谈和思考。这个过程对于某些人而言具有很大的吸引力,因为他们关注从认知、语言和文化产品的角度理解法律在社会中的地位。

二、知识产权的财产属性

从认知理论的视角来看,我所关注的主张是,法律规范仅仅是看上去不曾改变。实际上,其内涵可能处于持续的流变中,但我坚决主张这些变化具有无意识的特征。因为,我们更倾向于生活在其内涵发生变化的语境中。这一语境大体上包括了社会规范、技术发展以及社会结构的变迁,并创造出一种社会化的、认知性的法律解释方法。[36] 因此,本文特别要讨论遭遇与数字化有关的剧烈社会变迁时的版权规则。我首先强调这样一种当代趋势,即

---

[31] 见,Stefan Larsson,*Metaphors and Norms:Understanding Copyright Law in a Digital Society*,PhD Thesis,Lund Studies in Sociology of Law,Lund University,2011,pp. 131-132;Stefan Larsson,"Metaphors,Law and Digital Phenomena:The Swedish Pirate Bay Court Case," *International J. of Law and Information Technology*,vol. 21,no. 4(Dec. 2013),pp. 354-379。

[32] 见,Mark L. Johnson,"Mind,Metaphor,Law," pp. 845-868;Steven L. Winter,*A Clearing in the Forest:Law,Life,and Mind*,2001。

[33] Mark L. Johnson,"Mind,Metaphor,Law," pp. 845-868.

[34] 见,George Lakoff,*Don't Think of An Elephant:Know Your Values and Reframe the Debate*,White River Junction:Chelsea Green Publishing,2005;Stefan Larsson,*Metaphors and Norms:Understanding Copyright Law in a Digital Society*。

[35] 见,Stefan Larsson,"Conceptions,Categories,and Embodiment—Why Metaphors Are of Fundamental Importance for Understanding Norms," in M. Baier ed.,*Social and Legal Norms:Towards A Socio-Legal Understanding of Normativity*,Surrey:Ashgate Publishing,2013,pp. 121-139。

[36] 见,Stefan Larsson," Rätten Som Rum, Kropp Och Kontext:Det Konceptuella Förtingligandets Rättsvetenskapliga Relevans," 126*Tidsskrift for Rettsvitenskap* (2013),S. 343-363。

将知识产权视为财产的做法或争论,然后将其与历史视野中的观点进行对比。

在大多数司法管辖区内,版权所有人对复制或以其他方法利用其作品享有排他性权利。国际条约和法规的目的在于控制对受保护的创造品的复制。例如,《伯尔尼公约》(Berne Convention)就规定了文学和艺术作品的作者享有"授权他人复制其作品的排他性权利"(第 9 条);《版权指令》(Infosoc Directive)则明确规定了"作者对其作品有授权或禁止其作品被直接地或间接地、被临时地或永久地复制的排他性权利"(第 2 条);而《与贸易有关的知识产权协议》(Agreement on Trade-Related Aspects of Intellectual Property Rights)也规定了"作者享有授权或禁止直接或间接复制其作品的权利"(第二部分第 14 条)。在 1982 年,作为极力支持版权的游说者以及美国电影协会的董事长杰克·瓦伦蒂(Jack Valenti)在美国国会的发言指出,"创造性财产的所有者"和其他财产所有者拥有相同的权利。[37] 而"创造性财产"一词的使用,业已迈出了在有形物财产权中建构知识性权利的第一步。极少有例子可以说明支持版权产业的主张,即其如何在数字领域内基于财产而提出复制无形物,即便这将有助于该产业获益。虽然复制和盗窃类似,但将复制视为盗窃的争论,也是另一种基于物理环境概念而在数字环境中进行殖民的方式。赫尔曼认为,(有形)财产的主张占据着我们对版权的通常心理影像[38],但这却饱受争议,并导致了那些宣传有形物所有权概念的人在教义和修辞层面的优势[39]。实际上,当版权在数字环境中出现某种程度的功能失调时,该争议随即变成一种"传授"知识产权的教学任务。[40] 这既非是一个完全法律外在的问题,也非法律内在的问题。例如,英国 1988 年的《版权、专利和外观设计

---

[37] 见,Lawrence Lessig, *Free Culture:How Big Media Uses Technology and the Law to Lock down Culture and Control Creativity*,New York:Penguin books,2004,p. 116f。

[38] 见,Bill D. Herman,"Breaking and Entering My Own Computer:The Contest of Copyright Metaphors," *Communication Law and Policy*,vol. 13,no. 2(Feb. 2008),pp. 231-274。

[39] 见,Majid Yar,"The Rhetorics and Myths of Anti-Piracy Campaigns:Criminalization,Moral Pedagogy and Capitalist Property Relations in the Classroom," *New Media & Society*,vol. 10,no. 4(Aug. 2008),pp. 605-623。

[40] 见,Stefan Larsson, *Metaphors and Norms:Understanding Copyright Law in a Digital Society*;Stefan Larsson & Måns Svensson,"Compliance or Obscurity? Online Anonymity as a Consequence of Fighting Unauthorised File-sharing," Policy & Internet,vol. 2,no. 4(Jan. 2010),pp. 77-105;Måns Svensson & Stefan Larsson,"Intellectual Property Law Compliance in Europe:Illegal File Sharing and the Role of Social Norms," pp. 1147-1163。

法》(Copyright, Designs and Patent Act)第一部分对版权进行了法定阐释,并表述为"版权是财产权"。

从"内容提供者"到其所谓的"开放性产业"过程中,雅克布森曾分析了权力如今的变化,其中包括因在媒体财产分配方面较少控制而获益的参与者,诸如 YouTube、谷歌等。版权规则是其分析的核心:

> 在很长一段时间内,统治性的观点认为版权是一种有限的垄断——在时间维度以及在版权所有者关于个人劳动而获得权利方面——但据传这种观点在近十多年中被版权和所有权具有同一性和同样性的观点所替代。[41]

这种观念转变可能会巩固版权持有人的地位。[42] 根据雅克布森的论述,日益增加地使用知识产权的概念,可以被看作一种受新自由主义影响的媒体政策的发展[43],而且其认为这对具有保护私人财产深厚文化根基的美国而言,显得格外真实、准确。即使在欧洲,相较于与限时性垄断有关的抽象论证,依直觉理解所有权进而保护版权可能更加容易接受。[44] 不过,造成此的原因不单是有意识的策略或修辞性的主张。我为了估算海盗湾(The Pirate Bay)案件中 4 名受指控的站点创始人所造成的损失,还曾另文研究了如何评估受保护版权内容的价值。[45] 此研究揭示了美国的原告方所使用的以点击次数进行估价的方式中存在有问题的假设,而这种模式却被法院所支持。我指出一些核心假设是如何从模拟真实的概念中推导而来的,是如何被转换进入数字语境的。这有一个清晰却又难以察觉的标志,版权中"复制"之内涵在

---

[41] Peter Jakobsson, *Öppenhetsindustrin*, Örebro: Örebro universitet, 2012, S. 71.
[42] 见, Mark A. Lemley, "Property, Intellectual Property, and Free Riding," *Texas Law Review*, vol. 83, no. 4 (Jan. 2005), pp. 1031-1075。
[43] 见, Peter Jakobsson, *Öppenhetsindustrin*, 2012, S. 71。
[44] 同上,第 71—72 页;也见, Patricia Loughlan, "'You Wouldn't Steal a Car': Intellectual Property and the Language of Theft," *European Intellectual Property Review*, vol. 29, no. 10 (Oct. 2007), pp. 401-405。
[45] 见, Stefan Larsson, "Copy Me Happy-The Metaphoric Expansion of Copyright in a Digital Society," *International Journal for the Semiotics of Law*, vol. 26, no. 3 (Sep. 2013), pp. 615-634。
海盗湾是一个专门储存及搜寻 BT 种子的网站。在 2009 年 8 月 25 日,瑞典一地区法院命令互联网服务提供商 Black Internet 关停海盗湾网站。——译者注

法律概念上的拓展，却无法"适应年轻一代媒体消费者对此现象的界定"[46]，而这比一个特殊的法院判例更具普遍意义。抽象的数字现象之意象，使得我们轻易将其与业已存在的有形复制现实现象进行比较，并以简单的逻辑来处理数字化的同等物。问题在于这是一种欺骗，因为二者并不相同。

三、历史视野中作为财产的版权

如今的数字社会中确实存在一种将知识产权视为财产的主张，虽然此种主张日益高涨，但这种现象并非完全的新鲜事物。在知识产权发展的早期就存在将其视为财产的强烈主张；而这种主张利用财产来增强对权利持有人的保护，但在某种程度上却似乎是重复的、倒退的。其原因可能会在财产主张所具有的优势中找到——也必须通过历史的梳理。从财产方面来构造版权，可以让版权的权利持有人获利更多。

多年以来，版权的概念及其与财产主张的关系已经发生改变，并体现在三个方面：谁应当受到保护，受到保护的原因为何，需要保护什么类型的创造品。在历史发展过程中，如果我们在浪漫主义的作者观念逐渐增强或者"独特的天赋"观念形成之前的一段时间内寻找，这种改变就显而易见。例如，斯科腾纽斯·库尔海德曾举例说明，几个世纪以来我们如何以不同的眼光看待公元4世纪的诗人弗拉托尼亚·贝蒂迪亚·普罗巴的作品。[47] 通过从一个或多个作品中抽取句子和词组，然后将其合并形成为一个表达不同意思的新作品的创作方式，普罗巴完成了《诗集摘录》(*Centos*)，而这在某些情况下类似于如今的拼贴。尽管在8—17世纪，对于该书的回应一直都是积极的，但却在19—20世纪发生了变化。如今以这种形式所构成的诗歌不再被认为是"真的"作品，相反，其被视为不尊重、窃取和歪曲原著的行为。正如伍德曼西所

---

[46] 见, Stefan Larsson, "Copy Me Happy-The Metaphoric Expansion of Copyright in a Digital Society," pp. 615-634; 也见, Stefan Larsson & Håkan Hydén, "Law, Deviation and Paradigmatic Change: Copyright and Its Metaphors," *in* M. Vargas Martin, M. A. Garcia-Ruiz & A. Edwards eds. , *Technology for Facilitating Humanity and Combating Social Deviations: Interdisciplinary Perspectives*, Hershey: IGI Global, 2010, pp. 188-208。

[47] 见, Sigrid Schottenius Cullhed, *Proba the Prophet: Studies in the Christian Virgilian Cento of Faltonia Betitia Proba*, Gothenburg: Gothenburg University, 2012。

讨论的,直到 18 世纪晚期,作为文学意义上的个体作者的现代观念才出现。[48] 通过赫芒斯·维尔滕对维克多·雨果(Victor Hugo)在首部确立知识产权的国际条约(《伯尔尼公约》)中的作用的分析[49],那种"受激励的天赋"主张有助于增强版权的保护。

但是,无论是在历史的长河中,还是在如今的争论中,不仅作者的作用不明确,产业在作者权利逐渐增强过程中所获得的利益也不明确。罗斯将其称为"依版权而生的浪漫主义的作者观念(创意个体)与实际中娱乐产业大多数工作需要多个体合作之间的悖论"[50]。尽管罗斯只论述了 18 世纪英国以及此时"文学作品财产"的情况,但其论说的重点在于揭示财产的起源问题。当《安妮法案》(Statute of Anne)在 1710 年通过后,其成为一次具有长远意义的立法实践,并指导了先前伦敦书商公会的印刷和出版工作。[51] 虽然公会的保护曾经是永久的,但法案的创新之处却是在保护方面予以了限制。在 19 世纪早期,作者在大多数时候仍依赖于资助,而写作所获得的收入仅占其依此进行自主交易而增加经济收入的小部分。尽管存在法案的限制,但伦敦的书商还是通过确立永久版权来维持其地位。饶有兴趣的是,虽然书商的优势在于其与作者的亲密关系或者其对作者的资助,但他们的主张却是一种基于权利的方法,该方法根源于作者享有普通法所规定的财产权。这种财产权建立的基础是古典自由主义学说,是由约翰·洛克(John Locke)借自然状态之假设而提出财产起源的主张所呈现。[52] 这意味着关于财产的自由主义理论的拓展,如今正转而关注作者所付出的劳动。相较于其他类型的资产,此时我们

---

[48] 见,Martha Woodmansee, "The Genius and the Copyright: Economic and Legal Conditions of the Emergence of the 'Author'," Eighteenth-Century Studies, vol. 17, no. 4 (Sum. 1984), pp. 425-448; Martha Woodmansee, "On the Author Effect: Recovering Collectivity," in M. Woodmansee & P. Jaszi eds., The Construction of Authorship: Textual Appropriation in Law and Literature, Durham: Duke University Press, 1994, pp. 15-28。

[49] 见,Eva Hemmungs Wirtén, No Trespassing: Authorship, Intellectual Property Rights, and the Boundaries of Globalization, Toronto: University of Toronto Press, 2004。

[50] Mark Rose, Authors and Owners: The Invention of Copyright, Cambridge: Harvard University Press, 1993, p. viii.

[51] 见,Mark Rose, Authors and Owners: The Invention of Copyright, p. 4。
《安妮法案》是英国第一部关于版权的法令,也是世界上第一部现代意义上的版权法。该法案于 1710 年 4 月 10 日由议会通过,首次从法律上确认了作者对于自己作品的印刷出版的支配权,奠定了现代版权法的原则基础,确立了现代版权立法的基本模式,影响和启发了后来的版权立法。美国 1790 年颁布的《联邦版权法》便是仿照《安妮法案》而制定。——译者注

[52] 见,Mark Rose, Authors and Owners: The Invention of Copyright, p. 4f。

争论的"无形"财产同样具有真实性和永久性。早在 18 世纪英国修订版权法时,出版商就利用了艺术家和出版商在利益方面的混乱,并加之以修辞式的表述。当这种混乱被用以控制受保护的作品时,出版商则从约翰·洛克的财产权理论中寻求帮助。[53] 这是因为可替代的做法——许可式解决法(a license solution)——会克减出版商的获利。

尽管基于财产而主张版权已屡见不鲜,但近年来,版权本身也发生了剧烈的变化,尤其在其范围和内容方面。其最初只涉及书籍的著作权,而现在也涉及音乐作品、建筑设计、软件编码以及照片图像等。这与复制技术的发展密不可分。正如爱森斯坦在《作为变革动因的印刷机》一书中所言,直到数字化登上历史舞台才"可以明确地区分创作或吟诵诗歌,书写或复印书籍;可以以某种方式认定书籍,而不仅以创作为标准;那么现代书籍和作者的关系究竟如何呢?"[54] 罗斯也同样注意到规则的技术基础,即便其在 20 世纪 90 年代早期并没能目睹我们如今所见的在线创意,他依旧将数字技术视为对版权制度结构的根本性挑战:

> 作为能够迅速地、便宜地生产出大量复制本的印刷技术的结果,版权得以发展。但如今,技术进步的意义却在于阻止人们用微不足道的价格,以印刷、录制、录像或者编程的方式复制任何文本。[55]

由于版权设计的初衷根源于"印刷技术、市场经济以及古典自由的所有权个人主义"[56],罗斯强调技术在版权"道德理想"中的作用。这意味着将受版权保护的物品"财产化"会同古腾堡(Gutenberg)的印刷术那样长久获益。从有形复制品到无形复制品的发展过程中,对受版权保护物品进行保护的特殊技术应该被看作是程度上的变化还是种类上的变化?虽然伦纳的理论并不能解释,但就其称之为社会基础的发展方面,他却主张这种发展"只是演进而非变革"[57];即其发展是渐进的过程而非质的飞跃。当涉及有关数字语境中知识产权在技术上和本体论上的变化时,我稍后会回到"控制"这个话题。

---

[53] 比较 Ulrik Volgsten, *Musiken, medierna och lagarna: Musikverkets historia och etablerande av en idealistisk upphovsrätt*, Möklinta: Gidlunds förlag, 2012, S. 77f。

[54] Elizabeth Eisenstein, *The Printing Press as An Agent of Change*, Cambridge: Cambridge University Press, 1980, p. 120.

[55] Mark Rose, *Authors and Owners: The Invention of Copyright*, p. 142.

[56] 同上。

[57] Karl Renner, *The Institutions of Private Law and Their Social Functions*, p. 253.

四、在法律和社会规范之间

在通过互联网对电脑程序、电影以及音乐进行非法文件共享的情形中,法律和被称之为社会规范之间的间隙已经被广泛讨论。[58] 有研究表明,世界上的大多数人会忽视国内的知识产权规则,而在互联网上观看被非法共享的文件。[59] 而且,这可能是与推行保护措施相悖的结果。类似电子前线基金会

---

[58] 见,Shoshana Altschuller & Raquel Benbunan-Fich,"Is Music Downloading the New Prohibition? What Students Reveal through an Ethical Dilemma," *Ethics and Information Technology*, vol. 11, no. 1 (Mar. 2009), pp. 49-56;Yuval Feldman & Janice Nadler,"The Law and Norms of File Sharing," *San Diego Law Review*, vol. 43, no. 3 (Jan. 2006), pp. 577-618;Christopher Jensen,"The More Things Change,the More They Stay the Same:Copyright, Digital Technology, and Social Norms," *Stanford Law Review*, vol. 56, no. 2 (Nov. 2003), pp. 531-570;Stefan Larsson, *Metaphors and Norms:Understanding Copyright Law in a Digital Society*;Stefan Larsson,"Conceptions in the Code:What 'the Copyright Wars' Tells about Creativity, Social Change and Normative Conflicts in the Digital Society," *Societal Studies*, vol. 4, no. 3 (Sep. 2012), pp. 1009-1030;Stefan Larsson, Måns Svensson & Marcin de Kaminski,"Online Piracy, Anonymity and Social Change-Innovation through Deviance," *Convergence*, vol. 19, no. 1 (Feb. 2012), pp. 95-114;Stefan Larsson, Måns Svensson, Marcin de Kaminski, Kari Rönkkö & Johanna Alkan Olsson,"Law, Norms, Piracy and Online Anonymity-Practices of De-identification in the Global File Sharing Community," *Journal of Research in Interactive Marketing*, vol. 6, no. 6 (Oct. 2012), pp. 260-280;Lawrence Lessig, *Code:and Other Laws of Cyberspace*, New York:Basic Books, 1999;Lawrence Lessig, *Remix:Making Art and Commerce Thrive in the Hybrid Economy*, London:Bloomsbury Academic, 2008;Geraldine S. Moohr,"The Crime of Copyright Infringement:An Inquiry Based on Morality, Harm, and Criminal Theory," *Boston University Law Review*, vol. 83, no. 4 (Jan. 2003), pp. 731-783;Mark F. Schultz,"Copynorms:Copyright and Social Norms," in P. K. Yu ed., *Intellectual Property and Information Wealth:Issues and Practices in the Digital Age*, Westport:Praeger Publishers, 2007;Lior J. Strahilevitz,"Charismatic Code, Social Norms, and the Emergence of Cooperation on the File-Swapping Networks," *Virginia Law Review*, vol. 89, no. 3 (Oct. 2003), pp. 505-595;Lior J. Strahilevitz,"Social Norms from Close-knit Groups to Loose-knit Groups," *The University of Chicago Law Review*, vol. 70, no. 1 (Dec. 2003), pp. 359-372;Måns Svensson & Stefan Larsson, *Social Norms and Intellectual Property:Online Norms and the European Legal Development*, *Research Report in Sociology of Law*, vol. 1, Lund:Lund University, 2009;Måns Svensson & Stefan Larsson,"Intellectual Property Law Compliance in Europe:Illegal File Sharing and the Role of Social Norms," pp. 1147-1163;John Tehranian,"Infringement Nation:Copyright Reform and the Law/Norm Gap," *Utah Law Review*, vol. 2007, no. 3 (Jan. 2007), pp. 537-551;Twila Wingrove, Angela L. Korpas & Victoria Weisz "Why Were Millions of People Not Obeying the Law? Motivational Influences on Non-Compliance with the Law in the Case of Music Piracy," *Psychology, Crime & Law*, vol. 17, no. 3 (Jan. 2011), pp. 261-276.

[59] 见,Jonas Andersson Schwarz & Stefan Larsson,"On the Justifications of Piracy:Differences in Conceptualization and Argumentation between Active Uploaders and Other File-Sharers," in J. Arvanitakis & M. Fredriksson eds., *Piracy:Leakages from Modernity*. Los Angeles:Litwin Books, 2013;Oliver R. Goodenough & Gregory J. Decker, Why Do Good People Steal Intellectual Property? in Michael Freeman & Oliver R. Goodenough eds., *Law, Mind and Brain*, Surrey:Ashgate Publishing, 2009, pp. 245-372;Måns Svensson & Stefan Larsson,"Intellectual Property Law Compliance in Europe:Illegal File Sharing and the Role of Social Norms," pp. 1147-1163。

(Electronic Frontier Foundation)的非政府组织也宣传数字权利,并罗列滥用专利权的行为。正如反对(微软办公软件)传统观念所认可的专利软件,"放开资源运动"则认为应该(像火狐和安卓那样)放开使用许可。此外,知识共享(Creative Commons)是版权领域中尽人皆知的理念和运动,也是一个绝佳的案例,因为其涉及作家们、创作者们、图片拍摄者们以及其他创造者们如何修改和审视其版权主张。在更深的政治层面,不同国家均出现了海盗党(Pirate Parties),例如,瑞典的海盗党在2009年获得了欧洲议会的两个席位;而在2011年,德国的海盗党获得了将近9%的得票率,并首次进入柏林州议会。

五、概念上的法律变化

通过强调伦纳的分析方法来区分法律形式及其社会功能,知识产权问题会具有特别的意义,尤其是当我们试图理解数字社会中的法律时。此概念聚合了社会变迁及其与法律关系的争论中所包含的各个方面:它与一个以语言为基础的特殊法律概念相关;其是大多数法律和经济体系的核心;其具有丰富的隐喻内容;也尤其受到数字化的挑战。[60] 例如,约翰逊所言:"我们所谓的知识产权主张,就是强调版权保护、专利保护以及排他性使用。其仅是一个隐喻实体,也仅可以提供给他人使用的隐喻转化。"[61] 实际上,由于伦纳并未澄清引起社会变迁或者法律基础变化的法律规范在内容上出现了何种变化,在此有必要说明概念上的变化,即内涵的变化。而这种在认知维度上强调法律变化的方法要借助概念隐喻理论。

在隐喻理论发展的过程中,马克斯·布莱克的《模型与隐喻》一书在介绍认知领域方面具有很大的影响。[62] 布莱克认为隐喻不仅是一种提升语言美感的装饰,也可以规划并转变我们对原始术语的理解。激发本文写作灵感的认知隐喻研究肇始于莱考夫(Lakoff)和约翰逊在1980年出版的《我们赖以生

---

[60] 比较 Stefan Larsson, "Metaphors, Law and Digital Phenomena: The Swedish Pirate Bay Court Case," pp. 354-379。
[61] Mark L. Johnson, "Mind, Metaphor, Law," pp. 845-868.
[62] Max Black, *Models and Metaphors: Studies in Language and Philosophy*, New York: Cornell University Press, 1962.

存的隐喻》(Metaphors We Live By)一书。深受莱考夫和约翰逊、布莱克的著作[63]以及舍恩(Schön)的实用主义哲学[64]的理论影响,认知隐喻研究逐渐转入政策研究和分析之中。[65] 概念隐喻理论曾被用以分析法律的过程,或在诸多研究中讨论有关法律的问题。[66] 隐喻的核心即建模(analogies),此方法促

---

[63] 见,George Lakoff & Mark Johnson, *Metaphors We Live by*, Chicago: University of Chicago Press, 1980; George Lakoff & Mark Johnson, *Philosophy in the Flesh: The Embodied Mind and Its Challenge to Western Thought*, New York: Basic Books, 1999; Max Black, *Models and Metaphors: Studies in Language and Philosophy*; Max Black, "More About Metaphor," in A. Ortony ed., *Metaphor and Thought*, Cambridge: Cambridge University Press, 1979, pp. 19-43。

[64] 见, Donald A. Schön, "Generative Metaphor," in A. Ortony ed., *Metaphor and Thought*, Cambridge: Cambridge University Press, 1979, pp. 254-283。

[65] 见, Anthony G. Amsterdam & Jerome S. Bruner, *Minding the Law: How Courts Rely on Storytelling, and How Their Stories Change the Ways We Understand the Law and Ourselves*, Cambridge: Harvard University Press, 2000; *Political Language and Metaphor, Interpreting and Changing the World*, Terrell Carver & Jernej Pikalo eds., London: Routledge & Kegan Paul Limited, 2008; Petr Drulák, "Identifying and Assessing Metaphors: Discourse on EU Reform," in T. Carver & J. Pikalo eds., *Political Language and Metaphor, Interpreting and Changing the World*, London: Routledge & Kegan Paul Limited, 2008, pp. 105-118。

[66] 见, Linda L. Berger, "What Is the Sound of A Corporation Speaking? How the Cognitive Theory of Metaphor Can Help Lawyers Shape the Law," *Journal of the Association of Legal Writing Directors*, vol. 2 (Fal. 2004), pp. 169-208; Linda L. Berger, "Of Metaphor, Metonymy, and Corporate Money: Rhetorical Choices in Supreme Court Decisions on Campaign Finance Regulation," *Mercer Law Review*, vol. 58, no. 4 (May 2007), pp. 949-990; Linda L. Berger, "How Embedded Knowledge Structures Affect Judicial Decision Making: A Rhetorical Analysis of Metaphor, Narrative, and Imagination in Child Custody Disputes," *Southern California Interdisciplinary Law Journal*, vol. 18, no. 2 (Jul. 2009), pp. 259-308; Linda L. Berger, "The Lady, or the Tiger? A Field Guide to Metaphor and Narrative," *Washburn Law Journal*, vol. 50, no. 2 (Sum. 2011), pp. 275-318; Jonathan H. Blavin & I. Glenn Cohen, "Gore, Gibson, and Goldsmith: The Evolution of Internet Metaphors in Law and Commentary," *Harvard Journal Law & Technology*, vol. 16, no. 1 (Fal. 2002), pp. 265-85; Bill D. Herman, "Breaking and Entering My Own Computer: The Contest of Copyright Metaphors," pp. 231-274; D. Hunter, "Cyberspace as Place and the Tragedy of the Digital Anticommons," *California Law Review*, vol. 91, no. 2 (Mar. 2003), pp. 439-519; Mark L. Johnson, "Mind, Metaphor, Law," pp. 845-868; Thomas W. Joo, "Contract, Property and the Role of Metaphor in Corporations Law," *UC Davis Law Review*, vol. 35, no. 1 (Feb. 2001), pp. 1-59; Stefan Larsson, *Metaphors and Norms: Understanding Copyright Law in a Digital Society*; Stefan Larsson, "Conceptions in the Code: What 'the Copyright Wars' Tells about Creativity, Social Change and Normative Conflicts in the Digital Society," *Societal Studies*, vol. 4, no. 3 (Sep. 2012), pp. 1009-1030; Stefan Larsson, "Metaforerna och Rätten," *Retfærd: Nordic Journal of Law and Justice*, vol. 35, no. 2 (Jun. 2012), pp. 69-93; Stefan Larsson, "Metaphors, Law and Digital Phenomena: The Swedish Pirate Bay Court Case," pp. 354-379; Stefan Larsson, "Rätten Som Rum, Kropp Och Kontext: Det Konceptuella Förtingligandets Rättsvetenskapliga Relevans," S. 343-363; Lucia Morra, "New Models for Language Understanding and the Cognitive Approach to Legal Metaphors," *International Journal for the Semiotics of Law*, vol. 23, no. 4 (Dec. 2010), pp. 387-405; Robert L. Tsai, "Fire, Metaphor, and Constitutional Myth-Making," *Georgetown Law Journal*, vol. 93, no. 1 (Apr. 2004), pp. 181-239; Steven L. Winter, *A Clearing in the Forest: Law, Life, and Mind*; Steven L. Winter, "Re-embodying Law," pp. 869-897; Steven L. Winter, "What Is the 'Color' of Law?" in Raymond W. Gibbs ed., *The Cambridge Handbook of Metaphor and Thought*, Cambridge: Cambridge University Press, 2008, pp. 363-379。

使我们将一种经验(目标域)与另一种经验(原始域)进行术语上的联系,进而获得对复杂议题或崭新情境的理解。我们倾向于将隐喻仅仅看作与语言结构相关,而非与思维和精神相关。相较于那种最低限度的隐喻概念,莱考夫和约翰逊认为隐喻并非言语中简单的比喻,而是"思维比喻"[67],即隐喻不仅具有语言属性,也包括概念上的相关特征[68]。隐喻聚类(metaphor cluster)的概念有时被用以说明概念与潜在相似概念之间的关系,以及如何证实其各自的内涵。[69] 例如,可以用来分析版权和知识产权中的隐喻。[70]

如果从认知理论所强调的范畴化视角来审视财产的概念,我们率先得出的结论是,人类的论证和语言在很大程度上依赖于范畴化。[71] 就法律中永恒的传统观点[72]而言,范畴应该是被明确地定义,相互独立且完全穷尽。[73] 但莱考夫和约翰逊所采用的认知方法放弃了传统的做法[74],因为范畴的本质在逐渐变化(其界限在日渐模糊),而且与其构成要素的情形并不一致。依认知方法而言,传统的做法并非完全错误,只是基于共享财产而形成的范畴化,仅展示了人类生活中(很小)的一部分情况。[75] 这意味着即使范畴也存在文化上的差异。例如,本杰瑞(Bjerre)将范畴化表述为法律中的一项核心活动:"在本质上,法律思维就是范畴化的过程……而对现象进行范畴化决定了其

---

[67] 见,George Lakoff, "A Figure of Thought," *Metaphor and Symbol*, vol. 1, no. 3 (Sep. 1986), pp. 215-225。

[68] 见,George Lakoff & Mark Johnson, *Metaphors We Live by*。

[69] 见,Stefan Larsson, Metaphors and Norms: Understanding Copyright Law in a Digital Society, pp. 60-61, 72-73; Stefan Larsson, "Conceptions in the Code: What 'the Copyright Wars' Tells about Creativity, Social Change and Normative Conflicts in the Digital Society," pp. 1009-1030; Stefan Larsson, "Copy Me Happy—The Metaphoric Expansion of Copyright in a Digital Society," pp. 615-634。

[70] 见,Patricia Loughlan, "Pirates, Parasites, Reapers, Sowers, Fruits, Foxes...The Metaphors of Intellectual Property," *Sydney Law Review*, vol. 28, no. 2 (Aug. 2006), pp. 211-226。

[71] 见,Mark L. Johnson, "Mind, Metaphor, Law," pp. 845-868; George Lakoff, *Women, Fire and Dangerous Things: What Categories Reveal about Mind*, Chicago: University of Chicago Press, 1987; George Lakoff & Mark Johnson, *Philosophy in the Flesh: The Embodied Mind and Its Challenge to Western Thought*; Stefan Larsson, "Conceptions, Categories, and Embodiment—Why Metaphors Are of Fundamental Importance for Understanding Norms," pp. 121-139; Steven L. Winter, *A Clearing in the Forest: Law, Life, and Mind*。

[72] 见,Mark L. Johnson, "Mind, Metaphor, Law," pp. 845-868。

[73] George Lakoff & Mark Johnson, *Philosophy in the Flesh: The Embodied Mind and Its Challenge to Western Thought*, pp. 373-414。

[74] 见,George Lakoff & Mark Johnson, *Philosophy in the Flesh: The Embodied Mind and Its Challenge to Western Thought*。

[75] 见,George Lakoff, *Women, Fire and Dangerous Things: What Categories Reveal about Mind*, p. 5。

如何被法律体系所接纳。"本杰瑞认为:"这个基础事实对法律具有重要作用,因为法律主要是由以'财产''契约''诚信''合意''近因'等基于语言而形成的范畴所构架起的世界。"[76] 就伦纳的观点而言,某人可以认为财产制度和契约制度的范畴保留了下来,但其社会功能发生了巨大的改变,例如,点击生效的合同。本杰瑞的意图是为了表明财产概念也具有"径向结构"[77],而这也是约翰逊对隐喻内容的描述:

> "财产"概念并不是基于一系列的必要充分条件而作出的传统的范畴定义。相反,由于概念隐喻和转喻扩张的原理,其概念是丰富的,即借助少数核心要素,或者由不同距离包围的非核心要素所围的典型案例,而形成的径向结构范畴。[78]

极其重要的概念变化是,知识产权作为财产这一主张,主要依赖于可被称为意象的认知操作。这意味着借助物理上、空间上以及外观上的概念,有助于理解抽象的现象,而这关系到进入数字领域内的财产法律概念所发生的变化。考虑到其从属于认知科学[79],作为隐喻理论一部分的意象对那些内涵发生变化的过程显得尤为重要。这意味着只有从发展的过程以及相互依存的周围语境,甚至是外观和空间的关系来不断地借鉴,才能丰富语言的内涵。简而言之,即隐喻形成的基础是有形环境和社会环境的相互作用。[80] 就有形物而言,隐喻就像一个程序,有助于我们更加容易理解和接受知识产权。这

---

[76] Carl S. Bjerre, "Secured Transactions Inside Out: Negative Pledge Covenants Property and Perfection," *Cornell Law Review*, vol. 84, no. 2 (Aug. 1999), pp. 305-393.
[77] 同上。
[78] Mark L. Johnson, "Mind, Metaphor, Law," pp. 845-868.
[79] 见, Raymond W. Gibbs, *Embodiment and Cognitive Science*, Cambridge: Cambridge University Press, 2005; Mark L. Johnson, *The Body of the Mind: The Bodily Basis of Meaning, Imagination, and Reason*, Chicago: University of Chicago Press, 1987; Zoltan Kövecses, "Conceptual Metaphor Theory: Some Criticisms and Alternative Proposals," Annual Review of Cognitive Linguistics, vol. 6, no. 1 (2008), pp. 168-184; George Lakoff, *Women, Fire and Dangerous Things: What Categories Reveal about Mind*; George Lakoff, "The Contemporary Theory of Metaphor," pp. 202-251; George Lakoff & Mark Johnson, *Philosophy in the Flesh: The Embodied Mind and Its Challenge to Western Thought*; Steven L. Winter, *A Clearing in the Forest: Law, Life, and Mind*。
[80] 见, George Lakoff, "The Contemporary Theory of Metaphor," *in* A. Ortony ed., *Metaphor and Thought*, 2nd ed., Cambridge: Cambridge University Press, 1993, pp. 202-251。

就非常类似雷迪(Reddy)率先定义的传导隐喻系统[81],这是一套有关有形物的原始域和精神运行的目标域的系统。该系统揭示了与物理的、空间的相关的隐喻的对象、观察以及掌握等现象被用以界定类似思想、获取和理解等抽象概念的情况,即"客体—思想""观察—获取""掌握—理解"。[82] 作为意象的结果,传导隐喻系统是我们通过塑造有形域中的其他行为,而不自觉地拓展概念上的映像而形成的。

六、分析:(知识性)财产在概念上的变化

在分析从封建社会到工业社会发展过程中出现的法律基础的变化时,伦纳以一名马克思主义者的方式关注经济制度。不过,他并不否认社会功能在长期变化的过程中也会导致法律改变。[83] 因此,当涉及数字环境中财产法律的结构时,我早已认为,要从如何以认知观点看待概念的形成以及其内涵的变化入手,分析社会的下层结构。

在版权语境中,将网络盗版与盗窃结合的隐喻同(非知识性)财产的普遍主张有着密切的关系。赫尔曼不仅分析过那些他认为"版权即财产"的隐喻,也分析了由此而引起的版权争论[84],即基于权利特征而模拟的所有权,同被人熟知的有形的、文化的,特别是在真实资产中的所有权之间的争议[85]。使用这种修辞层面的隐喻使得我们在复制和共享电脑文件方面,自然地讨论某

---

[81] 见,Michael Reddy,"The Conduit Metaphor," in A. Ortony ed. ,*Metaphor and Thought*,Cambridge:Cambridge University Press,1979,pp. 284-310;也见,Steven L. Winter,*A Clearing in the Forest:Law, Life,and Mind*,pp. 52-52;Steven L. Winter,"Re-embodying Law," pp. 869-897。

[82] 见,Michael Reddy,"The Conduit Metaphor," in A. Ortony ed. ,Metaphor and Thought,Cambridge:Cambridge University Press,1979,pp. 284-310;Steven L. Winter,A Clearing in the Forest:Law,Life,and Mind, pp. 52-52;Steven L. Winter, "Re-embodying Law," pp. 869-897;也见,Carl S. Bjerre,"Mental Capacity as Metaphor," International Journal for the Semiotics of Law, vol. 18, no. 2 (Jun. 2005),pp. 101-140。

[83] 见,Roderick A. MacDonald,"Social and Economic Control through Law—A Review of Karl Renner's the Institutions of Private Law and Their Social Functions," pp. 7-18。

[84] Bill D. Herman,"Breaking and Entering My Own Computer:The Contest of Copyright Metaphors," pp. 231-274。

[85] 见,Bill D. Herman,"Breaking and Entering My Own Computer:The Contest of Copyright Metaphors," pp. 231-274;也见,William Patry,*Moral Panics and the Copyright Wars*,Oxford:Oxford University Press,2009,Chapter 6;麦克劳德也主张"模拟财产",Kembrew McLeod,*Freedom of Expression:Resistance and Repression in the Age of Intellectual Property*,Minneapolis:University of Minnesota Press,2007,p. 275。

人的"非法入侵"(只是黑客技术的"障碍")以及"窃取"。赫尔曼认为财产隐喻主导着我们关于版权的通常心理影像[86]，这引发了很大的争论，有时甚至主导了那些试图界定数字内容所带来问题的思考者的印象。隐喻将复杂问题简单化，并成为令人信服的工具，不过却成为主张有形物品所有权的人在教义和修辞层面的优势。[87] 相应的是，这既保留了复制的主张，又在诸如"盗窃""盗版""寄生""非法入侵"等方面，为表达争论提供了一种简单的修辞层面的优势。换言之，即借助对基于有形客体而模拟的生活行动进行隐喻性地和"模拟真实性地"(skeumorphically)转变，有助于我们重新定义与数字化有关的新型行为。[88]

当分析知识产权和财产在概念上发生的变化时，我们还应额外注意版权概念的起源问题。当英格兰强调版权中的复制时，瑞典等北欧国家强调版权所有(upphovsrätt)的起源，而法国则强调作者的控制权(droit d'auteur)。当在专业术语层面关注版权时，我们也时常进行不合时宜的讨论。其概念或者我们界定的概念，在数个世纪中已经发生了翻天覆地的变化。例如，维尔滕研究了当代版权在数个世纪之前的历史起源，并强调1886年保护文学和艺术作品的《伯尔尼公约》自颁布以来在语言上发生的变化，主张该公约是"法系之间的妥协，是英美法系中版权与大陆法系中作者控制权的妥协，是民法法系和普通法系传统之间的妥协"[89]。这表明在相似的法律概念中存在完全不同的界定，以及文化起源和内涵的不同。此外，我们多年来只关注著作和作品的观念，已经拓展到包含音乐编曲和音乐、电影拍摄和电影、拍摄技术和照片，甚至是计算机程序等领域。

---

[86] 见，Bill D. Herman, "Breaking and Entering My Own Computer: The Contest of Copyright Metaphors," pp. 231-274。

[87] 见，Majid Yar, "The Rhetorics and Myths of Anti-Piracy Campaigns: Criminalization, Moral Pedagogy and Capitalist Property Relations in the Classroom," pp. 605-623。

[88] 见，Stefan Larsson, *Metaphors and Norms: Understanding Copyright Law in a Digital Society*; Stefan Larsson, "Metaphors, Law and Digital Phenomena: The Swedish Pirate Bay Court Case," pp. 329-353; Stefan Larsson, "Copy Me Happy—The Metaphoric Expansion of Copyright in a Digital Society," pp. 615-634; Larsson, Stefan & Håkan Hydén, "Law, Deviation and Paradigmatic Change: Copyright and Its Metaphors," pp. 188-208。

[89] Eva Hemmungs Wirtén, *Cosmopolitan Copyright: Law and Language in the Translation Zone*, Uppsala: Meddelanden från Institutionen för ABM vid Uppsala universitet Nr 4, 2011, S. 11.

通过罗斯和伍德曼西在更加久远的历史时期内得出其分析结果可知[90],他们所涉及的是与文本和书籍创作有关的著作。在 18 世纪晚期,英格兰的法律才将作曲家的谱曲行为认定为权利[91],而这被瑞典接纳为法律的相关规定则是近一个世纪之后[92]。版权保护本身与所谓的相邻权在法律层面的不同,造就了另一种概念上的重新编排。正如作曲家和作者的权利均因其创作者的身份而受到保护,所以音乐家(表演者)以及唱片公司(录音制品生产者)的权利也可以因那种特殊的记录方式而获得保护。这些不同范畴的权利虽然起源不同,但范畴并非总是游离于公共讨论之外,这就使得版权概念的界限逐渐模糊。

七、知识产权的概念拓展与伦纳 – 认知理论

如果我们暂时接受"版权即财产"的主张,或者至少在"知识产权"方面模糊财产概念的界限,那么我们可以在存储介质由有形实体到数字实体的过程中发现这种概念上的变化。无论隐喻何时成为两种不同技术概念的中介,必须要考虑规定先前现象且以先前现象之名的规范能否仍然可以触及(stain)新的现象。[93] 凯斯和劳尔曾针对抽象和新兴的数字环境为何必需新概念而举例说明。[94] 这些新概念源于非数字世界中有些相似但却并不相同的活动。二人以从模拟摄影到数字图像之间变化为例来予以说明。在日常生活中,这种隐喻上的转变可能时常被人忽视。即使我们能够有意识地洞察这些隐喻,这种瞬间引发的联想并不优先于非隐喻。[95] 我曾另文研究过一些

---

[90] 见,Mark Rose,*Authors and Owners: The Invention of Copyright*; Martha Woodmansee, "The Genius and the Copyright: Economic and Legal Conditions of the Emergence of the 'Author'," pp. 425-448; Martha Woodmansee, "On the Author Effect: Recovering Collectivity," pp. 15-28。

[91] 见,R. Fleischer,*Musikens Politiska Ekonomi: Lagstiftningen, ljudmedierna och försvaret av den levande musiken* 1925-2000,Stockholm: Ink Bokförlag,2012,S. 122。

[92] 见,Ulrik Volgsten,*Musiken, medierna och lagarna: Musikverkets historia och etablerande av en idealistisk upphovsrätt*。

[93] Stefan Larsson, "Metaphors, Law and Digital Phenomena: The Swedish Pirate Bay Court Case," pp. 329-353。

[94] 见,Kimberly Cass & Thomas W. Lauer, "Media Transitions: The Cases of Digital Imagery and E-Mail," Information Technology & People,vol. 17,no. 3(Sep. 2004),pp. 252-267。

[95] Sam Glucksberg, "How Metaphors Create Categories-Quickly," in Raymond W. Gibbs ed., *The Cambridge Handbook of Metaphor and Thought*,Cambridge: Cambridge University Press,2008,pp. 67-83。

数字领域中的概念[96],并以此来说明在数字社会中的版权概念如何实现拓展。(见表1)

表1 从模拟到数字的过程中概念转变的例子[97]

原始域	目标域
模拟的/有形的	数字的
信件	电子邮件
垃圾桶(装垃圾)	垃圾桶(文件回收站)
复制品(唱片、磁带)	复制品(mp3、jpg、avi等格式的文件)
窃取(使某物脱离他人控制)	窃取(非法复制数字文件)
聊天(日常会话)	聊天(数字及时通信)

此后的问题在于,无论何种限制和机会所形成的原始域的特征,可能不同于目标域。正如表1中第三行可能揭示的,这同样可以适用于版权法以及其所调整的对象。在数字内容时代来临之前,版权法规定了复制行为以及对有形复制品的全书分配。这意味着,当一本书籍,包括其书皮、封面、墨汁以及胶水等方面在未经版权持有人授权而被付梓出版以及传播时,我们可以依法判定其行为侵犯权利持有人的权利。这同样适用于某人发行黑胶唱片或将音乐刻录在光盘之中。如今同样的规则和法律概念也用以调整数字内容。

通过以技术层面而关注"路径依赖"的概念,可以分析数字社会中版权的发展,并以此来厘清其内在影响。[98] 这或许会支持此种观点,即"概念的路径依赖"可以解释嵌入(版权)法律之中的特殊概念如何成为一个冲突的社会发展问题。同理,伦纳也将"概念的路径依赖"与社会变迁在法律层面上的关联性看作一种思维惯性:

缺乏社会观察是最令人意外的实际问题。数以百万的人生活在不断变化的情境中,但日常生活中,其可以感受到这对实践所产生的影响,并不能意识到这对理论而产生的影响。仍以老旧的观念

---

[96] 见,Stefan Larsson,*Metaphors and Norms:Understanding Copyright Law in a Digital Society*。
[97] 该表来源于 Stefan Larsson,*Metaphors and Norms:Understanding Copyright Law in a Digital Society*。
[98] 比较 Stefan Larsson, "Den Stigberoende Upphovsrätten. Om Konsekvenserna Av Rättslig Inlåsning I En Digital Tid," pp. 122-146;Stefan Larsson, "The Path Dependence of European Copyright," pp. 8-31。

来看待这些问题。[99]

这可以被理解为一种法律评价的经验方法，即评价法律如何同其所依赖的概念化和隐喻相关联。即便当下，我们虽然能够及时适应智能手机、收发电子邮件以及（我们中的部分人使用的）BT 下载等新兴科技，但如果不借助概念的路径依赖这一类型，而重新使用旧概念去理解新事物，那么我们很难重新界定这些事物对法律的意义。[100] 因此，我们可以认为，即便是在数字社会中，版权也会因"缺乏社会观察"而遭受巨大冲击。

八、作为版权保护内容的有形物质客体

诚如法学教授温特所解释的，具体化——通过隐喻将抽象事物转变为具体事物——是一种隐喻的过程，且对法律意义重大。例如，温特认为我们无法脱离隐喻"客体"来讨论法律。[101] 如果可以违背一项法律，那么我们首先将其概念化为可以"违背的"。法律首先应该被视为任一罪犯能够"了如指掌"的客体。简而言之，即如果不借助具体化（上文中所提到的意象化），就很难去设想法律。[102] 这意味着，法律通常需要隐喻，来意象一种物理上、空间上或者某类语境化原始域，而版权法尤其如此。事实上，我们讨论和思考数字域中的大多数事物可能也需要借助隐喻。受版权保护的内容的物质客体化与依附于此观念而生的隐喻含义相一致。我认为，此概念意指一种以复制隐喻为核心内容的隐喻模型。[103] 这意味着其内容源于那些从原始资料中创造出来的完全相同的软件包、复制品。而这些复制品也可以被占有、复制、窃取以及盗版，换言之，即鉴于确定模型能够在整体上描述潜在的概念，所以我们可以聚类（clustered）这些行为。洛夫伦曾研究过知识产权争论中的"隐喻簇"（clusters），并分析了其所识别的若干：

---

[99] Karl Renner, *Marxismus*, *Krieg Und Internationale*, 2nd ed., Stuttgart: Dietz, 1918, S. 51, 该书由奥伯特于 1969 年翻译为英文。
[100] 见, Stefan Larsson, "Metaphors, Law and Digital Phenomena: The Swedish Pirate Bay Court Case," pp. 329-353。
[101] 见, Steven L. Winter, *A Clearing in the Forest: Law, Life, and Mind*, p. 334。
[102] 同上。
[103] 见, Stefan Larsson, "Copy Me Happy—The Metaphoric Expansion of Copyright in a Digital Society," pp. 615-634。

一阶隐喻借用了一些极度消极的图景:如非法的、暴力的掠夺行为(海盗、掠夺者),对无助受害者的侵害;如蚕食、侵蚀无辜受害者健康和福祉的行径(寄生虫),或小偷私下行窃,将不属于他/她的物品脱离无辜所有权人的控制(偷猎者),或由他人埋单的个人免费出行(搭便车)。这些隐喻或独自产生,或一同出现,且同时混合了每种隐喻中的消极因素。[104]

就(非知识性)财产及其规范而言,盗窃无疑是一种典型的违反方式。诚如法律社会学家威尔汉姆·奥伯特所言:"在保护所有者地位的法律规则中,针对盗窃的规则最为简单明了、长久稳定,也最为人所熟知。"[105]数字语境中"窃取"与"共享"之间关系的例子,可以充分地说明"概念之争"的类型。那些以模拟视角所认定的盗窃(一种具有负面内涵的行为),在数字视角下会被认定为其他行为,至少不会存在负面内涵。就规范性而言,我们并不能对这两种盗窃行为进行比较。盗窃的法律概念与"版权即财产"的观点紧密相关,这解释了财产权理念如何从模拟真实的情景中形成,又如何实现数字转变,而其中的过程充满了挑战。[106] 2011年7月,娱乐产业联盟和一些美国主要互联网服务提供商(ISP)发起了一项旨在打击在线侵权的协议,我们从中可以发现围绕盗窃行为的争论,以及将互联网服务提供商视为扮演版权执法中关键角色的案例。该协议促使"版权警报系统"(Copyright Alert System)于2013年2月25日出台。其核心理念在于警示以及"告知消费者版权的重要性"[107]。美国唱片产业协会(Recording Industry Association of America)的加里·谢尔曼(Cary Sherman)认为:"订立具有突破性意义的协议的举动预示着崭新的未来,且为解决对受版权保护作品的进行数字盗窃提供了一种崭新的处理方法。"[108]诚然,将文件共享问题认定为盗窃的依据是基于受损一方面的立场。某种物品被复制时可能不会导致损失,或者此种损失完全不同于诸如自行车丢失的情形。而这种损失只可能是你失去作为你产品的潜在购买者。

---

[104] 见,Patricia Loughlan,"Pirates,Parasites,Reapers,Sowers,Fruits,Foxes... The Metaphors of Intellectual Property," pp. 211-226。

[105] 该句由我自行翻译,原文可见,Vilhelm Aubert, *Rättssociologi*, S. 91。

[106] 可见洛夫伦对"盗窃"和知识产权的论述,Patricia Loughlan,"'You Wouldn't Steal a Car':Intellectual Property and the Language of Theft," pp. 401-405。

[107] http://www.copyrightinformation.org(访问日期2013年11月18日)。

[108] David Kravets,"ISPs to Disrupt Internet Access of Copyright Scofflaws," *Wired*,2011-7-7.

关于"盗窃"争论的例子说明了传统模拟语境中的概念是如何转化到新兴数字语境之中的。[109] 这说明了财产的根基发生了变化,而法律并没发生字面上的改变,从某种意义上来说,"法律的变化(更不用说法律的稳定性)是视情况而定的,进而是受到限制的,因为社会实践和生活形式塑造了法律并赋予了其意义"[110]。

九、物质性与控制

尽管本文明确的重点在于将财产的概念潜在地理解为一种知识产权不断拓展的主张,但该问题仍需要实际的、明确的法律变化予以补充说明。即使我特别强调"语境"转变会影响对法律规范的解释,事实上,版权规则——无论其是以贸易为名的协商条约的方式,还是以欧盟指令的形式,抑或由受强烈支持版权游说者的干预而以国内制定法来实现——在晚近30年间已经发生了巨大的变化。因此,在此部分,我首先强调概念和语境的变化,然后再检验该领域中那些明确的法律操控行为。而我认为,在控制主张之下的所有事物会在数字语境中具有特别的意义。

莱考夫和约翰逊认为,心智不仅仅是受"物质性"影响的,其还充满激情、渴望与社会性。他们强调躯体在世界中的内涵,心智与躯体的关联性,并对心智加以描述。"心智特性并非纯粹精神层面的:其形成主要是通过躯体和大脑,以及躯体如何在日常生活中发挥关键作用"[111]。就意象而言,他们明确指出概念依赖于"我们的行走、坐立、触摸、品尝、嗅闻、呼吸以及所移动的。我们的物质性就是世界物质性的组成部分"[112]。这意味着,我们理解包括数字实体所有权的抽象现象,要受制于从物理的、空间的以及"物质性"等方面而形成理解的模式。

伦纳在诸多场合使用"物质性"一词来说明财产概念所经历的变化以及

---

[109] 见,Stefan Larsson,"Copy Me Happy-The Metaphoric Expansion of Copyright in a Digital Society," pp. 615-634;Stefan Larsson & Håkan Hydén,"Law,Deviation and Paradigmatic Change:Copyright and Its Metaphors," pp. 188-208。
[110] Steven L. Winter,"Re-embodying Law," pp. 869-897。
[111] George Lakoff & Mark Johnson,*Philosophy in the Flesh*:*The Embodied Mind and Its Challenge to Western Thought*,p. 565。
[112] 同上。

财产如今"不再具有的有形的形态"[113]。译者史瓦兹齐德使用英语的"物质性"(corporeal)一词来替代德语的"物质性"(körperlich)一词[114]：

> 我们注意到所有权因此承担着一种崭新的社会功能。在规范并未改变时，且在集体意识的视域下，一种事实性权利附着于个人对实体物质的绝对支配之中。这种权利并不依存于特殊的法律规定。其是控制的权力，是发号施令的权力，也是强制实施的权力。[115]

这一过程也可以在当代知识产权日益拓展的主张中觅得踪迹，因为"将版权视为财产"的主张在有形客体方面被不断地尝试。用伦纳的话说来解释这种具体化，即"法律上的财产是物质性客体"[116]。在数字环境中，版权内部日益增长的控制要素架构了一座重要的桥梁，其在概念上主张"版权即财产"。伦纳发现，"若财产发展成为资本"，所增加的与物质有关的控制仅仅转变为"对人的行为以及劳动收入的控制"[117]。在数字领域中，控制也是维系知识产权的基本要素。版权具有强大的路径依赖的主要结果是，版权执法经历了以下三个方面的重大变化：涉及追踪我们的数字痕迹，涉及控制互联网流量，涉及追踪违反知识产权法的行为人。更多的个人非法交易(traffic)数据被保存，数据可以更加长久地保存，这使得监督机构以及权利所有人可以更加便捷地获取数据，以识别和确认版权的侵权人。这意味着存在一种潜在的新做法，即对我们的惯习和秘密进行法律强制和大规模的集中监控。[118]

从认知的视角来看，在数字语境中强烈要求类似于监管的版权实施的结果具有特别的意义。例如，当意识到网上活动可能被追踪，我们在何种程度上会调整这种行为呢？而我们所留下的非法交易数据、社交媒体帖子以及那些可以汇集数据而进行有效剖析的搜索引擎记录又意味着什么呢？福柯(Foucault)受到边沁(Bentham)圆形监狱设计的启迪，进而又启发了一些学

---

[113] Karl Renner, *The Institutions of Private Law and Their Social Functions*, p. 217.
[114] 同上，第 81、85、89、104、107、113、217、278、293 页。
[115] 见，Karl Renner, *The Institutions of Private Law and Their Social Functions*, p. 107；也见，*Sociology of Law*, Vilhelm Aubert ed., London：Penguin Books Limited, 1969, p. 34。
[116] Karl Renner, *The Institutions of Private Law and Their Social Functions*, p. 278.
[117] *Sociology of Law*, Vilhelm Aubert ed., p. 34.
[118] 比较 Stefan Larsson, "The Path Dependence of European Copyright," pp. 8-31。

者[119]，使他们不仅讨论了"全景监视主义"（panspectrism）的主张与我们日益倡导的网络化、透明化、数字化的生活方式之间的关系，也讨论了"管理者"可能以全景式的监控方式进行当代监控的可能性[120]。那么，从伦纳的控制视角来看，将版权视为一种逐渐变成（认定为）财产甚至资本的结果将具有何种程度的意义？

十、法律规范在数字时代中的变化

正如上文所提到的，在数字化发展的近几十年中，存在大量与知识产权规则相关的法律操控行为；因此，我将在后文中列举几个极为重要的例子予以说明。版权规则在全球范围内发生的巨大变化与其在贸易规则中的转变有关。相应地，在规则所涵盖的范围以及保护所提供的时长方面，这与贸易保护主义的做法相一致。版权史专家罗斯承认其研究的核心问题是，作者无法从文学作品商品化中剥离出来。[121] 我认为，罗斯的观点在理解版权在当代所取得的相当程度的发展，以及知识产权成为全球舞台中与贸易相关的首要法律建构这两个方面都扮演着核心的角色。彼得·达沃豪斯（Peter Drahos）和约翰·布雷斯韦特（John Braithwaite）在《信息封建主义》（*Information Feudalism*）一书中也曾对此列举明证。控制机制的发展，即数字时代中版权的财产化可以被理解为数字化引起的内在本体论转变——即劳伦斯·莱西格（Lawrence Lessig）和齐特林（Zittrain）时常强调的；也可以被理解为版权变化为一种全球贸易问题而导致的文化表达方式的商业化——即达沃豪斯和布雷斯韦特所关注的。后者可以解释困境存在的原因，例如其路径依赖，前者则更加凸显问题的严重性。

在《信息封建主义》一书中，达沃豪斯和布雷斯韦特说明了在全球范围内知识产权是如何从属于贸易利益，尤其是 TRIPs 协议则像一小群附属于美国

---

[119]　见，M. Foucault, *Discipline and Punish—The Birth of the Prison*, London: Penguin Books, 1991。

[120]　见，Jonas Andersson Schwarz & Karl Palmås, "Introducing the Panspectric Challenge: A Reconfiguration of Regulatory Values in a Multiplatform Media Land-scape," *Central European Journal of Communication*, vol. 6, no. 2（Nov. 2013）, pp. 219-233；比较 Christopher Kullenberg, *Det Nätpolitiska Manifestet*, Stockholm: Ink Bokförlag, 2010；Karl Palmås, *En Liten Bok Om Slem*, Stockholm: Federa, 2009。

[121]　见，Mark Rose, *Authors and Owners: The Invention of Copyright*。

主导产业的利益者所设计的。[122] 诚然,从版权角度而言,TRIPs 协议是引人关注的,因为其对世界贸易组织的大多数成员设置了版权认定和保护的最低标准。这意味着,尽管在保护作者和艺术家方面,传统的论调更加强化版权意识,但立法却仅考量产业发展所需。

那些有关保护作者需求和提供刺激措施等掩饰性修辞导致了全球经济的严峻现实,这使得出版产业、价格调控以及全球市场协议已经被卡特尔化。[123]

达沃豪斯和布雷斯韦特揭示出产业和游说主义者的真面目,以及在全球层面上法律制定中的瓜葛。而这可以从 12 国代表在 2010 年至 2011 年间签订的《反假冒贸易协议》(Anti-Counterfeit Trade Agreement)的保密条款[124]所遭受的实质性批判[125]中明显看出。保密条款的设置规避了任何民主的关怀,成为一种改变国内知识产权立法的有效方法,并可能会在美国一直扮演支持版权的执法者的跨太平洋伙伴关系中得到复制。[126]

在欧盟范围内,欧洲议会于 2004 年 3 月 9 日批准通过了《欧盟知识产权执法指令》(Intellectual Property Rights Enforcement Directive, 2004/48/EC)。该指令由各国的国内法规予以实施,并旨在当一个知识产权编号涉嫌侵犯任何知识产权时,可以方便版权持有人及其代理人从网络服务提供商处提取用以认定侵权的数据。一项研究表明,法律规则的变化并没有让年轻一代认识到违反版权法而共享受版权保护的文件在道德上所犯下的错误。在《知识产权强制执行指令》实施前后,瑞典的社会规范同样很脆弱。[127] 当涉及针对特殊利益的国家法规时,不得不提及英国的《数字经济法案》(Digital Economy Act)、法国的《促进互联网创造保护及传播法》(Haute Autorité Pour la Diffusion des œuvres et la Protection des Droits sur Internet)以及美国的《数字千年版权法》(Digital Millennium Copyright Act)。由于网络服务提供商在非法交易中的

---

[122] 见,Peter Drahos & John Braithwaite, *Information Feudalism: Who Owns the Knowledge Economy*, London: Earthscan Publications Limited, 2002, p. 10f。
[123] Peter Drahos & John Braithwaite, *Information Feudalism: Who Owns the Knowledge Economy*, p. 76.
[124] 见,Stefan Larsson, "The Path Dependence of European Copyright," pp. 8-31。
[125] 见,Christophe Geiger, "The Anti-Counterfeiting Trade Agreement and Criminal Enforcement of Intellectual Property: What Consequences for the European Union?" in J. Rosen ed., *IP Rights at the Crossroads of Trade*, Cheltenham: Edward Elgar, 2012. pp. 167-181。
[126] 比较 William Patry, *How to Fix Copyright*, Oxford: Oxford University Press, 2012。
[127] 见,Måns Svensson & Stefan Larsson, "Intellectual Property Law Compliance in Europe: Illegal File Sharing and the Role of Social Norms," pp. 1147-1163。

居间行为，英国和法国的立法更多涉及数字语境中的可追溯性，以施加给网络服务提供商相应的义务；而在美国，内容产业和网络服务提供商之间通过上述法案创建一个"版权警报系统"。该法案要求网络服务提供商与版权所有者合作来确定侵权人，要求网络服务提供商对那些已被确定的侵权人发送提醒信息并公布已被侵权的版权目录。[128]《数字千年版权法》和《促进互联网创造保护及传播法》均规定：当发生侵犯版权的威胁时，可在发出三次警告后断开网络。尽管《数字经济法案》"可能无法成功地完成控制未经授权的数字复制行为这一核心任务"[129]，但这种相当不合适的惩罚方式仍是法律的一部分。美国国会在1998年通过了《数字千年版权法》，虽然该法案以各种方法强化版权，但莱西格却认为其中的"反规避"条款"特别令人不安"[130]。《数字千年版权法》包括企图规避版权保护的策略规则，而这种规则在《欧盟信息社会版权指令》中也显而易见。《数字千年版权法》被指责破坏了内容所有者和公众之间的均衡关系。维达亚内森曾指出，《数字千年版权法》致使"内容提供者可以设置访问条件和使用方法。那么，当版权所有人拥有全部权力时，就没有任何均衡可言"[131]。"反规避"有时也被称为数字版权管理的一部分。即使数字版权管理的做法在实践中失败，但在工业话语体系中，版权支持者已经极大地推动了这种做法。批评者认为这种将使得授予他人使用版权成为一种比所有权更具权力的方法，例如，当消费者购买音乐CD时，其对购买的产品的使用仍然被限制在某些范围之内。[132]

十一、数字语境中知识产权会触及更远的原因

事实上，数字语境中出现具有影响深远的版权制度的原因之一是，其可以比传统的财产权触及更远。版权持有人可以主张更为有力的控制方式，例

---

[128] 见，Dinusha Mendis,"Digital Economy Act 2010: Fighting a Losing Battle? Why the 'Three Strikes' Law Is Not the Answer to Copyright Law's Latest Challenge," *International Review of Law · Computers & Technology*, vol. 27, no. 1-2 (Jul. 2013), pp. 60-84。

[129] 同上。

[130] 见，Lawrence Lessig, *The Future of Ideas: the Fate of the Commons in A Connected World*. New York: Vintage Books, 2002, p. 188。

[131] Siva Vaidhyanathan, *Copyrights and Copywrongs: The Rise of Intellectual Property and How It Threatens Creativity*, p. 159。

[132] 见，Tarleton Gillespie, *Wired Shut: Copyright and the Shape of Digital Culture*, Cambridge: MIT Press, 2007。

如,使用者对椅子这一产品的使用方式可能远多于椅子的生产者。维达亚内森(在分析《数字千年版权法》时)将这种控制描述为对(美国法中的)首次销售原则(First Sale Doctrine)[133]的逐渐侵蚀:

> 当一个作品出售后,版权所有人放弃了"排他性"权利,而仍保留了"限制性"权利,例如,限制对该作品的复制或者公开展出。但是依据首次销售原则,购买者在未经版权持有人许可的情况下,可以对一本书籍进行标记,复制其中一部分用以供私人非商业使用,并将这一部分复制品转卖给他人,出借给他人,甚至撕毁该复制品。因为《数字千年版权法》允许内容提供者控制获取条件和使用方法,他们可以设置使用的全部限制。[134]

从概念上讲,数字化意味着版权法所调整领域的拓展,这是一种本体论层面的变化;作品可以不受制于先前已存的使用方式。有形存储设备的使用创造了莱西格所谓的"只阅读文化"(Read Only Culture)时代[135],产品的生产者与使用者在这个时代截然分开。在数字语境中,"控制复制"这一类型难以维持的情况,不仅在很大程度上印证了莱西格最终得出的"阅读或者书写文化"结果,还要求政策制定者回应这种发展。受保护作品在本体论层面的变化是我们分析版权在数字社会中所经历变化的关键。而维达亚内森的分析可能最为透彻:

> 数字时代造成了先前三个明晰的程序——获取作品,使用(过去被称为"阅读")作品以及复制作品之间的区别已经模糊。而在数字环境中,我们不可能在不复制若干作品的基础上创造出一个新的作品。[136]

---

[133] 首次销售原则在我国也被称为权利耗尽原则(IP Right Exhaustion/ The Exhaustion Doctrine)。该原则最早出现在美国最高法院1873年关于亚当斯诉伯克一案(Adams vs. Burk)的判决中,指受知识产权保护的产品经权利人本人或其同意售出后,权利人不得再就该产品后续的使用或流转主张权利。换而言之,即权利人的权利已耗尽,后续的行为不视为侵权。——译者注
[134] Siva Vaidhyanathan, *Copyrights and Copywrongs: The Rise of Intellectual Property and How It Threatens Creativity*, p. 175.
[135] 见, Lawrence Lessig, *Remix: Making Art and Commerce Thrive in the Hybrid Economy*。
[136] Siva Vaidhyanathan, *Copyrights and Copywrongs: The Rise of Intellectual Property and How It Threatens Creativity*, p. 152.

而这也是莱西格所发现的一种对复制品过分地关注:"在互联网出现之前,复制行为触犯版权法可能是显而易见的,但反观互联网出现之后,复制行为却不该会触犯版权法"[137]。维达亚内森指出,这种关注会导致政策制定者面临棘手的选择:"如今获取、使用和复制三者的区别已经模糊,而版权政策制定者发现其不得不面对一个艰难的选择:要么放弃对复制行为的控制,要么扩大版权以规制获取条件和使用方法,即便这可能会对创作能力、共同体以及民主造成令人恐惧的影响。"[138] 相较于已经存在数个世纪之久的立法观念,即将财产与版权相关联,这揭示了数字语境中概念的新发展以及其中特别棘手的问题。

因此,控制问题可能是版权之战中的关键一役。伦纳对伴随财产制度而来的控制的评价是:

> 监管职责被授予专门的公职人员,因而其上位和从属之间的关系形成了一个有机整体。所以,财产制度自然形成了一个类似国家的组织。关于物质的权力产生了个人权力。[139]

控制伴随着行为的"结构性"命令类型,而这可以在任何交易都会采纳的特殊设定中觅得。在此,我们可以按照莱西格的主张,认为数字领域中"代码即法律"(code as law)的说法从属于那些(编程)代码所允许的精确的条件。[140] 莱西格分析的对象是与规则有关的数字代码,而伦纳分析的对象则是财产(例如与生产和工业有关的财产)与规则:

> 雇佣劳动是一种具有专制全部特点的独裁关系。而工厂是一个基于法律准则全部特征而形成的具有自己准则的机构。它包含了每种描述性的规范,并不排除刑事法律,它还设立其专门的机关

---

[137] Lawrence Lessig, *Free Culture: How Big Media Uses Technology and the Law to Lock down Culture and Control Creativity*, p. 140.
[138] Siva Vaidhyanathan, *Copyrights and Copywrongs: The Rise of Intellectual Property and How It Threatens Creativity*, pp. 152-153.
[139] Karl Renner, *The Institutions of Private Law and Their Social Functions*, p. 107.
[140] 见,Lawrence Lessig, *Code: And Other Laws of Cyberspace*; Lawrence Lessig, *Code Version* 2.0, New York: Basic Books, 2006。

和管辖权限。[141]

诚然,这也是伦纳在法律社会学领域中被视为具有启示意义的原因之一:其观点不仅表达出法律的重要性——规范性义务,还说明工厂是依据自己的准则所建立的。这也是莱西格将编程代码视为法律规范而对法律社会学领域中的议题产生价值的原因所在。

因此,对数字社会中的版权发展可以得出以下两方面结论:一方面,版权法要求的保护强度并未得到增强;另一方面,(对比以复制为基础而形成的控制愿望和大量的非法共享文件的行为)版权的强制及其与社会规范之间的关系也并没有被减弱。我曾在其他文章中阐述了数字化契机是如何改变我们所认知的"应该"保护的观念,并说明法律试图"人为地"维持我们从模拟存储设备到数字存储设备的转变中已经消失的约束。换言之,其中的关键在于认定人们如何依据版权的概念拓展而察觉合法的或非法的法律释义。[142]

结论

在此,通过认知理论的视角,本文主要通过研究法律概念上的变化来说明伦纳曾经同样关注的问题:"在一个不断变迁的社会之中,财产法律如何保持不变,而仍具有功能呢?"接纳隐喻的观念以及概念分析方法,阐明所立法令如何展示社会真实的意义,并不会因使用法律论证的还原方法而减损其意。尽管这种维度的意义主要关乎特殊的模型,但这些模型的内涵会或者可能经常会不同于我们以"客观"方式所定义的。就财产法律和数字社会中知识产权的发展方式而言,我认为,在很大程度上,核心的概念始终保持(形式上的)不变(用伦纳的术语来讲),而其社会功能或基础已经改变。这也是控制(更多地保护)复制行为的一些潜在概念,控制功能的增加(类似于伦纳的分析)是伴随着版权的财产化而出现的。尽管法律解释在某种程度上和原先类似,但由于一系列全新(数字)行为和现象的出现及其有待论证,所以管理的主张已经拓展,而所使用的术语并没发生变化。在此需要特别指出的是,

---

[141] Karl Renner, *The Institutions of Private Law and Their Social Functions*, p. 114.
[142] 见, Stefan Larsson, "Copy Me Happy-The Metaphoric Expansion of Copyright in a Digital Society," *International Journal for the Semiotics of Law*, pp. 615-634。

伦纳关于财产是"支配和控制制度"的描述,可能是财产化和基础变化的标识。同时,我们需要提醒自己:虽然要求"版权作为财产"是当代的发展趋势,但在数字时代来临前,我们并未听过类似的主张。财产所有权以及对其控制合法化的主张可能被视为版权所有人据理力争的概念工具,以此来主张对文化交流进行限制以及公众对著作、音乐和电影使用进行约束。在此,任何人也都注意到:在数字社会中,贸易保护主义者加剧殖民的趋势正逐渐增强,而该趋势正在影响其他法律领域,例如,关涉个人隐私的,这与伦纳所提到的柯罗诺斯的强烈隐喻是一样的,即财产如柯罗诺斯一般"吞噬他人的孩子"。

(责任编辑:杨静哲)

评 论

国外马克思主义法学的多元方法路径及启示

於兴中　李其瑞　宋海彬　王金霞*

【编者按】2018年1月4日,西北政法大学举办了一场主题为"国外马克思主义法学的多元方法路径及启示"的学术沙龙。学术沙龙的主题发言人是於兴中教授、李其瑞教授、宋海彬副教授、王金霞博士,由杨锦帆副教授担任主持人。西北政法大学法学理论学科长期重视马克思主义法学思想研究,先后推出了中国首批当代西方马克思主义法学译著,创办了目前国内唯一的马克思主义法学主题网站和专刊,推出了一批有影响的研究成果。为了进一步深化该领域的研究,走出以前对马克思主义的单向理解,厘清经典马克思、马克思主义者以及受马克思主义影响的某些学者的观点,培养和推动马克思主义法学研究的团队建设,努力把马克思主义法学研究做成西北政法大学学术研究的品牌和亮点,特举办了此次沙龙。以下所刊文字就是根据本次学术沙龙四位主题发言人的发言整理而来。

於兴中教授:

首先我们得先区分两个概念:一个叫马克思主义的什么,一个叫"马克思学"的什么,英文一个是Marxist,一个叫Marxian。这是两种不同的进路,但是研究的对象都是马克思和恩格斯,还有其他一些无产阶级导师的观点和思想。"马克思学"的学者们不认为自己是马克思主义者,但是对马克思的学

---

* 於兴中,康奈尔大学法学院王氏中国法讲座教授,西北政法大学特聘教授;李其瑞,西北政法大学刑事法学院教授,博士生导师;宋海彬,西北政法大学民族宗教研究院副教授;王金霞,西北政法大学刑事法学院讲师,法学博士。

说、思想和哲学等感兴趣,也就从事这方面的研究。实际上,这两个路径对于研究"马克思主义和法学"来说,都是有用的途径,所以我首先说明这一点,也就是要对这二者加以区分。

我这里想谈的是"马克思主义"这一进路。我们知道这是一个开放的系统,是对过去、对历史有一定的见解,对现实、对未来有一定见解的一个大学问。这个学问随着历史的变化、实践的变化,也在不断地变化,按我们惯常的表达,是与时俱进的。它是一个开放的系统,在某种意义上说,它既是主体论又是方法论,可以给你提供一套知识,又可以是一种认识角度。马克思本人可以被看作一个"解放的"哲学家,也就是说,他自己本身是站在"解放"的立场上谈问题的。我们知道人类社会经历过这么多的斗争,这么多的革命,都是在不断地解放,解放人的主体性,解放生产力。包括现在的人工智能,这些研究也是在不断地发展和解放生产力。所以,抱着这样一种态度去看马克思主义和马克思主义的学说,应该说对我们的现实还是具有一定意义的,这不光是一种历史和学术的问题,对现实也是有很大意义的。这是我想表达的一个基本立场。

有了这样一个基本立场,我们接下来就可以来谈论马克思在法学研究方面的一些情况。当然,我们听到很多人说马克思作为一个解放的思想家,他对现实采取一种批判的态度,因此,他关于社会、经济、法律、政治等的见解,基本上属于批判性的,后来他也有一些建设性的想法,但实际上也与法律没有太大的关系,所以人们就觉得马克思没有一套规范性的法律理论(normative theory of law)。但是这个问题是可以讨论的。无论如何,从马克思主义的发展情况来看,大概可以从以下几个方面来看马克思主义法学(或者说是马克思主义与法学的关系):首先是马克思、恩格斯本人对于法律的见解和论述;其次是信奉马克思主义的学者,尤其是一些法学家,他们通过对马克思主义法学思想的发展与阐释,产生出来的一些理论;最后是受到马克思主义学说的影响产生出来的各种各样的想法和说法,或者是赞成马克思主义的某一种观点,或者某一个方面,但本身并不是完全的马克思主义者。

就第一种类型而言,马克思、恩格斯本人对于法律的论述实际是非常少的,不是集中进行论述,而是分散在各种各样的著作中,可以说是卷帙浩繁。我以前在澳洲的一位老师,叫尤金·卡门卡(Eugene Kamenka),按照他的说法,马克思的法律思想集中在 1842 年到 1845 年这期间。据说马克思曾经写过一本法哲学的书,但那时候他比较年轻,写得不是特别好。他拿给他父亲看。他父亲是一名很成熟的律师,对此有些见解。看了之后,他的父亲好像不是很赞成,因此马克思没有把那本书发表。也有人说,马克思在完成《资本论》之后,也想写一本法律著作,但是没有写出来,始终没能问世。在1842年到1845年期间,据卡门卡教授说,马克思一开始对法律抱有很大的热情,但这个期间也是他热恋燕妮的时候。他花了一年的时间给燕妮写诗,写了很多诗。等他从热恋中醒来以后,他的兴趣就不在法律上了,而是转到政治经济学、哲学这方面去了。虽然很遗憾,他对于法律的思想和论述没有集中地体现在一本书里面,但是在《论犹太人问题》,在论新闻自由的那篇文章,在《哥达纲领批判》中,在《共产党宣言》中,多多少少都提到了一些,比较零碎。但总体上看,还是很有启发意义的。

第二种类型是马克思以后的马克思主义者的研究。卡门卡教授写了一篇文章,叫《三种马克思主义法学理论》。在这篇文章中,他介绍说,从马克思的思想出发,后来的一些学者发展出了三种马克思主义。第一种是帕舒卡尼斯(Evgeny Pashukanis)的观点。他认为法律制度基本上是商品生产和交换所产生的一种关系。这方面,李其瑞教授、邱昭继教授都做过研究,国内还有其他学者的研究,帕舒卡尼斯的书也翻译过来了。第二种是卡尔·伦纳(Karl Renner)的见解。他认为法律主要是建立在私法制度的基础上的,是可以继承的。第三种就是阶级工具论了。这种说法据说马克思也对它有所论述,但是主要是由后来的一些苏联学者,尤其是维辛斯基把它发扬光大的。这样就产生了三种马克思主义法学,只不过它们所采取的路径和方法是不一样的。

第三种类型就是后来有些人在做与马克思主义有关的研究,虽然没有直接讨论马克思主义法学,但有意无意间采取或者发展了马克思主义法学。这些学者包括葛兰西、卢卡齐等重要的马克思主义者,也包括法兰克福学派的一些思想家。这几年比较引人注目的有齐泽克(Slavoj Žižek)、阿甘本(Giorgio Agamben)、哈佛大学法学教授昂格尔(Roberto Mangabeira Unger),还有已故的福柯和布迪厄。这些西方左翼教授都受到马克思主义的影响。这方面也是很发达的,已经写出的著作也是很多的了。

从方法上看,其实马克思主义法学是非常多元和丰富的。我们要想总结的话,可以总结出好多,各个方面也都可以发展,但是最主要的可能有这么几个:第一个角度是历史法学,从历史的角度来看待法,这是一个重要的方法。马克思的老师爱德华·甘斯(Eduard Gans)和萨维尼(Friedrich Carl von Savigny)二人是历史法学派的主要旗手,马克思从他们那里得到了一些历史主义方法的教育。马克思看问题的时候推崇历史唯物主义和辩证唯物主义,而历史唯物主义在很大程度上是取决于历史主义或者历史决定论的。第二个角度是科学主义。马克思始终将社会科学看作科学,将法律看作科学,这种见解实际上是承接了弗朗西斯科·培根(Francis Bacon)的思想与方法。培根也被看作早期的唯物主义者,培根研究的科学方法——归纳法,实际上对后来的科学发展有很大的影响。在这个意义上,培根、霍布斯和马克思是一条线上的思想家。现在我们可以看得很清楚,人工智能或者网络法学等等,都和科学方法有关系。维科(Giambattista Vico)最早将科学方法用在法学研究当中,当然此方面重要的人物还有莱布尼茨(Gottfried Wilhelm Leibniz)、普芬道夫(Pufendorf),他们试图用几何学的观点、数学的观点,把法律化约为一些最基本的规律,让人们去认识。在莱布尼茨的自然法中,就有很多这种运用几何学方法得出的推断。把马克思主义法学的方法论看作科学的方法论,这方面也有很多著作,有很多人做研究。第三个角度乃是大家熟知的批判的角度,从一开始,马克思主义就是对资本主义法律制度的一种批判,但同时马克思还认为"制定法就是人民自由的圣经"。可以看出马克思主义是很丰富的。在很大程度上,马克思对现有资本主义法律制度的批判是解放精神的一种延续,或者说是一种表现。后来也就影响到我们大家很熟悉的批判法学,批判法学的理论来源之一就是马克思主义,属于左派的思想传统。

除这三个角度之外,还有一些比较细微的方面,比如法社会学。从某种意义上说,法社会学的产生也受到了马克思主义的影响。实证的、社会学的这样一种经验性的研究,在马克思法学中是有一席之地的,不光是理论性的,不光是一种批判性的,它同时也是一种描述性的,这就是说,社会学法学也是马克思主义法学的一条路子。如果还要再仔细划分的话,还可以说到人类学的发展。耶鲁大学的一个教授专门研究马克思主义人类学,他就提出了一些有关法律的见解。

现在看来,作为一种最基本的世界观,马克思主义影响和启发了很多不同类型的法学研究的问题和方法。我们知道历史唯物主义、辩证唯物主义里面有一个很重要的思想,也就是生产力和生产关系的概念,即所谓的经济决定论(Economic determinism),现在我们可以明显看出,经济分析法学在某种意义上就反映了马克思主义法学的一些内容。从经济分析法学这个角度看,马克思主义法学的研究路径也是通的。还有更重要的一个层面,辩证唯物主义强调看问题的时候如何看到正反两面,这和我们的道家思想也有关系,作为一种方法论也可以用于法学研究之中。

今天我们所讨论的题目——"国外马克思主义法学的多元方法路径及启示"是很有意义的,对于我们进一步深化马克思主义法学的研究有很大的启发。马克思主义法学研究涉及很多材料,我们知道,在改革开放之前,马克思主义法学"一枝独秀",但那时候的研究受到历史条件的一些影响,并没有完全理解马克思和马克思部分学生的法律思想。整体上看,马克思主义法学至少有三种理论形态,但我们在那个时期,只取了其中的一种,也就是维辛斯基的那一套,而没有研究别的。现在我们有机会来充分研究马克思丰富的法律思想和后来受他影响发展起来的诸多法律学派。现在在西方,虽然说没有多少人在严格意义上说自己坚持马克思主义,坚称自己是一名马克思主义者——这样的学者也有,但不是很多——但是研究马克思学说的人还是不断地涌现。尤其是现在,比如在面对"人工智能"这种神秘而随处可见的庞然大物的时候,马克思主义也一定会有它的态度。马克思曾经是黑格尔的信徒。他们都赞成"异化"的概念。人创造了工具,或者说是制度,但是反过来却被工具或者制度所奴役。现在我们面临的就是这么大的问题。人工智能是人创造出来的,但是人工智能是否会将人变成奴隶,大家都在担心这样的事情。实际上这也是一个"异化"的问题,而从马克思主义法学的角度研究人工智能问题,可能也是一种新的路径。

李其瑞教授:

今天我们选择"国外马克思主义的多元方法路径"作为主题,这个话题我们已经谈了多次,当然并非是给在座的同学们所讲,而是在我们推出的《西方马克思主义法学经典译丛》(李其瑞,2013)的总序和相关的系列论文中均已作过讨论。但该问题是一个需要持续关注并加以挖掘的问题,因为方法既是厘清国外马克思主义法学各个流派的重要理论要素,也是辨别马克思主义传统的法学方法论与其他学术传统的区别参照系。对此,柯林斯在《马克思主义与法律》一书中就特别加以强调:"马克思主义者社会思想一个与众不同的方面在于它对理论与实践关系的独特观念,——马克思主义传统以外的社会学家很少承认他们的理论工作对于所研究的主体具有潜在的影响。然而,这种关系是马克思主义方法论的核心。"(柯林斯,1982)因此,今天的话题是我们把这个问题加以深化的又一次尝试。当然,这里需要界定一下今天主题中所涉及的"国外马克思主义"这一术语,它实际上是与我们使用的另一工作术语"西方马克思主义"是一个意思,而非德国马克思主义者施尔所指的根植于西欧的西方马克思主义,也非理论界所争论的包括"新马克思主义""后马克思主义""俄国马克思主义"等,而是一个广义上的工作定义,也就是泛指中国以外的所有研究马克思主义的思潮和学者。

自奥地利思想家卡尔·伦纳1904年出版《私法的制度及其社会功能》以来,西方马克思主义的研究者对法律问题的分析就开始呈现出一种多元化的态势。分析的马克思主义、批判的马克思主义、结构主义的马克思主义、女权主义的马克思主义、后现代的马克思主义等众多流派都从不同的视角对马克思的法律观作出新的解读。为什么会出现如此众多的解释和视角?究其缘由,大致上有这么几点。

其一,马克思、恩格斯没有对法律问题的专门论著,关于法律的观点分散和不系统,从而导致西方马克思主义者对马克思法律思想解释的多样性。实际上,马克思、恩格斯对法律问题最直接的论述是两个著名的批判,即《历史法学派的哲学宣言》(1841)和《黑格尔法哲学批判》(1843)。其中,前者是马克思在《莱茵报》上撰写的批判历史法学派创始人胡果的观点,认为历史法学派在自由、婚姻、私法、国家法等方面的错误在于"认为自然状态是人类本性的真实状态","把研究起源变成了自己的口号,它把自己对起源的爱好发展到极端,以致于要求船夫不要在江河的干流上航行,而要在干流的源头上航行"(马克思,1841);后者是马克思针对黑格尔的法哲学方法论所进行的批判,马克思指出黑格尔在家庭、市民社会与国家之间的关系上的"泛逻辑的神秘主义",马克思以费尔巴哈为榜样,运用其所创造的颠倒方法,在费尔巴哈所没有涉足的一个全新的领域——社会历史领域,向黑格尔唯心主义法律观发起了挑战。通过对黑格尔法哲学的批判,可以清楚地看到马克思与黑格尔从此分道扬镳,即马克思的出发点是现实的社会历史经验,而黑格尔法哲学的出发点则是抽象的逻辑理念。在这两个"批判"之后,马克思对法律问题的论述大多散见于论述其他社会理论的文献之中。对此,英国学者玛琳·凯恩在《马克思恩格斯法社会学主题》一文中就认为:"有关马克思、恩格斯法理论的文章很少,这大概是因为马克思从来没有形成系统的国家理论——因而如果要把'马克思论法'的思想凑到一起,人们就不得不处理来自不同著作的相关部分,就好像它们的主题是相关的一样。"(玛琳·凯恩,1979)

其二,西方马克思主义法学的研究者身份各异,也是造成研究路径多元的一个主要原因。综观西方马克思主义法学研究者的身份,可以清楚地看出他们各自的学术背景和政治身份复杂,既有像伦纳、葛兰西这样的社会政治活动家,也有尤金·卡门卡、哈贝马斯这样的思想家。而且这两种身份的变化还有时间上的特点,那就是 20 世纪 50 年代以后,西方马克思主义法学越来越分布于学院式的研究群体。还有一个需要注意的地方,就是这些研究者群体中有一部分是职业的法学家,另一部分则是由哲学家、社会学家等非法学领域的研究者群体所构成。关于西方马克思主义法学的研究者身份多样的相关论述,在我们已经出版的《西方马克思主义法学经典译丛》(李其瑞, 2013)的总序中有较为详细的介绍,在此就不再展开。

其三,马克思主义者均持有一种对法律拜物教的批判态度,由此导致对法律问题的认识必将是多维度和多元化的。法律拜物教是一种确信法律体系是社会秩序和文明的重要组成部分的理论态度和信念,为大多自由主义的政治法律理论所推崇。"马克思主义不赞同法律拜物教,它也抵制寻求一般性法律理论的尝试。"(柯林斯,1982)在方法论上,法律拜物教者认为法律是独一无二的社会现象和研究对象,认为"将法律现象独立出来进而研究它们的本质是可能的"(柯林斯,1982)。西方马克思主义者认为,把法律视为现代社会权力组织极度依赖的规则,假定没有法律,人们之间将会相互伤害的想法是不可信的。由于不相信法律是独一无二的,而坚信法律与诸如道德、习俗等其他社会规则之间存在着难以梳理的模糊界限,这就必然导致存在两种不同信念在研究方法上的封闭与开放、单一与多元之别。

上述分析表明西方马克思主义法学的研究方法、路径、视角是错综复杂且有其深刻的历史和思想背景的。那么,这些截然不同的研究视角和方法对我们有何启示?下边我谈三点认识。

其一,对马克思主义经典作家文本研究与考据上的借鉴意义。习近平同志在《在哲学社会科学工作座谈会上的讲话》中说:"我看过一些西方研究马克思主义的书,其结论未必正确,但在研究和考据马克思主义文本上,功课做得还是可以的。相比之下,我们一些研究在这方面的努力就远远不够了。"(习近平,2016)无论是卡尔·伦纳所秉持的马克思主义"法律的演化是受经济关系决定"的立场,还是帕舒卡尼斯对马克思关于"商品交易法学"的解读,都可以看出国外马克思主义法学研究者对马克思、恩格斯等经典作家的文本研究与挖掘的功力之深厚。葛兰西也在其《狱中札记》中主张,要对马克思、恩格斯的作品进行文献学的方法论分析,这样才能比较准确地了解马克思哲学的真实原貌。而在我国之所以会出现教条化的马克思主义解读方式，就是一方面对苏联马克思主义法学研究的权威膜拜、照本搬来所致；另一方面是对马克思、恩格斯原典的贯通能力和考据功力不够，断章取义，甚至扭曲了马克思主义经典作家的本意。因此，我们要"对马克思主义的学习和研究，不能采取浅尝辄止、蜻蜓点水的态度。有的人马克思主义经典著作没读几本，一知半解就哇啦哇啦发表意见，这是一种不负责任的态度，也有悖于科学精神"（习近平，2016）。

其二，法学研究与法律认识的"实践关注"是构建中国特色社会主义法学理论体系的重要理论节点。葛兰西作为 20 世纪西方马克思主义的重要代表人物，他对马克思主义的实践解读值得我们重视。葛兰西把马克思主义哲学称为"实践哲学"，认为实践是马克思主义哲学的本质所在，也是马克思哲学的起点和最终归属。日本学者岛崎隆、岩佐茂等生态马克思主义者也把马克思主义的理论概括为实践唯物论或实践唯物主义。而在我国法学界，对法学研究的实践关注尚显不足，没有把实践这一人类社会一切活动的本源性要素放到其应有的位置加以考量。因此，对法律问题的实践关注，应该是我们从西方马克思主义者的研究方法中所要汲取的一个重要方法或路径。

其三，人本主义的理论基调与法律认识的主体性倾向对清除机械决定论和宿命论具有积极的意义。西方马克思主义法学方法论从其诞生之初，就是针对"第二国际的实证主义倾向的批判开始，就强化了其法哲学的主体性倾向，从而形成了以人本主义为主要倾向的理论基调"（龚廷泰，2014）。卢卡奇、葛兰西的意识形态革命，法兰克福学派的人文主义法学批判，存在主义的人本学法学思潮等，都是"从主体方面诠释马克思主义法学的人学意义，强调个人尊严、自由意志、主观选择和主体革命的意义"（龚廷泰，2014）。西方马克思主义者的这一方法论倾向虽然有夸大主观因素而远离社会经济分析和社会历史现实之嫌，但其对于防止那种只承认客观规律性而否认人的主观能动性的机械决定论和宿命论具有积极意义。

宋海彬副教授：

我下面从日本法学家渡边洋三的法社会学进路谈一下国外马克思主义法学。我们知道，日本是东亚最早开展马克思主义研究的国家，日本马克思主义对于中国马克思主义的产生和早期形态的确立有着非常细致、直接的影响。所谓"十月革命一声炮响,为中国送来了马克思主义",从社会运动尤其是世界范围内的工人革命运动或者共产主义运动的角度来讲,确实是如此,但从社会思潮萌生的具体历程上看,中国马克思主义的引入就无法只谈苏俄而无视日本了。日本的马克思主义在早期对中国的影响是非常大的,比如《共产党宣言》,我们国家最早是1920年陈望道先生翻译的,陈先生早年留日,中文《共产党宣言》译本受到1904年日文译本的重要影响,这样的例子显然还有很多。多年来我们对日本马克思主义的研究虽然小众,但也一直在持续进行,这里面包含不同的背景与路径,尤其近年来兴起的"西马"研究也为日本马克思主义研究带来一些新的启示,逐渐让我们看到另一种区别于东欧以及英美马克思主义的独立的马克思主义流派。我们现在需要注意的是,日本马克思主义法学同样是一个富矿,值得也必须好好去挖掘。

就"渡边洋三和日本马克思主义法学"这一问题而言,我在这里以渡边洋三的代表作——《法社会学与马克思主义法学》为核心,简单谈几个方面:首先对渡边洋三有关马克思主义法学的一般认识作一个背景性的介绍,然后侧重从两个方面对渡边的马克思主义法学思想加以展开:一是以"现代法论"为核心,渡边洋三马克思主义法学所提出的几个值得我们注意的概念;二是日本马克思主义法学几个值得我们注意的特点。

渡边洋三是东京大学的法学教授,1982年从东京大学退休,此后就是东京大学的名誉教授,直到2006年去世。他的研究领域非常宽,在法律社会学、民法学和国家法、宪法等多个领域,都有重要的作品。渡边洋三在《法社会学与马克思主义法学》这本书的开篇就提到,日本法学区别于西方法学的一大特点就是它受到马克思主义深刻的影响,他回顾日本法学从明治以来的历程,提到在他看来是璀璨巨星式的思想人物,基本都是沿着马克思主义系列过来的,从最早的末弘严太郎,这是受到日本马克思主义影响先驱性的人物,然后末弘一派的弟子当中,包括我们所熟悉的川岛武宜,都深受马克思主义法学的影响。他还强调一个背景,就是从"大正民主时代""天皇机关说"事件,尤其是日本工人运动的崛起,带来了日本学者和社会运动的密切结合,在当时反抗封建的、专制的,包括资本主义统治的社会背景下,马克思主义受到日本社会普遍的关注,具有一种深沉的道德悲壮感,影响了日本整个20世纪。因此,渡边洋三强调,日本法学和西方法学的一个重大不同,就在于马克思主义的影响。

渡边洋三从理论上对马克思主义法学到底是什么的问题进行了概括,一般性地带有社会批判性质的法学理论是否都可以囊括到马克思主义法学的这个范围中来,这实际上也是我们所不可回避的一个问题。在渡边洋三看来,他所理解的马克思主义法学有四方面的基本规定。第一,把法看作历史性、阶级性的产物,处理好历史性和阶级性的关系;第二,通过以经济为基础的社会关系矛盾的总体来把握法,马克思主义或者"左派"的东西必然是总体性的;第三,区别于法和社会的总体联系,从法的内部来看,也是把法作为一个整体系统来把握,尤其关注在于社会系统相关联的背景下,法律系统的整体变革;第四,法的科学性、经验性的认识和法律观念的统一。可以看出,后面的三条都贯穿着总体性的思路。渡边洋三也提到,马克思主义法学值得注意的现状之一,就是微观实证研究的盛兴,内部也出现了多元裂变的状态。

渡边洋三指出,马克思主义尤其专注于对资产阶级社会、资本主义社会的批判。从目前的状态来看,在自身理论的系统化创建方面显然和这种批判旨趣是不相称的,所以渡边洋三提出既要系统定义什么是马克思主义的法学、马克思主义和非马克思主义的区别,还要思考马克思主义的法学与马克思主义的政治学、经济学、文学之间的统一与区别,认为在这两个相联系的网格化的状态当中,才能够把握住马克思主义法学。他认为马克思主义法学的困境在于历史性和技术性的联系与矛盾之处,即科学意义上的马克思主义和世界各国具体的马克思主义实践的联系和矛盾,他叫历史性和技术性。他始终纠结于马克思主义和日本模式、日本实践,这也是他研究当中非常自觉的地方,他所有的研究最后都要归结到日本的实践,包括日本天皇制以来的日本近代社会的变迁,包括日本的劳工问题、妇女问题、地方居民问题、环境问题等。在这些方面,日本的马克思主义实践和法国相区别的地方在哪,与北美相区别的地方在哪,存在一个样本吗?恐怕他对这个问题的回答是比较模糊的,这是他提出来的在日本认识马克思主义的一种困境。

渡边洋三特别关注的是作为社会理论的法社会、法的社会学研究和经验科学的法解释学之间的关系,马克思主义法学怎样处理它的理论层面和经验层面的关系?从法学内部来看,法社会学所关注的市民社会的社会层面,和法政治学所关注的国家的公法权力层面,如果从某一具体的领域研究,这些方面都能比较顺利地展开,但是要将它统摄到马克思主义法学当中,这里面有很多需要打通的地方,尤其是要把日本既有研究成果吸纳或者统摄到马克思主义法学进行重组。这是我们所说的背景性的东西,接下来我们来看一下,他对马克思主义法学核心的理论贡献,就是他所谓的"现代法"问题。

现代首先是一个时间性概念，但是渡边洋三的现代法所包含的理论内涵，不仅仅是一个时间性的描述，而且是一种理论上的类型。他用三个概念，即市民法到资产阶级市民法，再到资产阶级现代法，来阐述资本主义法产生以来的变化历程，并集中讨论这之间出现的两大转变。他所谓的市民法，即资产阶级作为劳动市民时代的法，内部存在着形式的平等交换与资本对劳动的支配之间的矛盾，包括私法和公法两个方面。资产阶级市民法就是以市民法为中介，将资本的统治输入市民法的形式平等原则之中，使市民法资产阶级化，这是资本主义法的最早形态，是资本控制的初级形态。这个形态当中的矛盾主线，在他看来就是资本控制的加深，市民法必然向资产阶级市民法转化。所以，市民法和资产阶级市民法是一种矛盾关系，而不是简单的同一性的关系，这个矛盾体现在，资本对市民的控制远远超出了市民法时代，即虽然不否定市民法的原则，但是尽量使市民法的原则形式化、矮小化，借以达到国家权力同时也是阶级权力的状况。市民法原则当中所包含的民主主义侧面退缩了，而资产阶级自由主义侧面提升了，从而市民法向资产阶级市民法转化，也就是民主主义向自由主义转化。但是他认为，作为这一转化的对立物，同时就要重新确立由这一转化被切割出去的民主主义的观念和运动，民主主义的观念和运动就不可避免地壮大起来了，以扩大选举权为中心的现代民主主义的问题就登场了。也就是说，市民法向资产阶级市民法转化，包含着不同的趋向，一方面是资本对民主的控制，另一方面是市民的民主化运动，二者存在内在矛盾。第二个是资产阶级市民法向资产阶级现代法的转化，这是他对于 20 世纪二三十年代国家垄断资本主义法的一种概括。

垄断资本阶段，自由合意原则被彻底败坏，为了防止这一败坏所带来的资本所有权统治的败坏，需要国家在法律方面进行积极的系统修正，由此产生了所谓的资产阶级现代法。这个现代法的特点在于，国家活动保障垄断资本主义统治，支撑资本主义再生产过程，决定现代法的结构。这种情况下，市民社会的自主性、统一性丧失了，现代法的特征或者功能在于统合国家的行为，重建国民合意，也集中体现在赋予国家介入以正当性的公共福利领域。在他看来，这种公共福利的本质就是给国家介入提供正当性，但是它的社会内容不过是私人垄断资本所支配的在国民经济的这种民意之下，对资本主义再生产加以保障。所以现代法就是资本主义国家在公共福利的法理正当性的支撑下，维持国民经济管理的法律体系。这样看来，市民法、资产阶级市民法和资产阶级现代法奉行各自的三个原则：人权原则、自由竞争的资本统治原则、公共福利原则。而所谓公共福利原则的实质,无非是确保垄断资本统治的国民经济一体化的原则。由此又带来一些相应的变化,在私法领域的法律社会化,在公法层面则有议会的矮小化、行政权的强化、委任立法的增加等等,经济刑法、行政刑法、治安刑法大量增加。最终导致他所说的不同法理——市场的法理和生活的法理之间的抗衡问题。市场的法理就是把一手交钱一手交货的交换原则确立为正义原则,是自由竞争时代的正义观念,在这种情况下,生活保障是特例,是在极特殊情况下才需要考虑的,这个时候他所谓的生活法理是不存在的。

随着社会权的出现,市场法则和生活法则相分离,运用市场法理不能够使生活得到保障,才会出现生活法理。在这种情况下,新的课题就是让那种以生活法理为基础的权利体系得以确立。在他看来需要关照两个东西,一个是生活,一个是社会,这就会相应产生生存权法律体系和新国民主权论的问题。由于人权处于市民法元点,这个法律体系的理念就叫"作为人权的生存权",就是要恢复到这个人权元点。现代人权就是在新的条件之下,对由于市民法引起资产阶级化所丧失的元点的恢复,即在包含市民革命之魂的市民法原理当中,寻找其民主主义的元点,对资产阶级民主主义法律当中包含的资产阶级价值原理进行批判性克服,让其中的民主主义价值原理发展起来,使资产阶级民主主义向国民民主主义转变。最后他强调,支撑这种资产阶级法学理论发生原理转变的,是现实的社会运动。

上述这些内容,可以看作对渡边洋三马克思主义法学核心思想的一个简单梳理,从整体上看,我认为有以下三点值得注意:

第一,注重运用马克思主义理论整理总结日本近代以来资本主义社会及其法律制度发展的历程和日本特性,这也是日本马克思主义的一个显著特点。日本学者通过集体的努力,基本上梳理出了系统、翔实的日本资本主义法律制度的经济社会史,在与西欧老牌资本主义法律制度进行比较的前提下,注重从日本传统文化、日本经济结构、日本国家制度等领域,对资本主义在日本明治维新以来不同阶段的具体发展进行总结,进而概括出日本马克思主义法学的具体面目和社会目标。运用马克思主义原理,整理日本资本主义社会和日本法律成长的过程及问题所在,这种学术性的自觉追求值得我们学习。这就是说,如何运用马克思主义原理看待清代以来的中国经济社会和中国法律的发展历程,还有大量的工作要做。

第二,注重马克思主义法社会学的研究。按照渡边洋三的观点,马克思主义法学必然是法社会学,他不认为存在一种脱离法社会学的马克思主义法学,他认为这是荒唐的东西,或者说这二者之间没有什么矛盾甚至出现所谓论战的地方。我的理解是,马克思主义必然是一种社会运动,它一定是与特定时代的特定社会主体的利益诉求绑在一起的,所以这一定是一种社会利益的分析,也必然是与社会运动联系在一起的。总体上看,日本的法学包括马克思主义法学在内,与欧美国家相比,在宏观社会理论方面普遍存在原创性不足的情况,但这并不意味着日本法学的落后。重要的问题在于,对外来理论消化、吸收所达到的程度,在有些情况下甚至超过了理论的原产地,这个时候再去讨论发明权、原产地恐怕没有什么意义了。在深度挖掘原典之外,大量地开展法律实证研究,日本马克思主义法学也是如此。从渡边洋三那里可以看到,他对于日本马克思主义法学的研究是一再把他的理论与日本现实结合,有很强的批判性、实践性和时代性特征。一般性的基础理论,只有在与具体的社会场景和社会实际相结合的过程当中,一些中观的、微观的分析模型和具体认识才能够真正建立起来,理论才做实了。这样的例子在渡边的著作当中可谓比比皆是,我记得他对于劳工问题的分析,如果离开对日本各种各样劳工组合的工会组织和工会运动的具体研究,那些理论上的意义就大打折扣了。而我们在一般理论和中国历程问题的结合上面,我认为是非常欠缺的,这是第二条,注重法社会学的研究。

第三,和前两条相联系,厚积薄发,在加深马克思主义法学原典考证注疏、吸收转化的基础上,注重马克思主义新理论范式、新理论话语的提炼。这也是於兴中教授一再强调的,即德国人创造概念的意识和能力很强,日本作为德国的学生,这方面也有鲜明表现。有明确概念化的指向,将特定的问题特定理论分析概念化,从而理论体系呈现出概念之树,并且每个概念又呈现出流变的生命状态,这是日本学者学术研究当中的一个长项。理论的概念化,是拓展理论研究的重要形式,有助于提供研究的明确对象,从而形成新的理论增长点。就比如说前面的"市民法论""资产阶级市民法论""资产阶级现代法论"这样的宏观分析框架,以及"生活法理、市场法理"相区分的理论构架,还有"生存权法律体系"与"国民主权论"的目标揭示,甚至哪怕是"日本模式的资本主义"这样一个很模糊的概念,那么它仍然能指出一些相对明确的和集中的问题,能够划定一些比较确定的对象领域,我认为这也是中国马克思主义法学研究需要用力的一个地方。

王金霞博士：

前边各位老师几乎梳理了常见的国外马克思主义法学的方法和进路，下边我想就西方马克思主义的日常生活理论及其法学启示谈一下今天的话题，主要有三个方面的认识。

第一，西方哲学中的生活世界转向。德国哲学家黑格尔曾指出："今天正是那些精通最无生气的题材和最无生气的思想的人们，才最常谈到生活和成为生活的一部分。"由此可见，以黑格尔为代表的哲学家一直以来对讨论生活世界的鄙视态度。如果说黑格尔及以前的哲学家们适度回避甚至鄙视对生活世界的讨论，现代的哲学家们则对生活世界有着极为丰富的讨论，回归生活世界也是现代哲学当中一个极为重要的哲学思潮，甚至存在一个"生活世界的转向"，马克思主义哲学、生命哲学、现象学、存在主义、哲学人类学等诸多哲学流派或哲学思潮都与此相关。众多哲学家不满原有哲学远离人的生活世界，醉心于探索某种绝对理念、绝对精神，热衷于发现事物背后存在的本质这种思维方式。他们为走出近代"主客二元"所造成的诸如工具理性扩张而价值理性萎缩等种种困境，试图回到一个人所切近的生活世界，向生活世界寻求意义，也把反思批判的矛头对准人的生活或存在本身，把生活世界作为思考的中心。这些哲学家包括马克思、胡塞尔、维特根斯坦、海德格尔、许茨、列斐伏尔、赫勒、哈贝马斯等等。

马克思、恩格斯在《德意志意识形态》中指出："不是意识决定生活，而是生活决定意识"，"在思辨终止的地方，在现实生活面前，正是描述人们实践活动和实际发展过程的真正的实证科学开始的地方"（马克思、恩格斯，1846）。马克思这里事实上是为哲学返回真实的人类生活世界奠定了一个重要的基础，试图颠倒黑格尔的普遍辩证法。胡塞尔则是直接把生活世界当作一个理论主题。我们知道胡塞尔写了《欧洲科学的危机和超越论的现象学》一书，书中指出要对生活世界进行超越论或先验现象学的研究，并提出把握生活世界的两种态度：第一种态度即"自然态度"是"直接进入世界中生活"的态度，不反思而只是平淡地生活。此时，生活世界就是现实的世界，是朴素的、直接的、经验的、可感知的世界。第二种态度即"先验现象学的态度"是要对自然的生活态度实行彻底的改变，进行超越伦理的"悬搁"，才能最终达到对生活世界的现象学还原，使得一种先验的生活世界成为可能。（胡塞尔，1954）另一个现象学家(社会学现象学家)奥地利学者许茨(Alfred Schutz)有意识地坚持了胡塞尔所谓的"自然态度",放弃了各种不断出现的有关生活世界的先验构造的问题,从而将其现象学分析放在"自然态度"的框架之内来进行。许茨把对生活世界的讨论引向了对常识世界的讨论,把胡塞尔的先验生活世界引向一个社会学的、经验的、文化的生活世界。

第二,东欧马克思主义的日常生活理论。西方马克思主义在回归生活世界的哲学领地上同样占据着自己的位置。比较典型的是法国著名马克思主义者亨利·列裴伏尔(Henri Lefebvre)和东欧新马克思主义者匈牙利学者阿格妮丝·赫勒(Agnes Heller)。列裴伏尔被西方学界公认为"日常生活批判理论之父",写有三卷本《日常生活批判》(1946)。赫勒则是直接试图将日常生活进行理论化的讨论。这里可以稍微介绍一下赫勒的日常生活概念。

在《日常生活》一书中,赫勒从个体和社会的关系入手来讨论日常生活的内涵。如果个体要再生产出社会,他就必须再生产出作为个体的自身。因而,赫勒直接把"日常生活"定义为那些同时使社会再生产成为可能的个体再生产要素的集合(赫勒,1968)。在赫勒这里,个体的再生产和社会的再生产具有某种同一性。个人只有通过再生产作为个人的自身才能再生产社会,社会再生产自动地伴随个人的自我再生产而完成。人只有履行其社会功能才能再生产自身,自我再生产成为社会再生产的原动力。因而,在个体的层面上,赫勒的日常生活概念可以一般地描绘着现存社会的再生产。赫勒对日常生活要素的描述,又引入了非日常生活的概念。日常生活的内在图式和基本特征都可以通过和非日常生活的比较得出。日常生活是自在的类本质对象化最为典型的领域,也是作为自为的类本质对象化的基础,也即日常生活是非日常生活的基础。日常思维是一种重复性思维和直觉思维,非日常思维则是一种创造性思维。日常生活是常识和经验的领域,非日常生活则是科学等的领域。日常生活的行为与知识都遵守实用主义原则,追求最少费力;日常生活水平上所做的一切都以可能性为基础;日常生活中充满的是彼此之间的模仿而不是独立的创造;人们经常进行类比性的思维;等等。

第三,日常生活理论的法学启示。虽然不管是生活世界转向还是日常生活理论都较少直接涉及法学的讨论,但是却对法学的研究产生了重要的影响。我自己的博士论文即是尝试着把哲学上的生活世界理论和日常生活理论引入法学的讨论中来。概要来说,其可能存在如下一些重要的启示:

其一,法学研究和法治建设把日常生活作为一个严肃的课题对待。现今中国的法治道路一直有"演进型"和"建构型"的讨论,演进型强调自生自发的法治发展,建构型则是强调由某些强力主体如政府来进行主导推进。我国主要表现为一种政府推进型的法治道路。这种模式之下的法治较多表现为从官方和政府的层面来进行定义,如十八届四中全会指出,"法治是治国之重器"。我国法治建设长期强调大规模的制度建构和立法工作。以 2009 年的一项数据为例,到 2009 年 6 月 27 日第十一届全国人大常委会第九次会议闭幕为止,中国法律的金字塔由这些数字构成:国家立法 228 件,国务院行政法规 679 件,地方性法规 8561 件,规章 12000 件。这些数字反映了中国 30 年制度建设的成就。可以说,在法律制度建设问题上,中国用 30 年的时间走过了西方国家 300—400 年的路程。(信春鹰,2010)这种法治建设道路的重要缺陷可能是,法治严重脱离普通人的生产和生活的实践。因此,我们需要拉近法治和人们生活之间的距离,使得法治成为我们的日常生活方式。也就是说,需要从普通人的角度出发去认知和定义法治,把日常生活当作一个严肃的研究课题来对待,推进法治融入日常生活,把反思和批判的矛头对准那些我们习以为常、人伦日用而不知的领域。

其二,消除日常生活对法治建设的阻滞力。日常生活一般是由传统、非理性等所主导的领域,表现为封闭、保守和稳定。这使得即使是对日常生活本身中微小变化,也会充满困难。相对于其他非日常领域,日常生活是最顽固、最保守、文化隐藏最深的领域,日常生活成为了传统文化的寓所,如果现代化过程中不曾触动日常生活的某些结构,现代化就会遇到来自日常生活的文化阻滞力。在后发现代化国家,在当代中国,这种文化的阻滞力会体现得尤为明显。如从当代中国人日常生活的角度来看,人情和关系是在日常生活中处于高度重复的状态,以至于走关系、找人情成为人们普遍的生活方式,已经获得日常生活的日常性,具有某种自在和高度稳定的特点。法治作为一种公共生活方式,建立的是一种公共信任关系,所增加的是人们对非私人关系的信任。即使是在松散关系、短时效的关系或者陌生人关系中,也存在这种公共信任关系。在公共信任关系的基础上,人们很多时候并不需要走关系、搞人情就能获得自己的正当权益,从而构成对人情社会和关系社会的部分消解。

其三,认真对待日常生活的免疫力。由于日常生活是自在的类本质对象化的领域,这种自在的领域带给人们家园感和安全感,这意味着法治在进入日常生活的时候要警惕对日常生活的殖民化问题,因为法治本身是和权力紧密联系在一起的。这就牵涉到一个重要的概念,那就是日常生活的免疫力。这里的免疫力是日常生活的内在防御机制,日常生活的传统、情感、常识、经验等内在构成自然而言对权力等具有自我防御能力。如经历过"文革"的老者指出,虽然其在"文革"的某些运动当中是受批判的对象,但是在日常生活当中也并没有受到什么歧视。可见,日常生活对这种宏大的政治运动同样是具有某种自我防御能力的。日常生活内在蕴含着某种人道化的潜能,这种潜能可以抵御政治权力的殖民。因此,日常生活是人类文明进程中极为重要的积淀,日常生活这片"灌木丛"反倒是为人类文明的发展提供了关键的养料。日常生活的免疫力也要求我们在从事法学研究和进行法治建设的时候,要充分尊重日常生活的内在规律,需要给日常生活充分的空间,而不要用法律去统治日常生活。

（责任编辑：李其瑞）

英文标题、摘要及关键词

(1) Recovering Socialism for Feminist Legal Theory in the 21st Century

Cynthia Grant Bowman

Abstract: This Article argues that a significant strand of feminist theory in the 1970s and 1980s—socialist feminism—has largely been ignored by feminist jurisprudence in the United States and explores potential contributions to legal theory of recapturing the insights of socialist feminism. It describes both the context out of which that theory grew, in the civil rights, anti-war, and anti-imperialist struggles of the 1960s, and the contents of the theory as developed in the writings of certain authors such as Heidi Hartmann, Zillah Eisenstein, and Iris Young, as well as their predecessors in the U. K. , and in the practice of socialist feminist groups in the United States during the same period. Although many American feminist legal theorists themselves participated in or were influenced by the progressive movements of the 1960s and 1970s, socialist feminism is virtually absent from their writings, except for those of Catharine MacKinnon, who, despite sympathy with the approach, disagreed with it and went on to develop her own version of feminist equality theory. The author argues that the time is now ripe to recapture this strand of feminism and explore what it would add to the study and pursuit of women's equality.

Keywords: Socialism Feminist, Feminist Legal Theory, Catharine MacKinnon

(2) Feminist Critical Theories

Deborah L. Rhode

Abstract: Feminist theory and critical jurisprudence are closely related; they strive to promote equality between men and women at the political level, and at the substantive level, gender is the focus of analysis, trying to reconstruct the legal practices that exclude, belittle and undermine women's concerns; At the methodological level, these theories want to describe the world in a way that is consistent with women's experience. and advocated the basic social change necessary to achieve gender equality. However, there is an important distinction between the two, in the theoretical premise, the relationship between the two and post-modernism is not the same, there are differences between the two criticisms of liberalism, the role of rights in the understanding of the difference is very big. In short, feminist critical theory and other critical legal theories are in the tension of confrontation and alliance.

Keywords: Marxism, criticaltheories, Feminist

(3) The Realization of the Liberation of Women through Law: Socialist Feminist Jurisprudence Based Analysis

Qiu Zhaoji

Abstract: Feminist jurisprudence inherited and carried forward the criticism and liberation spirit of Marxist jurisprudence. Feminists believe that men dominate the formulation of laws, the application of laws, and the enforcement of laws. Men have strengthened their dominance in society through law and achieved oppression and control over women. Feminist legal theorist profoundly criticized the characteristics of male chauvinism in capitalist law, and called on women to struggle against capitalist patriarchy. Women's liberation can't be separated from the protection of the law. To eliminate unfair laws against women and construct fair legal system is an important part of women's liberation.

Keywords: Feminist Jurisprudence, Socialist Feminist, Gender Analysis, Women Liberation

(4) The different dimensions of spirit: Weber's religious law and Marx's critical law

Zhang Weiwei

Abstract: With the perspective of the trend of secularization and rationalization in the ethos of the world and the law, the comparison between the paradigms of thoughts of Max Weber and Karl Marx could be the important approach. With the comparison on personality and the legal theory of each other, i. e. , Weber as a scholastic figure and Marx as a poet present the different paradigms of law: *Religious Law* and *Critical Legal Study*. The different spiritual type and approach between Weber and Mark, that is, the meditation and faith of decisive and dominative power by religion itself or by the materialism itself, could intrinsically influence on legal paradigm and legal values. The relationship of religion and law could disclose different ideal – types of law. With the comparison above, and for the transcendence over modernity, the catholic ethics would be proposed as a modern, comprehensive and integrity way for modern law and modern values.

Keywords: Religious Law, Critical Legal Study, Religious Ethics, Spiritual Type

(5) On Gramsci's Legal Ideological Hegemony Theory

Ren Yuepeng

Abstract: As the founder of Western Marxism, Gramsci's legal thought serves his ideological hegemony theory, which can be called Legal Ideological Hegemony Theory. The ideological hegemony theory asserts that "the State = dictatorship + hegemony". For the hegemony, civil society is its construction field, war of position is its construction strategy, organic intellectuals are its construction subjects, and social consent is its construction target. When a state is regarded as an "educator", laws are its instruments to fulfill ideological hegemony, which is to create and maintain a certain type of civilization and of citizen. The maximum effectiveness of the legislative capacity depends on not only the professional legislators, but also every man, especially the parties as the "legislator". Gramsci's legal hegemony theory has created the thesis of "coercion and consent" and has led the theoretical trend in Western Marx's jurisprudence, which can give us a meaningful insight in the construction of "socialist rule of law with Chinese characteristics".

Keywords: Gramsci, ideological hegemony, the conception of law; legislator

(6) A theory of criminal situating: Philosophical discourse in the context of prison Science

——The other dialogue with Zhang Yibing's theory of situating

Zhu Qihui

Abstract: As a kind of Oriental critical theory of prison—a theory of criminal situating, which is different from the Western Paradigm. The original situating comes from Zhang's critical asking of his original situating theory. If we ask the way from critical tension from Where to convert How to produce, then, it will be able to see a kind of invisible criticism where being on the scene. Moreover, the situating itself is more radical criticism. At the same time, through the situating analysis of the field of prison's education discursive event and criminal situating cognition, I find that the counter-existing is another hidden support point of the bursting of situating; And constitutes with the "existence-situating" of concerned field of situating vector about police and prison; Art event as a resultant force is possible to be a critical transcendence of the bursting of situating on the counter-existing level.

Keywords: situating, counter-existing, discipline, concerned field of vector, Art event

(7) Karl Renner and (Intellectual) Property
—How Cognitive Theory Can Enrich a Sociolegal Analysis of Contemporary Copyright

Stefan Larsson

Abstract: This article deals with copyright regulation meeting the quite rapid societal changes associated with digitization, and it does so by reinterpreting Karl Renner's classical texts in the light of contemporary cognitive theory of conceptual metaphors and embodiment. From a cognitive theory perspective, I focus on the notion that the legal norms only appear to be unchanged-the Renner distinction between form and function. This includes social norms, technological development, and changes in social structures in general, which create a social and cognitive reinterpretation of law. This article, therefore, analyzes the contemporary push for copyright as property, which I relate to historical claims for copyright as property as well as de facto legal revisions in intellectual property faced with the challenges of digitization. Of particular relevance here is what Renner described interms of property as an "institution of domination and control," and thus the increased measures for control that are added to a digital context in the name of copyright.

Keywords: Karl Renner, Intellectual Property, Sociology of law

稿　约

在西方发达国家,马克思主义作为重要的社会思潮之一,对当代西方人文社会科学产生了广泛而持久的影响。马克思和恩格斯虽然没有关于法律问题的系统化论述,但他们的著述和思想却对当代诸多法学流派的形成有着重要影响,我们可以在法社会学、分析法学、自然法学、批判法学、后现代法学、女权主义法学等当代法学流派中,感受到其中徘徊着"马克思的幽灵"。在我国法学界,也有许多学者呼吁要"回到马克思",认为马克思主义对于资本主义、对于21世纪都是不可回避的。

在此背景下,重新梳理和深入认识马克思主义法学不仅具有深刻的理论价值和实践意义,同时也是社会主义国家新一代法学研究者义不容辞的历史责任。马克思主义法学应该始终处于我国法学研究领域的主导位置,然而事实却是当下推介和实践西方法学的热情依然没有消退的迹象,马克思主义法学的理性自觉和更新进程依然缓慢。因此,根据当代中国法治建设和民主政治的实际需要,对马克思主义的法律理论精髓提炼出一种具有中国本土知识产权的解读模式,全面反思过去我们对马克思主义法学的教义学理解就显得尤为必要。当然,重构马克思主义法学不是要寻求一种原教旨主义式的本真教义,而是既要恢复马克思主义科学的历史批判理论的本来面目,又要与西方所有马克思主义的解释传统展开对话,同时还要以解决中国的现实问题为基本面向。这样,我们才能构建一套适合于当下中国法治实践的法学方法论体系,真正实现马克思主义法学的中国化。基于此,西北政法大学马克思主义法学研究所创办了《马克思主义与法律学刊》。

《马克思主义与法律学刊》是依托司法部和陕西省重点学科西北政法大学法学理论学科,由西北政法大学马克思主义法学研究所主办的学术集刊。本刊以选译和评介国外马克思主义法律理论的研究成果,集中刊载国内关于马克思主义法律理论的最新研究成果,打造国内外马克思主义法律理论研究者的学术交流平台,促进马克思主义法学和中国特色社会主义法学理论体系的繁荣与发展为宗旨。

本刊恪守文献性、学术性、思想性、前沿性的原则,倡导从法理学、法史学、刑法学、民法学和国际法学等专业角度,展开对马克思主义法律理论的研究,也欢迎从哲学、社会学、史学、政治学、伦理学、经济学等学科领域展开对马克思主义法律理论的研究。

本刊主要栏目为研究性论文、专题研讨、评论、学术动态、访谈等。其中研究性论文栏目刊登研究马克思主义法律理论基本概念、问题、方法和趋势的相关理论文章,字数为1万—2万字;专题研讨栏目将不定期发表对马克思主义法律理论某一专题进行探讨的理论研究论文,字数为1.5万—3万字;评论栏目介绍和评论马克思主义法律理论领域的著作、人物或事件,字数为0.5万—1万字;学术动态栏目反映国内外关于马克思主义法律理论的学术机构和学术会议信息;访谈栏目不定期采访国内外重要的马克思主义法学家。

本刊采用"随到随审"制度,随时接受来稿。具体审稿程序是:先由初审编辑形式审查,初审周期为4周。如通过初审,实行双向匿名评审制,由专家提出修改意见或倾向性用稿意见,编辑部综合考量决定用稿与否。编辑部保留对稿件必要的修改权。凡在本刊上发表的文字不代表本刊的观点,作者文责自负。

本刊对来稿的形式作如下规定:原则上只接受电子版来稿;电子版稿件请用Word格式,正文小四号字。正文之前附上中英文的标题、中英文的摘要和关键词。

本刊投稿不限中文,被录用的外文文章由编辑部负责翻译成中文,由作者审查定稿。来稿须未曾在大陆任何公开出版物上发表,请勿一稿多投。来稿经采用发表后,将赠刊2本并致薄酬。

凡在本刊上发表的文字,纸质出版权和电子版权归《马克思主义与法律学刊》所有,作者特别声明的除外。

本刊编辑部地址和联系方式:陕西省西安市长安南路300号西北政法大学雁塔校区主行政楼333室;西北政法大学马克思主义法学研究所《马克思主义与法律学刊》编辑部;邮编710063;电话029-85385168、029-85385194;投稿邮箱marxistjuris@126.com。

《马克思主义与法律学刊》编辑部